KB137878

진보주의 교육운동사

진보주의, 학교 개혁에 여전히 유효한가?

진보주의 교육운동사

진보주의, 학교 개혁에 여전히 유효한가?

초판 1쇄 인쇄 2021년 6월 15일
초판 1쇄 발행 2021년 6월 25일

지은이 심성보, 김세희, 문준영, 서정원, 조나영
펴낸이 김승희
펴낸곳 도서출판 살림터

기획 정광일
편집 송승호, 조현주
북디자인 꼬리별

인쇄·제본 (주)신화프린팅
종이 (주)명동지류

주소 서울시 양천구 목동동로 293, 22층 2215-1호
전화 02-3141-6553
팩스 02-3141-6555
출판등록 2008년 3월 18일 제313-1990-12호
이메일 gwang80@hanmail.net
블로그 http://blog.naver.com/dkffk1020

ISBN 979-11-5930-195-7 93370

*가격은 뒤표지에 있습니다.
*잘못된 책은 바꾸어 드립니다.

진보주의 교육운동사

진보주의, 학교 개혁에 여전히 유효한가?

윌리엄 헤이스 지음
심성보, 김세희, 문준영, 서정원, 조나영 옮김

The
Progressive
Education
Movement
Is It Still a Factor in Today's Schools?

추천사

1960년대 후반 나는 학생이었고, 대안적 진로를 선택하여 교사가 됐다. 나는 다른 많은 동료들이 따르던 전통적인 교사교육 과정을 밟지 않았다. 그 대신 문학, 역사, 경제, 지리, 정치학, 종교 등 뷔페식처럼 다양한 코스들을 이수했다. 이 코스들은 『열린 교실The Open Classroom』(허버트 콜), 『이른 나이의 죽음Death At An Early Age』(조너선 코졸), 『창가의 제라늄이 방금 죽었는데 교사 당신은 그대로 가네The Geranium On The Window Just Died But Teacher You Went Right On』(알버트 컬럼), 『전복적 활동으로서의 가르침Teaching As A Subversive Activity』(닐 포스트먼, 찰스 웨인가트너) 같은 사회적 논평과 읽을거리라는 자양분들을 줄기차게 주입해 주었다. 나중에 알게 됐지만 이런 책들은 진보주의 교육, 존 듀이의 사상, 그 밖의 다른 진보 철학자들과 교육자들의 사상이 반영된 것이었다. 교단에 서기 시작하면서, 나는 각자의 정치관과 세계관에 따라 듀이와 다른 진보주의 사상가들에 대해 열광하거나 혹은 극도로 혐오하는 사람들의 견해를 자주 듣게 됐다.

혹자는 듀이를 비롯한 진보주의자들을 교육계에 만연한 순응, 관료주의적인 억측, 교수-학습에 대한 비인간적 접근으로부터 구원을 가져다줄 인간화의 힘으로 바라보았다. 이런 관점에 따르면 마침내 아동의 유쾌하고 자연스러운 호기심을 존중하는 학생 중심 접근 방식이 나타나 경험학습과 실제 세계에서의 문제 해결, 발견 중심 교육을 지향하게 된 셈이다. 진보주의 교육자들은 교수-학습에 대한 이러한 접근 방식이 민주주의에서 자연스럽고 필요한 요소이며, 민주 사회의 존속과 성장을 위해 핵심적인 것이라고 보았다.

내가 마주했던 진보주의 교육에 대한 다른 인식들은 위와는 상반된 관점을 드러내고 있었다. 일부는 진보주의 교육을 "현대 미국의 아동, 학교, 사회에 모두 맞지 않는 것"이라고 인식했다. 미국 학교에 만연하는 개인주의와 아동 중심적 접근은 무엇보다도 규율 부재, 학업성취 저하, 권위와 전통에 대한 존중 상실을 유발했다고 믿게 된 사람들도 많아졌다. 그들은 애국주의의 쇠퇴와 미국의 국가 상징에 대한 존경심 저하도 역시 진보주의 교육자들의 책임이라고 생각했다. 심지어 일부 사람들은 진보주의 교육사상과 결부된 아동 양육 기술들이 가족 구조를 약화시키고 종교적 전통에 대한 존경심을 훼손하며, 권위를 의심하는 불건전한 태도를 조장했다고 주장하기도 한다.

물론, 종종 그렇듯이, 나는 이 논란이 되고 있는 문제들에서 진리는 양극단을 달리는 수사修辭 가운데 어느 한 지점에서 발견된다는 사실을 깨달았다. 양쪽 진영 어디에도 "순수한 실천" 사례는 거의 없었다. 필요한 지식과 기술을 갖추지 못한 프로젝트 중심 학습은 혼란을 초래하며, 교실에서 의미 있는 결과물을 만들어 내지 못한다. 한편 교과 통합적이며 전인적인 접근을 통한 가르침은 흥미를 자극하고, 학습 의욕을 불러일으키며, 생산적이다. 동시에 이러한 방식은 시간이 많이 소모되고, 교육체계 전반의 폭넓은 지원이 있어야 실행 가능하며, 계속 늘어나는 교육과정 가운데 무엇을 빼고 갈 것인지를 취사선택해야 하는 어려운 결정을 동반할 수밖에 없다. 교실에서 이뤄지는 현실적인 학습에 맞는 교육철학과 접근 법들을 발견하려고 애쓰던 나와 숱한 동료 교사들에게 "양자택일"을 요구하는 이분법은 큰 효용이 없었다. 그보다는 차라리 공교육의 현실과 그것을 수반한 관료주의적 성향을 대면해야 했던 나를 비롯한 동시대의 숱한 교육자들에게 진보주의 교육의 요소를 부분적으로 불어넣거나 통합하는 편이 훨씬 일반적인 해결책이었던 듯하다.

교육 기준 확립과 표준화 요구, 성적 책임제와 고부담 시험, 주 정부와 연방 정부가 부과하는 의무 사항들의 증가 속에서 오늘날 우리는 어디에 놓여 있는가? 교육자로서 이 시기에 경력의 대부분을 보냈던 윌리엄 헤이스William Hayes는 현장의 교사이자 학교 행정가, 대학교수, 학부모, 지역 사회의 활동가로서 이러한 주제들을 다뤄 왔다. 그리고 그는 이제 이 책을 통해 독자들에게 처음 태동하던 때부터 미국 사회가 직면하고 있는 현재의 딜레마까지 진보주의 교육의 역사를 돌아보는 긴 여정으로 안내할 것이다. 『진보주의 교육운동사: 진보주의, 학교 개혁에 여전히 유효한가?The Progressive Education Movement: Is It Still a Factor in Today's Schools?』에서 헤이스는 20세기 공교육에서 일어난 수많은 중요한 운동과 사건들 가운데 진보주의 교육이 수행한 역할을 탐색하고 있다. 또한 그는 우리에게 오늘날의 정치적, 문화적 상황 속에서 진보주의 교육의 미래에 대해 고민해 보라고 촉구한다. 교육자, 학부모, 민주주의 사회의 모든 시민이 심각하게 고민해야 할 중요하고도 유용한 질문들과 함께 말이다.

교육학 박사 피터 W. 냅Peter W. Knapp
_로버츠 웨슬리언 칼리지 교육학과 부교수

옮긴이 후기

월리엄 헤이스의 『진보주의 교육운동사: 진보주의, 학교 개혁에 여전히 유효한가?』2007는 교사, 교감, 교장, 교육감, 대학교수, 학부모, 지역운동가 등 다양한 경험을 두루 거친 경력의 저자가 저술했기에 진보주의 교육의 이론과 실제에 대한 균형 잡힌 관점을 보여 준다. 진보주의 이론가인학자와 교육현장의 실천자인 교사, 그리고 교장과 교육감 등 행정가가 유기적으로 연결된 협업을 통해 진보주의 교육이 이루어졌음을 알 수 있다.저자는 진보주의 교육의 핵심으로 아동의 자연스러운 호기심을 존중하는 학생 중심과 학습의 개별화, 경험학습과 실제 세계에서의 문제 해결,발견 중심 교육을 중시한다. 진보주의자들은 진보주의 교육이 민주주의에서 자연스럽고 필요한 요소이며, 민주 사회의 존속과 성장을 위해 핵심적인 것이라고 본다.

저자는 20세기 공교육에서 일어난 수많은 중요한 운동들과 사건들 가운데 미국 진보주의 교육이 수행한 역사적 의미를 일목요연하게 정리하고 있다. 진보주의 교육자들은 기존의 보수적 집단(학부모를 포함한 보수당 정부)과 최근에 부상한 신자유주의 교육정책 및 이를 지지하는 세력들(프리드먼 등), 그리고 지난한 갈등과 대결을 벌인 기록을 통해, 새로운교육이론이 교육제도의 저변까지 실제 스며들기까지에는 오랜 시간과 인고의 노력이 필요함을 확인할 수 있다. 진보주의 교육의 몰락과 단절 상황도 잘 보여 준다.

저자는 진보 교육이론가뿐 아니라 실천자들의 생생한 경험을 소개한다. 저자가 소개하는 소크라테스, 로크, 루소, 페스탈로치, 헤르바르트, 프뢰벨, 만, 듀이, 파크, 피아제, 킬패트릭, 파커스트, 영, 카운츠, 닐, 일리치, 로저스, 포스트먼, 피더스톤, 마이어, 몬테소리, 슈타이너, 마이어, 리트키, 아이스너, 나딩스 등 여러 진보주의 교육자들에 대한 이해는 우리나라의 혁신교육이론을 더욱 공고히 하는 데 도움을 줄 것이다. 이들이 기존 교육에 어떻게 대응했고, 대안적 교육이론을 만들어 냈으며, 교육행정과 실제의 관계 등에 어떻게 개입했는지를 깊이 이해하는 데 기여하고 있다. 학업성취도와 애국심 등을 강조하는 국가교육정책과 아동의 자발성과 발달 등을 강조하는 진보주의 교육 사이에 벌어진 찬반 논쟁도 자세하게 소개하고 있다. 저자는 진보주의 교육자들 사이의 논쟁도 다루고 있기에 우리의 혁신학교운동의 방향을 정립하는 데도 도움을 줄 것이다. 혁신교육을 실천하는 사람들은 진보주의 교육사상에 대한 깊은 이해가 있어야 함을 이 책을 통해 확인할 수 있을 것이다. 저자는 듀이와 마이어가 역설했듯이, 학생을 '지각 있는 시민'으로 길러 내려면 표준화된 정신이 아니라, 민주적인 마음의 습관을 갖는 것이 매우 중요하다고 강조한다.

이 책을 통해 진보주의 교육운동은 단기간에 걸친 단순한 프로그램이 아님을 확인하게 될 것이다. 그리고 이 책은 진보주의 교육에 대한 세간의 여론을 이끌고 있는 대중작가들(폴 굿맨, 알피 콘, 조너선 코졸, 허버트 콜 등)의 발언을 동원하여 진보주의 교육이론의 정당성을 생생하게 드러내고 있다. 아동 존중의 진보주의 교육이 대학 진학에 도움이 되는지, 수

월성 발휘에 기여하는지 등 교육을 둘러싼 논란은 우리나라의 혁신학교에 대한 논의에도 그대로 이어질 수 있다. 진보주의 교육이 영재교육, 재능교육과 어떤 관련이 있는지도 자세히 논의하고 있다.

이 책을 통해 무늬만 혁신학교에게는 자신의 학교가 어떤 문제를 안고 있는지에 대한 많은 성찰을 요구할 것이다. 혁신교육이 좌초되고 있거나 퇴행하고 있는 학교의 경우, 그것이 진보주의 교육사상을 철저하게 이해하지 못해 비롯된 현상임을 깨닫게 될 것이다. 혁신학교가 아니라도 자신의 교육실천이 진보주의적인지, 더 정확하게 말하면 교육적인지를 가늠하는 데도 기여할 것이다.

우리는 이 책을 번역하면서 내내 진보주의를 추진하는 데 수많은 장벽이 가로놓여 있음을 확인할 수 있었다. 이런 장벽을 뚫고 진보주의 교육을 학교현장에 안착시킬 수 있는지에 대한 상상을 하면서 어려운 번역 작업을 끝낼 수 있었다. 그래서 우리는 번역을 포기할 수가 없었다. 반교육적 학부모나 교육자들의 편견을 극복하기 위해서도, 그리고 우리나라 혁신교육의 성공을 위해서도 번역을 포기할 수 없었다.

그런데 번역은 참으로 고된 작업이다. 번역은 제2의 창작이라는 말도 실감난다. 원뜻을 벗어나지 않아야 되고, 우리말의 흐름과 맞아야 되고, 이해가 안 되는 번역을 빼 버릴 수도 없는 고역을 감수해야 한다. 특히 여러 사람의 집단적 번역 작업일 경우 참여자들 사이에 마음이 맞아야 하고, 또 서로 신뢰해야 하고, 집단의 약속도 지켜야 한다. 이러한 고통스런 과정을 거쳐야 하므로 기다림과 인내의 미덕도 체득해야 한다. 이런 미덕은 진보주의 교육이 요구하는 공동체 정신이기도 하다. 번역 작업도 진보주의 교육의 실천이었던 것이다.

번역을 시작한 지 몇 년이 지났다. 도중에 번역 사고가 생겨 포기할 뻔

한 위기 상황을 마주했지만 새로운 번역자를 충원하여 어렵게 번역을 완료할 수 있었다. 아슬아슬한 고비를 몇 번 넘기면서 처음부터 끝까지 번역 작업을 참아 낸 번역자들에게 깊은 감사를 드린다.

이 책이 우리나라 혁신교육운동을 새롭게 바라보는 시각을 제공할 것임을 믿어 의심치 않는다. 혁신교육에 헌신하는 분들의 필독을 고대한다.

역자를 대표하여
심성보 씀

일러두기

　나에게 열 번째가 되는 이 책을 쓰면서 우리 교사교육 학부 사무실의 학생 조교 두 사람에게 큰 빚을 졌다. 첼시 더럼Chelsea Durham은 우리 학교에서 공부하면서 책 세 권을 내는 동안 나와 함께 작업했다. 올해 그녀가 4학년이 되어 한 학기 교생 실습을 나갔기 때문에, 2학년생 줄리아 클락Julia Clark이 첼시를 대신해 나를 도왔다. 이 두 사람은 자료 조사부터 마지막 교정까지 이 책을 쓰는 모든 과정마다 큰 도움을 주었다. 이 훌륭한 두 젊은이가 그들이 선택한 직업에서 모범적인 리더가 되리라 믿는다. 마지막으로, 내가 책을 쓸 때마다 한 장 한 장 꼼꼼히 읽고 교정해 준 아내 낸시Nancy Hayes에게 무한한 감사를 표한다. 그녀의 이런 정성으로 내 책들은 늘 훨씬 나은 모습으로 출판될 수 있었다. 아내의 지원과 인내는 언제나 큰 힘이 되는 중요한 자산이었다. 이 세 사람이 없었다면 이 책은 완성되지 못했을 것이다.

서문

　나는 자칭 전통주의자라는 사람들과 진보주의 교육의 원리를 지지하는 사람들 사이에서 지속된 논쟁이 지난 세기 미국 교육사의 핵심 주제였다는 생각에 꽤 오래전부터 동의해 왔다. 이런 관점은 1999년 4월 〈교육 다이제스트*The Education Digest*〉에 실린 한 글에서 조명을 받기 시작했다. 「20세기의 10대 교육 사건」이라는 글에서 저자 벤 브로딘스키Ben Brodinsky는 공교육의 발전, 표준화된 시험, 그리고 장애 아동을 위한 특수교육의 법제화 같은 사건들을 10대 사건으로 꼽았다. 그가 꼽았던 사건 가운데 하나가 "혁신적인 사고들innovative thoughts"이었다. 미국 역사의 이 부분을 설명하면서, 그는 진보주의 교육이라고 규정돼 온 활동과 사상들을 소개하며 존 듀이John Dewey의 영향력을 지적했다.[1]

　진보주의 교육의 영향력에 대해 의문을 제기할 사람은 거의 없겠지만, 사실 이러한 개혁 운동이 지지하는 특정 목표와 교육 방법을 실제로 규정짓기란 어려운 일이다. 존경받는 보수주의 역사가 다이앤 래비치Diane Ravitch는 저서 『뒤처진 좌파: 학교 개혁을 둘러싼 한 세기의 전투*Left Back: A Century of Battles over School Reform*』[2]에서 진보주의 교육이란 "넓은 범위의 각기 다른, 심지어 서로 모순되는 사상까지 포괄하는 의미 없는 용어"라고 한 허버트 클리바드Herbert Kliebard[3]의 견해를 언급했다. 반면 같은 단락에서 래비치는 로렌스 크레민Lawrence Cremin[4] 같은 다른 많은 교육사가들이 진보주의 교육운동에 의미를 부여하는 공통적 성향을 보이고 있음도 인정한다.[5]

많은 저자들이 교육에 대한 전통적 접근과 진보주의자들이 추구하던 것들 사이의 차이점을 분명히 하려는 시도를 해 왔다. 불행히도 이러한 비교는 저자들의 편견으로 인해 오점을 남기곤 한다. 예를 들어 두 가지 철학을 비교하려고 한 최근의 어떤 시도를 보면 다음과 같은 대비점을 포함하고 있었다. 교육과정과 연관된 부분에서 저자는 전통적 혹은 고전적 접근의 경우 "사실, 사상, 기술을 갖춘 학문적 영역"을 강조하며 "연구에 바탕을 둔다"고 서술했다. 반면 교육과정에 대한 진보주의 사상의 개요를 설명하는 다음 단락에서는 진보주의 교육이 "때로는 입증되지 않은 이론들에 근거를 두고 있다"고 진술한다. 같은 글은 수학에서 전통주의자들이 "연습과 기술"을 활용한 "직접적 수학 개념 교수법"을 신뢰한다고 설명하고 있다. 그러나 다른 한편으로 저자는 진보주의자들이 암기 교육을 거부한 채 "상호작용과 발견 학습", 또는 "여러 학생이 머리를 맞대고 문제를 풀도록 하는 수학교육"을 선호한다고 비판한다. 어느 정도 편향된 비교의 세 번째 예는 인성 발달이라는 범주를 다룬 부분에서 나타난다. 진보주의자들은 "상대주의"를 신뢰하는 데 반해, 전통주의자들은 "시민정신"과 "자기 통제" 같은 목표에 헌신한다고 서술한 것이다.[6]

두말할 나위 없이, 진보주의자들도 자신들의 관점에 유리한 방향으로 비교하는 글을 써 왔다는 점에서 유죄다. 헬렌 헤일Helen Heyl이 작성한 대조 목록이 이를 보여 주는 한 예일 것이다. 헤일은 과거 뉴욕 주립대학교에서 논문 지도교수로 일했는데, 1932년에 『교육저널The Journal of Education』에 실은 논문에서 다음과 같은 비교를 했다. 그녀는 전통적인 학교에서 아동은 등교한 뒤 "오후 네 시까지 학교에 머무르고, 그 이후에야 자유를 만끽한다!"라고 썼다. 한편 진보주의 학교에 대해서는 "학생들은 학교에 가지만 교실로 일찍 들어서지 못한다. 아이들은 가게, 화장실, 운동장, 도서관 등에서 저녁 무렵까지 자유롭게 돌아다니거나 기다리다 지친 부모들에 이끌려서야 집으로 간다"라고 적었다. 학생들이 교내에서 무엇을 하는지를 비교하는 대목에서는 전통적 학교 학생들은 '경청'을 하고, 진보주의 학교의 학생들은 '작업'을 한다고 기술하고 있다. 마지막 예로는 헤일의 다음과 같은 확신을 들 수 있을 것이다. 즉, 전통적 학교에서 "학생들의 정신은 스스로의 힘으로 생각하기에는 너무나 어려운 교과목들 때문에 부담감에 짓눌려 있다." 이에 반해 진보주의 학교에 다니는 운 좋은 아이들은 "생각하는 법을 배우고, 관용과 이해심을 발달시키며, 비판적으로 질문하고 판단하는 법을 배운다."[7]

21세기에 이루어진 다소 중립적으로 보이는 어떤 비교를 [표]를 통해 살펴보자.

전통주의적 접근	진보주의적 접근
이수해야 할 주요한 수업과 정해진 교과과정, 교육의 산출 결과까지도 국가나 지방 정부가 정해 놓는다.	교과과정이 더 유연하며 학생들의 흥미에 영향을 받아 구성된다.
교사의 주된 역할은 법으로 정해진 교과과정에서 요구하는 지식과 기술을 학생들에게 전수하는 것이다.	교사는 학습의 촉진자로서 학생들이 그 안에서 발견을 통해 많은 것을 배울 수 있도록 다양한 활동을 펼칠 학습 환경을 제공하는 사람이다.
교사가 사용하는 주요한 도구는 교과서와 연습 문제집이다. 오늘날에는 이런 수단이 파워포인트 발표와 같은 기술의 사용으로 자주 대치된다.	진보적 교사는 개별 혹은 집단 탐구가 가능하도록 다양한 교육 자료와 활동을 이용한다. 때로는 지역사회가 가지고 있는 자원을 활용하는 것도 이에 포함된다.

진보주의 교육자들의 교육관을 정의하는 데에서 가장 중요한 문서는

아마도 진보주의교육협회Progressive Education Association의 1918년 출판물에서 찾을 수 있을 것이다. 이 역사적 문서는 다음과 같은 원칙들을 담고 있다.

1. 자연스럽게 발달할 자유

사람의 행동은 자의적 법을 따르기보다는 지역사회의 사회적 요구에 맞춰서 행위 주체인 자신이 관장해 나가야 한다. 자발성과 자기표현을 위한 기회는 최대한으로 제공되어야 한다.

2. 흥미, 모든 작업의 동기

흥미는 충족되어야 하며 다음 사항을 통해 개발되어야 한다. (1) 세계와 그 활동에 대한 직·간접적 접촉 그리고 그 결과물로 얻어진 경험의 활용, (2) 획득한 지식의 적용과 각기 다른 주제들 사이의 상호 연관, (3) 성취의식.

3. 감독자가 아닌 안내자로서의 교사

진보주의 교사는 관찰과 판단으로 학생들을 훈련시키면서 학생들이 모든 감각을 사용하도록 격려할 것이다. 또한 암송하는 것을 듣기만 하기보다, 다양한 정보의 출처(책과 일상의 활동들을 포함한)를 활용하고, 그리하여 얻은 정보를 이성적으로 추론하며, 도출한 결론을 강력하면서도 논리적으로 표현하는 방법을 가르치는 데 대부분의 시간을 할애할 것이다.

4. 학생의 발달에 대한 과학적 연구

학교의 기록은 학생의 학습 진전을 보여 주기 위해 교사가 매긴 성적에

만 국한돼서는 안 되며, 학교와 가정의 영향을 받고, 학교생활과 성인으로서의 생활에 모두 영향을 미치는 학생의 신체적, 정신적, 도덕적, 사회적 인성에 대한 객관적·주관적 보고 내용을 담고 있어야 한다. 그러한 기록은 개별 학생을 지도하기 위한 안내 정보로 활용되어야 한다.

5. 교육운동의 지도자로서 진보주의 학교

진보주의 학교는 … 가치 있는 '새로운 아이디어'가 장려되는 실험실이어야 한다. 이곳에서 전통은 규율이 아니라 과거의 가장 훌륭한 부분으로서 오늘날의 발견들과 함께 무르익으며, 그 결과물은 교육적 지식의 총합에 더해진다.[8]

전통주의자와 진보주의자 사이의 차이를 구분하는 것이 어렵다는 점을 감안하더라도, 양 진영 사이의 경쟁이 이미 20세기 이전부터 미국 교육사에서 두드러진 주제로 존속해 왔음을 누구도 부인하지는 못 한다. 이처럼 현재까지 지속되어 온 양 진영의 투쟁을 언급하면서, 데이비드 페레로David J. Ferrero는 〈교육적 리더십Educational Leadership〉에 기고한 논문을 통해 이렇게 말했다.

사실 교육에서 가장 격렬하고 골치 아픈 갈등은 철학의 차이로부터 비롯됐다. "진보주의자"와 "전통주의자"의 100년 전쟁을 보자. 이미 지나치게 단순화된 이분법적 상황을 더 단순화해 말하자면, 진보주의자들은 학생들의 흥미로부터 시작하여 물리적이고 사회적인 환경 안에서 직접 참여하며 체험하는 것을 강조하는 교육적 접근에 경도된 반면에, 전통주의자들은 의문과 지식이라는 기존의 표준으로부터 출발하려는 경향이 있고, 언어와 상징을 통해 전달되는 사상과 개념을 강조한다.[9]

이 책의 첫 번째 목적은 페레로가 "100년 전쟁"이라 이름 붙인 사건들의 궤적을 쫓는 일이다. 여기에는 진보주의 교육운동의 기원에 대한 논의와 함께 20세기의 여러 시기에 진보주의자들의 사상이 어떻게 교육에 영향을 끼쳤는지를 고려하는 작업도 포함될 것이다. 이 책의 제목을 『진보주의 교육운동사: 진보주의, 학교 개혁에 여전히 유효한가?』로 정하면서, 나는 최근 25년 사이에 일어난 특정한 사건들이 20세기 미국에 등장한 진보주의적 사상들과 방법들의 쇠락을 가져왔는지도 모른다는 가정을 설정하였다. 교육에서 이런 진보주의의 쇠퇴 경향은 "기초로 돌아가기"운동, 교육과정 표준화, 고부담 시험, 학생 성적 책임제accountability[10] 같은 정책들로 나타나는데, 이는 부분적으로 「위기의 국가A Nation at Risk」보고서를 비롯해 1980년대 여타 연구들의 발간에 따른 결과물이다. 이 문서들이 미국 교육의 방향을 정하는 데 영향을 끼쳤다는 사실에는 의문의 여지가 없다. 2002년에 시행된 낙오학생방지법은 어쩌면 더욱 중요한 변곡점일지 모른다. 21세기로 접어든 이후 첫 10년 동안은 전통주의자들이 전체 상황을 주도하고 있는 듯하다. 오늘날 자신이 정치적으로 자유주의자라고 말하거나 또는 진보주의 교육자라고 칭하는 사람들은 마치 멸종위기에 있는 생물처럼 보인다. 심지어 이 책을 쓰기 시작하면서, 나는 과거 진보주의 교육이론들의 흥망성쇠에 비추어 봤을 때, 진보주의 교육의 "몰락"을 언급하는 것이 적절하지 않을 수도 있다는 생각에 갈수록 확신이 서지 않는다. 이러한 유의 사항을 염두에 두면서, 진보주의 교육운동을 탐색하는 여정을 시작한다.

1. Ben Brodinsky, "Top 10 Education Events of the 20th Century", *Education Digest*, 64, no. 8, April 1999, 4-7.
2. [옮긴이 주] 래비치는 『뒤처진 좌파』에서 지난 100년 동안 미국인들이 학교의 질을 논쟁하고 걱정해 왔음을 보여 준다. 어떤 이들은 아이들이 충분히 배우지 않았다고 하고, 또 어떤 일들은 학교가 사회 진보의 선두에 서 있지 않다고 불평했다. 래비치는 미국 교육사에서 백 년간 계속되는 양자의 대립적인 이념투쟁을 정리하면서 학교 개혁이 왜 실패했는지를 규명한다. 학교가 아이들의 교육력을 떨어뜨렸는데, 교육개혁자들은 학교 개혁을 통해 사회적·정치적 목표를 달성하려는 엄청난 노력을 하였다. 교육개혁자들은 산업교육, 지능검사, 교육과정의 다양화(차별화), 그리고 생활적응교육 등을 표방하면서 여러 세대에 걸쳐 사회적 공학에 기여하였다. 또한 학문 중심 교육과정에 반대하는 캠페인을 활발하게 벌였다. 그리고 래비치는 미국 학교가 세 가지 잘못된 오류를 범했다고 지적한다. 첫째, 학교가 어떤 사회적·정치적 문제라도 해결할 수 있다는 신념, 둘째, 일부의 젊은이들만이 양질의 교육을 받을 수 있다는 신념, 셋째, 지식의 전수는 학생의 활동 및 경험을 덜 중시한다는 신념들이 야기할 오류를 하나하나 지적한다. 저자는 이러한 중대한 오류가 교육 기회의 평등을 불필요하게 제한시켰고, 학문(학업)의 기대치를 전반적으로 낮추도록 고무함으로써 학생을 우둔하게 만들었다고 비판한다. 그래서 래비치는 모든 학생들이 배울 수 있는 능력을 가지고 있고, 그들 모두가 똑같이 강고한 자유교양교육을 받아야 한다고 주장한다.
3. [옮긴이 주] 클리바드는 1950년대 후반까지 미국 교육이 어떻게 조형되어야 하는가를 둘러싸고 경쟁하는 네 개의 집단 또는 관점이 있었다는 것을 밝히고 이들 집단 사이의 쟁송에 대해 연구하였다. 그가 분류한 네 개의 집단은 인문주의자, 발달주의자, 사회효율성주의자, 사회개량주의자이다. 각각의 집단은 학교 개혁에 대한 독자적인 의제를 가지고 있었고, 더 많은 지지를 받기 위해 경쟁하였다. 이 중에서 어느 한 집단이 나머지를 이기고 교육개혁을 지배한 적은 없다고 보았다. 이러한 분석은 크레민의 진보주의 교육의 전면적 확산에 대한 주장에 균열을 냈다고 볼 수 있다.
4. [옮긴이 주] 독보적인 미국 진보주의 교육사 연구자였던 크레민은 미국 진보주의 교육이 미국의 교육현장을 바꾸어 놓았는가에 대한 질문을 설정하고, 방대한 규명 작업을 통해 진보주의 교육이 전통적 교육을 거의 완전히 대체하였다는 주장을 폈다. 그가 제시한 근거는 첫째, 진보주의 교육사상에 힘입어 교육 기회가 점진적으로 확장되었다는 점, 둘째, 교육과정이 더욱 확장되고 재조직화되었다는 점, 셋째, 교과 외(정규과목 이외)의 교육과정이 더 풍부해졌다는 점, 넷째, 교과서가 개선되고 더욱 풍부한 학습 자료가 늘어났다는 점, 다섯째, 교사들이 더 잘 훈련받게 되었고 전문성이 높아졌다는 점, 여섯째, 학교 건물 등 교육 시설이 전반적으로 개선되었다는 점이다.
5. Diane Ravitch, *Left Back: A Century of Battles Over School Reform*, (New York: Touchstone, 2000), 54.
6. "The Ongoing 'Education Wars,'" CEO at www.ceopa.org/Education-Wars.html (accessed 8 July 2005), 3.

7. David Tyack, Robert Lowe, and Elisabeth Hansot, *Public Schools in Hard Times*, (Cambridge, MA: Harvard University Press, 1984), 151.
8. Allan C. Ornstein, *Teaching and Schooling in America*, (Boston: Pearson Education Group, Inc., 2003), 315.
9. David J. Ferrero, "Pathways to Reform: Start with Values", *Educational Leadership* 62, no. 5 (February 2005): 10.
10. [옮긴이 주] 원래 accountability의 사전적 의미는 '책임 있음', '의무', '책무성' 등이지만 미국 교육에서는 학교가 소속 학생들의 학업성취 달성을 책임지도록 하는 다양한 조치들(학교 평가나 교사 인사고과에 반영하는 등)을 뜻하는 말로 널리 쓰인다. 이 때문에 일부 영어 사전에서는 accountability에 별다른 배경 설명 없이 종종 '학생 성적 책임'이라는 해석이 덧붙어 있기도 하다. 이 책에서는 미국 교육에서 통용되는 의미를 직접적으로 전달하기 위해 단어의 원래 뜻에 구애받지 않고 '(학교의) 학생 성적 책임제' 또는 '성적 책임제'로 번역했다.

차례

1.
진보주의 교육의 등장

진보주의 교육운동progressive education movement에 관련된 사상들은 갑자기 나타난 것이 아니다. 모든 시대에는 당대에 널리 인정되던 관습적 통념과는 다른 방식으로 가르치고 배우고자 고민했던 이들이 있었다. 혹자는 스스로 새로운 교육 방안을 고민하는 대신에 대안적 교수법을 지지했던 사람들에 관한 책을 쓸 수도 있을 것이다. 아마 자신만의 교육 유형을 개척한 이로 알려진 최초의 인물은 소크라테스일 것이다. 그의 수제자 플라톤에 따르면, 소크라테스는 자기 자신을 교사라고 생각조차 하지 않았다. 소크라테스는 참된 이해는 자기 나름의 진리를 발견할 수 있도록 이끌어 주는 문답법을 사용함으로써 학생들의 내면에서 연마된다고 보았다. 이러한 문답법을 사용하여 "교사는 학생들에게 자신이 믿고 있는 것에 대해 스스로에게 질문하고, 다른 한편으로 자신이 믿지 않는 다른 신념들을 자기 앞에 설정하고 자신의 마음 작용을 이와 대비해 탐색하는 방식으로 생각을 하도록 이끌어 준다. 이런 방식으로 학생은 진리를 받아들이게 되는데, 이는 단지 그렇게 사유해서 도출한 명제가 사실이기 때문이다."[1] 대안적 교육 방법을 찾았던 인물들의 사례는 매우 많다. 예수는 듣는 사람들이 자신의 교훈을 잘 이해할 수 있도록 돕고자 기억에 남을 만한 비유를 즐겨 사용했다.

미국 진보주의 교육운동의 선도자들에게 사상적으로 영향을 미쳤던 인물들을 살펴보는 것은 이 책이 구상하는 목적에 도움이 될 것이다. 미국 정치사상에 큰 영향을 미쳤던 사람들은 교육에도 관심이 있었다. 17세기의 영국 사상가 존 로크John Locke는 토머스 제퍼슨과 다른 미국 혁명 지도자들의 정부와 민주주의에 대한 사상에 큰 영향을 준 인물이다. 교육 영역에서 로크는 "진리와 지식은… 수동적, 피상적으로 주어진 생각을 처리하는 것이 아니라 관찰하고 경험하는 데서 나온다"[2]고 보았다. 로크는 진보주의 교육 지도자들이 채택한 방식으로 평생에 걸쳐 교육에 대해 생각했다. 로크와 이 지도자들은 학교와 교사가 학생들에게 지식 전달을 넘어서는 역할을 수행해야 한다고 믿었다. 로크는 진정한 배움에는 구체적인 경험이 필요하다고 최초로 주장했던 이들 중 한 사람일 것이다. 나아가 그는 이러한 경험들이 학생의 개별적 필요와 능력에 맞춰져야 한다고 확신했다. 이런 관점에서 그는 "개인들 사이의 타고난 차이"에 매우 민감했다. 그는 "아이들이 즐겁게 놀이로 삼는 에너지, 관습 행위와 반복 행동"의 수준에 대해 글을 썼으며, "이에 따라 아동들에게 알파벳을 가르치기 위해서 주사위와 글자가 새겨진 놀잇감을 사용하도록 제안했다."[3] 이 역시 진보적 사고의 전조였다.

아마 로크보다 더 큰 영향을 미친 사람은 프랑스 철학자 장 자크 루소Jean-Jacques Rousseau일 것이다. 1762년 처음 출판된 유명한 저서 『에밀Emile』에서 그는 교사에 대한 복종과 암기에 의존하는 교육에 반대했다. 루소는 학생들이 구체적 경험을 하고, 스스로 진리를 발견할 때 가장 잘 배운다고 주장한다. 그는 아이들이 "선하게 태어난다"고 믿었기에, 더 많은 자유를 허용하고 "더 관용적인 형태의 훈육"[4]을 해야 한다고 믿었다. 그는 심지어 인위적으로 통제된 지식에 대한 거부로 "책을 통한 지식은 아이들을 타락시킬 뿐"[5]이라고 주장하는 정도에까지 이르렀다. 루소의 관점은 확실히 호레이스 만Horace Mann과 존 듀이를 포함한 미국 교육자들의 사상에 영향을 미쳤다.[6]

또 다른 유럽인 요한 하인리히 페스탈로치Johann Heinrich Pestalozzi는 루소와 비슷한 신념을 가졌다. 이는 페스탈로치가 일생 자신의 머리맡에 『에밀』을 놓아두었다는 사실에서 상징적으로 드러난다. 페스탈로치는 아이들을 교육하는 새로운 방법을 발전시키고자 당시 막 출현한 심리학적 사회과학을 사용함으로써 루소의 사상을 보완했다. 비록 자기 자신을 교육자라고 생각하지 않았고, 가르침과 배움에 대한 글을 거의 남기지 않았지만, 페스탈로치는 오늘날 "근대 교육학의 아버지"로 불린다. 그는 "실물교수법object teaching"[7]이라 불리는 교육 체계로 "사물에 대한 직접 경험을 통해 배우는 방식"을 옹호했다. 헤르바르트, 프뢰벨과 함께 그의 작업은 미국의 프랜시스 파커Francis Wayland Parker와 존 듀이가 설립한 초기 진보주의 학교들의 기반이 되었다.[8] 페스탈로치는 "외적 자극과 강요보다는 아이의 타고난 본능이 학습의 동기를 부여해야 한다. … 교사의 임무는 따라서 아동의 본성이 자연적 발달 단계에서 발현될 때 그에 맞춰 개별 아동에게 적합한 가르침을 제공하는 것"이라고 믿었다.[9]

이제 유럽의 진보주의 교육 선구자들을 벗어나 미국의 교육운동에 영향을 미친 사건과 인물에 대해 살펴보자. 미국 식민지 시대 초기 학교들의 특징이 대단히 전통적이었다는 점에 주목해야 한다. 교사의 임무는 학생들에게 말하고 훈련시키는 것이다. 훈육은 종종 몹시 엄했고, 체벌이 규율 유지를 위한 주된 방법으로 사용됐다. 아이들은 성경을 포함하여 몇 안 되는 정해진 책들의 많은 부분을 암기해야 했다. 사립 중등학교를 다니는 유복한 집안의 젊은이들은 암기식으로 그리스어와 라틴어를 배웠다. 미국의 초기 교육개혁자들 중 한 사람이 반발한 것은 바로 이 지점이다. 교육 활동 초기에 벤저민 프랭클린Benjamin Franklin은 필라델피아에서 자신의 이름이 들어간 학교 설립을 계획했다. 그는 라틴어보다 영어를 강조하는 학교를 설립하고자 했다. 교육과정은 아이들이 성직자가 되기보다는 사업이나 전문 직종 진출을 준비할 수 있도록 실용적 교과를 중심으로 구성했다.[10]

학생들에게 "유용한" 교육을 제공하는 학교라는 개념은 많은 진보주의 교육자들이 공감했던 것이다. "실용적인 모든 것, 장식적인[11] 모든 것을 학생들에게 가르칠 수 있다면 더할 나위 없다. 그러나 예술은 길고, 인생은 짧다. 따라서 학생들은 가장 유용할 만하고 가장 장식적일 만한 것들을 배우도록 해야 한다"[12]라고 프랭클린은 썼다. 1751년에 설립된 프랭클린 아카데미는 수학, 천문학, 체육, 항해술, 연기, 그리고 부기 같은 수업을 제공했다. 학생들은 자신이 배울 과목을 어느 정도 선택할 수 있었다. 게다가 프랭클린 아카데미는 남녀 학생 모두를 받아들였으며, 19세기에 설립되는 미국의 6,000여 개 사립학교들의 모델이 되었다. 대부분의 학부모에게 수업료를 부과했던 이 사립 아카데미들은 19세기 말에 나타나는 공립 고등학교들의 모태였다.[13]

미국 공립학교 운동의 아버지인 호레이스 만[14]은 여러 면에서 전통적 교육자였지만, 그가 살았던 시대, 즉 19세기 중반에 비추어 본다면 진보적인 사상을 가진 인물이었다.

예를 들어, 그는 긍정적 경험이 가장 좋은 학습 동기라고 생각했다. 매사추세츠주 교육위원회의 두 번째 보고서에서 그는 이렇게 썼다.

알파벳을 배우는 데 6개월이 걸리는 아이들은 게임이나 스포츠 경기의 복잡한 규칙이라면—어디에 서고, 언제 달리며, 무슨 말을 하고, 어떻게 계산하는지, 게임의 규칙과 윤리는 무엇인지—운동장에서 단 반나절이나 초저녁 안에 다 배울 것이다. 이 모든 활동은 알파벳 대여섯 자를 익히는 것보다 더 많은 지적 노력을 요한다. … 그러므로 가르치기 전에 동기를 부여하지 않는다면 낱말과 철자를 배우는 과정은 괴롭고 그 진행 속도는 더딜 것이다.[15]

같은 문서에서 호레이스 만은 교사들에게 다음과 같이 제안했다.

교육 방법과 과정에 대한 지식, 이것들은 무한히 다양하다. … 가르치는 것에 정말로 능통한 교사는 평범한 학생을 위한 일반적인 방법뿐 아니라, 독특한 성향과 기질을 가진 학생들을 위한 특별한 교육 방법에도 정통한 사람이다; 그렇게 그는 모든 교육 방법의 원리에 정통하기 때문에 각기 다른 상황의 차이에 따라 자신의 교육 계획을 변화시킬 수 있다.[16]

안티오크 칼리지에서 호레이스 만이 교사로서 인생 후반에 사용한 교육 방법은 가르침에 대한 그의 관점을 보여 주는 또 다른 지표다. 그의 제자 헨리 클레이 배저Henry Clay Badger는 안티오크 칼리지 시절의 일기를 보관하고 있었는데, 스승 만에 대해 이렇게 적었다. 만은 각각의 학생들에게 재미삼아 탐구해 볼 몇 개의 질문들을 주고 조사한 내용을 반 학생들 앞에서 발표할 페이퍼로 준비하도록 하는 방식으로 개별 학생들에게 '특별 수업'을 부과했다.[17] 적어도 이 학생에게 만의 교수법에서 흥미진진했던 것은 "그[만]의 정신이 우리[학생들]의 정신을 자극으로 두드려 깨웠다"는 점이다. "그는 학생들의 열의에 불붙이는 법을 알았다."[18] 의심할 여지 없이 이 중요한 교육 개척자는 자신의 고유한 수업을 통해서 교사의 역할이 학생들에게 정보를 전달하는 것 이상임을 보여 주었다. 그는 다른 진보주의자들처럼 "명칭과 공식을 암기하는 학습이 효과적이지도 바람직하지도 않다"고 믿었다.[19]

만과 마찬가지로 일생동안 전통적 교육 방식에 저항했던 또 다른 인물들이 있었다. 실험학교들은 19세기 동안에도 드문드문 보이긴 했으나, 국가적 차원에서 학교를 변화시키려 한 주요 운동은 1890년대까지 일어나지 않았다. 미국의 학교를 변화시키려는 움직임은 역사가들이 진보주의 운동이라고 불렀던 현상의 일환으로서 20세기 초엽에 본격적으로 활기를 띠었다.

월터 로드Walter Lord는 저서 『좋은 시절The Good Years』에서, 20세기가 시작되던 시절 미국에서 발견되는 낙관적 분위기를 묘사한다. 그가 책 제목을 "좋은 시절"이라고 정한 것은 당시에는 "사람들이 어떤 어려움이라도 해결할 수 있다는 확신을 가지고 있었기" 때문이다. 1899년 12월 31일자 〈뉴욕 타임스〉 사설은 "우리는 더욱 빛날 문명의 새벽을 마주하며…새로운 세기로 접어드는 1900년의 문턱에 서 있다"고 단언했다. 종교계 또한 새로운 세기에 대해 대단히 낙관적이었다. 어느 목사는 "법은 더욱 정의롭고 가치는 더욱 인간적이며 음악은 더욱 감미롭고 책은 더욱 지혜로워지고 있다"는 발언을 해 신문에 인용됐다.[20]

진보주의 교육운동은 백인 중산층 미국인이 주도한 보다 큰 운동의 일부로 보일 수 있다. 1901년부터 1917년 미국의 1차 세계대전 참전까지의 기간은 진보주의 시대로 명명할 수 있다. 많은 역사가들은 윌리엄 매킨리의 암살로 시어도어 루스벨트가 후임 대통령이 된 때부터 이 개혁의 시대가 시작되었다고 말한다. 진보주의 운동의 일부분이 된 개혁의 대의에는 여러 가지가 있으며, 여기에는 대기업 규제, 정부 개혁, 여성 참정권과 금주 운동 같은 노력들이 포함되었다. 진보주의자들은 혁명가들이 아니라 특정 문제를 바로잡고, 현상 유지를 바탕으로 발전을 이루는 데 관심을 둔 사람들이었다. 이 시대에는 보수주의자였던 많은 개인들도 때로는 체제를 변화시키는 데 적극적으로 참여했다.

특정한 문제 해결에 있어서 진보를 이루게 될 법률들이 주와 연방 단위에서 통과되었는데, 이는 당시 "폭로 전문가muckrakers"라는 꼬리표를 달고 있던 일단의 작가들이 공론화하고 시어도어 루스벨트와 우드로 윌슨 같은 진보적 대통령들이 주도한 덕분이었다. 기업들은 이제 「육류검사법」, 「순수 식품 및 의약법」, 「클레이턴 독점금지법」과 같은 법률에 의해 규제됐다. 서부의 많은 주에서 여성 참정권 운동이 시작되었고 결국 1920년 수정헌법 제19조의 통과로 결실을 이뤘다. 소환투표제나 국민투표제와 같은 새로운 민주적 발의가 많은 주에서 도입됐고, 아동 노동 규제 및 성인 노동조건의 개선에서도 진보가 이루어졌다.

미국 전역에서 의식의 전환이 일어났고, 19세기 내내 미국인의 삶을 지배했던 자유방임주의 철학은 변화의 수용으로 쇠퇴하는 듯 보였다. 변화의 시작은 여러 작가들이 체제의 결함을 지적했던 1890년대에 나타났다. 작가들이 지적한 것 중 많은 문제들은 미국 사회가 근본적으로 농업국가에서 산업국가로 전환하고 있었기 때문에 발생한 것이다. 19세기의 대중운동은 주로 농촌지역에서 일어나긴 했지만 미국 도시와 변두리 중산층들이 느끼고 다뤄야 했던 문제들을 제기했다. 더 부유하고 영향력 있는 시민들의 광범위한 지지 덕분에 진보주의자들은 대중주의자들에게 불가능했던 목표를 달성할 수 있었다. 1차 세계대전 이전 시기 동안에 일어난 진보주의의 개혁들은 대중주의자들이 제안한 바와 비교하면 널리 효과를 미치지 못했던 것도 사실이다. 일부 역사가들은 지나치게 극적인 변화를 피했다는 점에서 진보주의 또한 보수적 경향을 띤다고 주장한다. 예를 들어, 이 시기 진보주의의 개혁은 인종적 소수자들이 더욱 광범위하게 참여할 수 있는 제도의 문을 여는 데 매우 미미한 지원을 했을 뿐이다.[21]

교육 분야에서, 비록 대부분의 사람들이 학교를 급진적으로 바꾸자는 생각에 동의할 준비가 돼 있었다고 말할 순 없지만, 지식인과 중산층 전문가들은 존 듀이와 여타 저자들의 책을 읽는 데 개방적이었다. 새로운 교수법을 사용하는 실험학교에 기꺼이 자녀들을 보내려는 부모들은 언제나 있었지만 그 수는 늘 적었다. 역사가들은 1차 세계대전 이전의 몇 해 동안 새로운 교육이론들이 받아들여진 이유에 대해 의견의 일치를 보이지 않는다. "19세기 후반과 20세기 초 교육적 변화에 대한 커벌리Ellwood P. Cubberley[22]의 해석은 교육이 단지 사회적·경제적 문제를 해결하기 위해 변화했다고 판단한다. 이러한 해석의 틀 안에서 학교는 단지 사회적 조건에 얽매인 포로에 불과하다." 본질적으로 당시 일어난 일은 미국이 농경 사회에서 산업과 대기업이 지배하는 사회로 이행하고 있었다는 점이다. 역사가 멀 커티Merle Curti[23]는 추후의 연구에서 "이 시대에 일어났던 교육적 변화의 대부분은 산업체 소유주의 이익에 기여하기 위해 고안되었다"고 주장한다. 예를 들어 그는 "직업교육과 기술훈련이 미국인 노동자들 사이에 급진주의가 퍼지는 것에 대응하고 통제하기 위한 시도였다"는 논지를 편다. 로렌스 크레민은 보다 이상주의적 해석을 내놓는다. 그는 교육적 진보주의educational progressivism란 "개인들의 삶을 향상시키기 위해 학교를 이용하려는 다양한 측면의 노력"[24]이라고 생각했다.

거대한 진보주의 운동을 자극했던 모든 힘은 의심할 여지 없이 교육의 장에서도 작동했다. 분명 학교에도 변화를 무르익게 하는 조건들이 있었다. 극소수의 예외를 빼면, 19세기 말 미국의 공립학교 체제는 매우 전통적이었다. 대부분의 교사들은 자신들의 주요 역할이 정보 전달자라고 생각했다. 다른 분야에서처럼 교육을 20세기 삶의 현실에 더 잘 들어맞게 바꿀 필요가 있었을 것이다. 이것이 사실이든 아니든, 진보적 교육자들이 제안한 혁신을 진지하게 고려해야 한다는 새로운 생각에 귀를 기울일 미국인들은 충분했다. 진보주의 교육의 의미와 영향에 대한 이 연구의 출발점으로, 지금부터 이 운동과 아주 밀접하게 관련된 인물을 살펴보려고 한다.

1. George F. Kneller, ed., *Foundation of Education*, (New York: John Wiley and Sons, Inc., 1967), 124.
2. R. Freeman Butts and Lawrence A. Cremin, *A History of Education in American Culture*, (New York: Henry Holt and Co., 1953), 55.
3. Richard Aldrich, "John Locke", *Prospects*, 24 no. 1/2 (1994): 61-76.
4. Joel Spring, *The American School: 1642-1990*, (New York: Longman, 1990), 132.
5. Frederick Mayer, *American Ideas and Education*, (Columbus: Charles E. Merrill Books Inc., 1964), 154.
6. Mayer, *American Ideas and Education*, 155.
7. [옮긴이 주] 실물교수법은 페스탈로치가 추상적이고도 언어 중심적인 전통적 교육 방법에 반대하면서 내세운 직접적이고도 즉각적인 감각 경험을 중시하는 개념 형성을 위한 학습자 중심의 교수법이다. 대상이 되는 실물(object)을 사용하여 그 형태를 추론하고, 수를 세고, 이름을 붙이는 등의 직접적 경험을 통해 학습자는 사물을 효과적으로 개념화하고 그것과 관련된 지식을 획득할 수 있다고 보는 인식론적 신념에 기초하고 있다.
8. Butts and Cremin, *A History of Education in American Culture*, 437-38.
9. Butts and Cremin, *A History of Education in American Culture*, 380.
10. Myra Pollack Sadker and David Miller Sadker, *Teacher, Schools and Society, 6th Edition*, (Boston: McGraw-Hill, 2003), 310.
11. [옮긴이 주] '장식적(ornamental)'은 예배용품, 예배장식품의 뜻으로 쓰이며, 윗 문단의 '성직자'에 상응하는 말로 이해할 수 있다.
12. Spring, *The American School: 1642-1990*, 19-20.
13. Sadker and Sadker, *Teachers, Schools, and Society, 6th Edition*, 310.
14. [옮긴이 주] 미국 공교육의 아버지로 불리는 호레이스 만은 모든 시민을 교육하는 것이 민주주의 사회에서 필수적이며, 교육은 개인에게 실질적이고 유용할 뿐만 아니라 사회의 발전에 기여해야 한다는 생각을 가지고 '보통학교(common school)' 운동을 추진했다. 초등 보통교육이 민주적 공화정이 안전하게 의지할 수 있는 유일한 기초라고 주장했다. 그는 제퍼슨과 같이 인간은 무지한 상태에서는 진정한 의미에서의 자유와 권리를 이해할 수 없다고 믿었고 아울러 지식의 중요성뿐만 아니라 지식을 가진 사람의 도덕성에 주목했다. 도덕성 향상을 통한 민주적 시민 양성이라는 만의 교육적 비전은 그가 살았던 시대적 상황과 깊은 연관이 있다. 그것은 당시 19세기 초·중반 미국의 산업화와 도시화로 인해 파급된 사회혼란, 그리고 다양한 언어적, 문화적, 종교적 배경을 가지고 미국으로 온 이주민들을 미국인의 삶으로 동화시켜야 할 필요성 때문이었다. 특히 이주민들에 의해 증가된 가난과 악, 그리고 다양한 집단 간의 가치 충돌과 불협화음은 민주주의의 건강한 발전을 저해하고, 심지어 사회에 파괴적인 영향을 미칠 수 있음을 염려했다. 만의 보통학교는 모든 아이들에게 공통의 가치를 가르치는 '보편적 무상 공교육'을 통해 가난, 범죄, 무지, 게으름, 탐욕 등과 같은 사회의 문제를 예방하며 공동체 의식과 민주주의 체제를 강화하고자 했다. 이러한 의미에서 그는 '교육'이라는 수단으로

학생을 민주적 시민으로 양성하여 사회를 점진적으로 개선하고자 한 사회개혁자였다.

15. Lawrence A. Cremin, *The Republic and the School*, (New York: Bureau of Publication, Teachers College, Columbia University, 1957), 38-39.

16. Motivational Quotes for Teacher, at http://www.pitt.edu/~poole/ARCHIVE#. HTML, (accessed 14 March 2005), 2.

17. Louise Hall Tharpe, *Until Victory: Horace Mann and Mary Peabody*, (Boston: Little, Brown and Company, 1953), 279-80.

18. Tharpe, *Until Victory: Horace Mann and Mary Peabody*, 279-80.

19. Robert Badolato, "The Educational Theory of Horace Mann", at www.new-foundations.com/GALLERY/Mann.html, (accessed 27 September 2004), 2.

20. Walter Lord, *The Good Years*, (New York: Harper and Row Publishing, 1960), 213.

21. Foster Rhea Dullis, *The United States Since 1865*, (Ann Arbor: University of Michigan Press, 1971), 178-81.

22. [옮긴이 주] 커벌리(1868-1941)는 다른 진보주의자들과 함께 교육의 사회적 중요성에 관한 이 오래된 제퍼슨적 명제들을 반추하면서 교육의 힘에 대한 깊은 믿음을 가졌다. 커벌리는 진보주의, 과학주의, 미국주의, 전문주의 및 교육만능주의의 역사적 배경 속에서 하나의 제도화된 미국 교육사를 제시했다. 미국 교육사에 관한 해석 논쟁을 위해서는 복음주의적, 진보주의적, 미국주의적 해석들을 제공해 주었다. 많은 식자들에 의해 미국 교육사 분야에서 이제까지 출간된 것 가운데 최고의 교과서로 평가받는 커벌리의 사관은 후속 세대의 다른 교육사가들이 역사학적 혹은 교육적 문제에 당면할 때마다 재검토하게 될 이해의 준거틀이 되었다. 무엇보다도 커벌리 사관은 최초의 제도화된 미국 교육사를 제공했다는 데 의의가 있다. 커벌리가 교육에 대한 미국인의 역사학적 의식의 발전에 대해 가지는 또 다른 공헌은 교육사의 과학화였다. 하지만 그의 가장 중요한 공헌은 무엇보다 미국 교육사의 미국화라고 할 수 있다.

23. [옮긴이 주] 위스콘신 대학교수였던 멀 커티(1897~1997)는 진보주의 역사학자로서 사회경제적 힘이 미국인의 생각, 삶, 그리고 인성을 형성했다고 보았다. 그는 첫째, 주요한 사회 변화를 거부하는 평화주의를 거부하면서 평화와 갈등 연구에 관심을 보였다. 둘째, 『미국 교육자의 사회적 이상*The Social Ideas of American Educators*』(1935, 1944)을 저술한 그는 미국은 유럽의 지성과는 다른 지성사를 갖고 있다고 주장하며 아래로부터 형성된 사회적·경제적 힘에 큰 관심을 보였다. 셋째, 『미국 공동체의 형성*The Making of an American Community: A Case Study of Democracy in a Frontier County*』(1959)에서 일상적 삶의 양식으로 구성된 이전의 역사와 달리 민중주의자들처럼 풀뿌리 정치운동에 의해 다시 쓴 새로운 사회사를 개척했다.

24. Spring, *The American School: 1642-1985*, 152-53.

2.

존 듀이:
진보주의 교육사상의 선구자

교육 분야의 전문서는 물론이고 고등학교와 대학의 역사 교과서에서 존 듀이는 20세기 미국의 가장 중요한 교육철학자로서 명성을 얻었다. 그의 업적은 진보주의 시대에 교육 외 다른 분야에도 영향을 미친 것으로 평가받는다. 예를 들어, 미국에서 가장 많이 사용하는 새뮤얼 모리슨Samuel Eliot Morison과 헨리 코메이저Henry Steele Commager의 대학 역사 교과서는 듀이를 미국의 "가장 저명한 철학자"로 부르고 있다.[1] 고등학교 교과서들에서 볼 수 있는 듀이에 대한 전형적 서술은 대개 이렇다. "존 듀이 교수의 리더십 아래, 오랫동안 미국 학교들을 지배했던 엄격하고 딱딱한 공장 같은 분위기를 없애려는 노력이 시도되었다."[2] 두 번째 예는 다음에서 보듯 다른 고등학교 교재 『근대 미국의 형성The Making of Modern America』에서 발췌한 것이다.

우리 시대의 학교에 크게 영향을 미쳤던 교육철학자의 한 사람은 컬럼비아 대학교 철학교수 존 듀이다. 듀이 시대 이전까지 이 나라의 학교는 학생들에게 사실적 지식을 주는 것 이외에는 별다른 존재 목적이 없었다. 듀이는 학교가 학생이 실제의 삶을 삶으로써 배우는 장소가 되어야 한다고 주장했다. 따라서 듀이에 의하면 학교는 책을 통한 학습 그 이상을 제공해야 하고, 학생들에게 자연과 공동체 생활에 접할 기회를 제공하지 않으면 안 된다. 듀이의 철학에서 학교는 아이들의 인격을 발달시키려고 노력해야 한다.[3]

1859년 버몬트주 벌링턴Burlington에서 태어난 존 듀이는 남북전쟁 참전 용사이자 식료품 가게 주인인 아치발드 듀이와 루신다 듀이의 셋째 아들이었다. 남편보다 20년 젊었던 존 듀이의 어머니는 "꽤 존경받은 공공의식을 지닌 버몬트 토박이 가정" 출신이었다. 존의 외증조부는 버몬트주를 대표해 연방하원 의원을 지냈고, 어머니 자신도 지역사회의 사회개혁 활동에 적극적으로 참여하는 여성이었다. 부모로서 그녀는 자녀들이 지역사회에서 타인에 대한 책임을 다하는 사람이 되도록 솔선했으며, 가족들을 벌링턴의 초대 회중파 교회에서 적극적으로 활동하도록 이끌었다. 어머니와 교회의 영향력 덕분에 듀이 가족의 자녀들은 공동체에 참여하는 시민이 되는 게 자신들의 의무임을 배웠다. 존 역시 마을 회의의 활동을 관찰하면서 민주적 결정 과정을 열렬히 지지하는 가치관을 갖게 된다. 그는 월반이 가능한 학교에 다녔기 때문에 자신의 학업 속도에 맞게 공부할 수 있었고, 5년 만에 초등학교를 마쳤다.[4]

15살에 고등학교를 졸업한 존은 고향에서 가까운 버몬트 대학교에 입학했다. 그는 "수줍음 많고" "내성적"이며 성적은 "보통"인 학생이었다. 버몬트 대학교의 교육과정은 "사상의 세계를 소개하는" 코스를 수강하는 4학년이 되기 전까지 모든 학생들에게 똑같았는데, 4학년이 되어 이 코스를 수강하면서 듀이는 큰 지적 자극을 받았다. 그는 졸업할 때 자기 미래에 대한 확고한 계획이 없었지만 결국 펜실베이니아의 오일시에서 교직을 맡게 된다. 한 달에 40달러라는 "상대적으로 높은 봉급"이 주어지는 자리였다. 펜실베이니아에서 일하는 동안, 듀이는 〈사변철학 저널The Journal of Speculative Philosophy〉에 "유물론의 형이상학적 가정"이라는 논문을 기고할 수 있었다. 2년간 먼 타지에서 일한 뒤, 그는 두 번째 교직을 얻어 버몬트로 돌아왔다. 곧이어 가족의 재정적 도움을 받아 존스홉킨스 대학교 철학과의 대학원 과정에 입학한다.[5]

대학원 박사 학위를 취득한 후 듀이는 미네소타 대학교에 있던 1년을 제외하고 미시간 대학에서 10년 동안 학생들을 가르쳤다. 젊은 철학 교수 듀이는 35살에 새로 설립된 시카고 대학교로 자리를 옮긴다. 이미 두 권의 책을 냈지만, 듀이가 자신이 논문으로 작성하기 시작한 몇 가지 이론들을 실험을 통해 검증할 기회를 가질 수 있었던 것은 시카고 대학교에서였다. 실험학교를 설립해 교실에서 다양한 기술을 이용해 가르치는 교사들과 직접적으로 협업할 수 있게 된 것이다. 그 결과 듀이의 많은 저작 중에서 교육을 다룬 첫 번째 책인 『학교와 사회The School and Society』[1900]가 발행될 수 있었다.[6]

그는 시카고에서 헐 하우스Hull House[7]로 잘 알려진 저명한 사회개혁가 제인 애덤스Jane Addams 여사와 함께 일하기도 했다. 헐 하우스와 실험학교에서 듀이가 했던 작업은 교육에 대한 그의 사고를 형성하는 주요한 요인이 됐다. 듀이가 "나의 교육 신조"라는 제목의 글에서 자신의 철학을 분명히 한 것은 바로 이 시점이다. 그는 시카고 대학교에서 실험학교 행정을 둘러싼 논란이 일어난 이후 이 대학을 떠나 뉴욕시에 소재한 컬럼비아 대학교로 옮겨 갔다. 듀이가 진보주의 교육progressive education[8] 운동에서 전국적으로 가장 저명한 인물이 된 것도 여기에서였다. 듀이 덕분에 컬럼비아 대학교는 "전 세계 교육학자들을 끌어들이는 자석" 같은 곳이 됐다. 1916년 출판된 『교육에서의 민주주의Democracy in Education』 덕분에 듀이의 명성은 더욱 높아져 그는 미국을 대표하는 교육철학자의 반열에 오른다. 1919년과 1921년에 중국을 여행한 듀이는 미국 밖으로 자신의 사상을 펼쳐 나가기 시작했다. 이후에 그는 터키, 멕시코, 남아프리카, 그리고 러시아에서 강의했다. 1930년에 공식적으로 퇴임한 듀이는 1939년까지 석좌교수로 남아 학계에서 활발하게 일했다. 80대의 나이에도 그는 미국 교육계에서 영향력 있는 인물로 활동했으며 1952년 세상을 떠났다.[9]

존 듀이의 전기를 살펴보는 것은 그의 교육철학을 요약하는 것보다 간단한 일이다. 우선 듀이는 60년에 걸쳐 글을 썼고, 잘 알다시피 그의 생각은 길고 생산적이었던 그의 삶 내내 정체되어 있지 않았다. 듀이가 쓴 책과 논문을 읽을 때는 출판한 시기의 교육적 논의의 맥락에서 그 내용을 파악하는 것이 도움이 된다. 많은 교과서 저자들은 한두 권의 책만을 선정해 듀이의 생각을 요약하려는 오류를 흔히 범한다. 이런 접근 방식으로는 여러 해에 걸쳐 추가되고 변형되어 완성을 이룬 듀이의 철학 전체를 온전하게 설명할 수 없다. 이런 어려움이 그의 글을 이해하기 힘들게 한다. 판사 올리버 웬들 홈스Oliver Wendell Holmes는 "마치 '하나님은 명료하지 않지만 간절히 원하셨다면 말씀하셨으리라'는 성경 구절처럼, 듀이의 책은 믿기 어려울 정도로 잘 쓴 것 같지 않지만, 여러 번 다시 읽어 보면 비할 바 없이 탁월한 우주 안에 있는 듯 친밀한 느낌을 준다"고 말하곤 했다.[10]

듀이의 견해를 요약해 보려면 아마도 1897년 37살 때 듀이 자신이 요약한 출판물에서 시작하면 좋을 것이다. 그렇게 함으로써 그의 사상 일부가 평생에 걸쳐 변화되어 왔음을 확인할 수 있다. 〈학교저널The School

Journal〉에 게재된 논문도 당시 젊은 교수였던 듀이가 지닌 교육에 관한 생각이 무엇이었는지를 보여 준다. 교육을 정의하면서 그는 이렇게 말한다.

나는 모든 교육이 종족의 사회적 의식에 개인이 참여함으로써 진행된다고 생각한다. 이런 과정은 태어날 때부터 거의 무의식적으로 시작되어 개인의 능력을 지속적으로 만들어 나가고, 자의식을 풍부하게 하며, 습관을 형성하고, 사상을 연마할 뿐 아니라 감정과 정서를 불러일으킨다. … 나는 진정한 교육은 오직 아이들 자신이 처해 있는 사회적 상황의 필요에 따라 아동의 능력을 끌어냄으로써 이뤄진다고 믿는다. 이러한 교육적 과정은 두 가지 측면을 가지고 있는데, 하나는 심리적 측면이고 다른 하나는 사회적 측면이다. … 이 두 가지 중에서 심리적인 측면이 기본이 된다. 아이들 자신의 본능과 힘은 물질적 토대이며, 모든 교육의 출발점이다. … 개인의 심리적 구조와 활동에 대한 통찰력이 없다면, 교육적 과정은 무계획적이고 자의적인 것이 되고 말 것이다. … 그러므로 교육은 아이들의 능력, 흥미, 습관에 대한 심리학적 통찰에서 시작해야만 한다.[11]

논문의 두 번째 부분은 "학교란 무엇인가"라는 질문에 대답한다. 듀이는 이렇게 썼다.

그러므로 나는 교육이 그 자체로 삶의 과정이지, 미래의 삶을 준비하는 게 아니라고 생각한다. 나는 학교가 아이들이 집에서,

지역사회에서, 혹은 운동장에서 하고 있는 것처럼 사실적이고 생동감 있게 현실의 삶을 드러내야 한다고 확신한다.

이후 그는 미국의 당대 학교 현실을 비판하는 것으로 나아간다.

현 교육의 대부분은 학교가 공동체의 한 형태라는 기본적인 원칙을 무시했기 때문에 실패했다고 나는 생각한다. … 교사는 학교에서 아이들에게 어떤 생각을 강요하거나 어떤 습관을 만들어 주는 사람이 아니라, 공동체의 구성원으로서 아이들에게 미칠 영향을 선택하고, 이들 영향에 아이들이 적절하게 반응하도록 지원하는 사람이다. … 시험이란 아이들이 사회적 삶에 얼마나 적합한지를 검토하고, 학생 개개인이 어떤 장소에서 최상의 공헌을 할 수 있는지, 어디에서 최상의 도움을 얻을 수 있는지 확인하는 선에서 유용하다.

듀이는 교과목과 관련해 다음과 같이 기술하고 있다. "교과목들 간의 연계를 형성할 때 진정한 중심이 되는 것은 과학이나 문학도 아니고, 역사나 지리도 아니다. 그것은 아이들 자신의 사회적 활동이라고 생각한다." 이 말은 듀이의 생각을 따랐던 몇몇 이들로 하여금 기존에 확립된 교육과정과 교과서들이라는 이념을 전적으로 무시하도록 이끌었다. 그렇지만 듀이는 말년에 학습을 위한 일말의 확정된 체계도 없이 가르치려는 사람들을 비판했다.

마지막으로 가르치는 방법과 관련해 다음과 같이 쓰고 있다.

나는 궁극적으로 교육 방법에 대한 질문이 아이들 능력과 흥미의 발달 순서에 대한 질문으로 환원될 수 있다고 생각한다. … 나는 현재 수업 전달에 쏟고 있는 많은 시간과 주의가 아이들의 상상력을 길러 주고, 그들이 경험 속에서 접하는 다양한 주제들의 이미지를 생생하게 갈고 닦도록 도와주는 데 할애되는 것이 더 현명하다고 생각한다.[12]

　이러한 생각은 수년에 걸쳐 확장되고 구체화되었다. 이러한 철학의 또 다른 요소들은 빼어난 저자였던 듀이의 방대한 학술서에 포함되어 있다. 존경받는 교육사학자의 한 사람인 조엘 스프링Joel Spring은 듀이의 수많은 견해를 잘 요약한 것, 그 이상으로 훌륭한 학문적 업적을 이루었다. 스프링 또한 듀이 저작의 "복잡성"을 지적하면서 그의 사상을 요약하는 작업이 어려운 이유로 종종 "다양한 해석의 가능성이 열려 있다"는 사실을 들고 있다. 스프링이 관찰한 여러 측면은 듀이를 이해하는 데 많은 도움이 된다. 예를 들어, 그는 듀이가 "아이들은 보상과 처벌로는 학습 동기를 얻지 않는다"고 확신했음을 강조한다. 즉, 듀이는 "개별적 행동의 원천은 외적 보상이나 처벌로부터 오는 자극이 아니라, 개인의 흥미와 욕구로부터 주로 발생한다"[13]고 믿었다는 뜻이다. 듀이 사상에 대한 이런 시각은 학교에서 이루어지는 일이 학생의 흥미를 기반으로 해야 한다는 생각을 낳는다. 스프링은 다음과 같은 예를 들고 있다.[14]

　　한 학생이 우유에 대한 관심을 표현할지 모른다. 그러면 교사는 학생에게 우유 생산의 원천, 화학적 원리, 우유의 배급에 대해 지도해 줄 것이다. 한 무리의 학생들이 지역의 우유 생산지를 방문하고 학급에서 우유에 관한 그룹 프로젝트를 발전시킬 수 있다. 우유에 대한 집단학습을 하면서 학생들은 화학, 경제학, 산수, 사회사는 물론 협력을 배울 수 있을 것이다.

또 다른 이들은 주로 "사회적 과정"으로서 듀이의 교육 개념을 강조했다.

> 듀이는 자신의 실용주의적 지식 이론에 근거하여 사고가 문제 해결을 위한 교육적 방법이라고 인식했다. 그의 모든 철학적, 교육적 세계관은 경험의 개념에 기반을 두고 있으며, 이는 듀이로 하여금 교육이 민주적 삶의 양식을 도덕적으로 실천하는 데 근간을 두어야 한다고 확신하게 만들었다.[15]

듀이에게 이를 실행할 수 있는 최상의 방법은 과학적 방법을 사용하는 것이었다. 그는 과학적 방법이란 다음의 단계를 포함하고 있다고 제시했다.

1. 어떤 좌절이나 곤란, 혼란에 의해 야기된 문제를 정의하기
2. 그 문제를 둘러싼 조건을 관찰하기
3. 문제를 해결할 수 있는 가정 세우기
4. 몇 가지 대안적 가정에 따른 행동의 가능한 결과들을 상술하기
5. 어떤 대안적 아이디어가 문제 해결에 최상인지 확인하기 위해 능동적으로 시험하기[16]

교육에 대한 듀이의 진화된 생각을 논하는 것에 더하여, 일부 저자들은 그가 평생에 걸쳐 했던 학교 현실에 대한 효과적인 비판들 역시 이 못지않게 중요한 듀이의 업적이었다고 강조한다. 듀이는 당대의 학교 현실을 다음과 같이 묘사했다.

> 전통적 제도는 본질적으로 위로부터 그리고 외부로부터 강요된 것이다. 이는 결국 성인의 기준, 주제 의식, 방법을 서서히 성장해 가고 있는 아이들에게 강요하고 있는 셈이다. 학교가 요구하는 교과 주제, 학습법, 행동 방식들이 젊은이들의 현재 능력에는 맞지 않은 탓에 양자 간의 괴리가 매우 크다. 즉, 이런 학교의 요구들은 젊은 학습자들이 갖고 있는 경험의 범위를 넘어서기 때문에, 결과적으로 학생들에게 강요될 수밖에 없다. … 여기서 학습은 이미 책에 들어 있는 것, 어른들의 머릿속에 들어 있는 것을 그대로 습득함을 의미하게 된다. 게다가, 이런 식의 교육에서는 본질적으로 배움에서 얻는 지식이란 무언가 고정된 것으로 인식된다. 이렇게 가르쳐진 지식은 처음에 구축된 방식이나 앞으로 변화될 수 있는 양상과는 별 관련 없는 완제품 같은 존재다. 미래가 과거와 크게 다르지 않을 거라고 가정하는 태도는 대개 사회의 문화적 산물이지만, 이런 비현실적 가정은 변화가 예외가 아니라 규칙인 사회에서 교육의 재료로 이용되고 있기 때문에 문제다.[17]

듀이는 전통적 교육의 결함을 설명하는 데는 매우 효과적이었던 반면, 그 자신의 사상은 많은 비판을 받기도 했다. 듀이의 "아동 중심적" 접근과 "행위에 의한 학습learning by doing"에 동의하지 않는 사람들은 그의 철학이 사회의 문화적 유산을 후대에 전달할 필요성에 충분한 관심을 기울이지 못한다고 여겼으며, 아이들이 학문적 흥미를 개발하기에 앞서 종종 "노력을 기울여야 한다"는 사실도 인정하고 있지 않다고 보았다. 다른 이들은 모든 문제의 해결을 위해 과학적 방법을 이용해야 한다고 본 듀이의 생각에 별 감흥을 받지 못했다. 그들은 아이들이 "실험적이 아니라 체계적으로" 교과를 학습하는 것이 필수적이라고 주장한다. 듀이의 비판자들은 미국에서 너무 많은 학생들이 필수 과목, 특히 과학과 수학에 숙달하지 못하고 있다고 보았다. 다수의 다른 생각을 가진 학자들은 듀이의 철학과 방법론이 "고도로 상대주의적이고 상황에 따라 좌우"되므로 "보편적 진리와 가치의 존재"를 허용하지 않는다고 주장했다.[18]

또한 듀이는 종종 교사교육을 받는 예비교사들이 나중에 자신의 학급에서 사용하게 될 교수 방법을 이용해 교육받아야 한다고 했지만, 정작 듀이 자신은 (극히 뛰어난 강사였음에도 본질적으로는) 가장 전통적인 교사였다는 지적도 있다. 그의 제자 중 한 사람인 철학자 어윈 에드먼Erwin Edman은 듀이의 대학원 수업에서 했던 경험을 이렇게 묘사하고 있다.

그는 의자에 앉아 구겨진 몇 장의 노란 종이를 만지작거리며 관조하듯 창문 밖을 바라보았다. 그는 버몬트 억양으로 아주 천천히 말했다. 그는 매우 친절하고 관념적으로 보였다. 그는 수강생들의 존재를 거의 인식하지 못하는 듯했다. 그는 구절에 밑줄을 긋거나 요점을 강조하는 것 등에 별다른 거부감을 느끼지 않는 것 같았다. 처음엔 나에게 그렇게 보였다. … 그는 머리에 떠오르는 대로 말하고 있는 듯했다. … 마침내 강의가 끝날 시간이 되면 그는 그냥 중단했다; 마치 어느 지점에서 강의를 끝마칠지 모를 것처럼 보였다. 그러나 나는 이리저리 헤매던 것은 듀이의 정신이 아니라 내 정신이라는 걸 곧 깨달았다. 나는 나도 모르게 대학 과정에서는 거의 하지 않았던 일, 즉 필기를 하기 시작했다. … 그렇게 무성의해 보이고, 두서없는, 지루한 것 같은 강의가 빼어난 일관성과 짜임새, 탁월함을 갖춘 수업이었음을 깨닫게 되는 것은 놀라운 발견이었다. 나는 반쯤은 연극하듯 수없이 반복하는 담론—많은 학문적 강의들이 실제로 그렇다—을 들었던 것이 아니다. 나는 수강생들 앞에서 실제로 사고하고 있던 한 사람의 말을 듣고 있었던 것이다.[19]

듀이가 공립학교의 교사들을 위해 옹호했던 방법을 자기 수업에서 사용했든 안 했든, 그의 아이디어가 20세기의 큰 일부분이 되었던 교육 논쟁들에서 중요한 요소였음은 의심할 여지가 없다. 듀이의 영향력을 분석하려는 사람들이 직면하는 문제 중 하나는 40권의 책과 500여 편의 논문에 달하는 방대한 연구 성과들이다. 교육학 교재들은 미래 세대의 교사와 학교 행정가들에게 전해 주어야 할 사상으로 이들 중 단 몇 개만을 선택해 왔다. 예를 들어 딘 웹Dean Webb은 『미국 교육의 역사The History of American Education』라는 저서에서 다음에 제시된 듀이의 생각만을 정선하여 강조했다.

• 듀이는 성인들에 의해 개발된 엄격하게 과목별로 분리된 교육과정에 반대해, 학생들의 흥미에 기반을 둔 교육과정을 선호했다. 그러나 그는 경력 후반부에 이르러, 자신의 이런 사상을 너무 극단적으로 실

행하려 한 이들을 비판했다. 듀이는 교실활동을 조직화할 일단의 체계가 필요하다는 것을 확신하게 됐다.

- 듀이는 기계적 암기 수업을 반대했고, 시카고 대학의 실험학교 모델이었던 "행동을 통한 학습"을 선호했다. 그가 생각하는 교실활동은 발달 단계에 맞춰 아이들에게 의미 있는 실제 삶의 경험이 되어야 한다.

- 교육의 우선적 목표는 "개인의 성장"을 촉진하고, 아이들이 민주사회에 온전히 참여하도록 준비시키는 것이어야 한다. 듀이의 표현대로라면 학교는 "사회적 협동 정신과 공동체 삶"을 증진하는 민주 기관의 축소판이다.

- 학교는 학생들의 지적 발달을 담당하는 것 이상을 해야 하지만, 동시에 학생들의 사회적, 정서적, 육체적 필요에도 관심을 기울여야 한다.[20]

교사 양성 과정에서 인기 있는 교육학 교재 『교사, 학교 그리고 사회 *Teachers, Schools, and Society*』의 공동 저자들은 이 책에서 듀이의 견해를 이렇게 강조했다.

- 듀이는 교육이란 학생들을 자신의 환경을 이해하고 통제하기 위해 문제 해결자가 되도록 가르치는 것이어야 한다고 믿었다. 따라서 그에 의하면 교실에서 이뤄지는 경험은 학생들이 문제를 해결하는 데 도움이 되도록 기획되어야 한다.

- 듀이는 문제를 해결하는 적절한 접근 방식으로 과학적 방법을 이용하는 데 적극 찬성했다.[21]

진보주의 교육과 같은 역사적 운동은 어느 한 개인만의 작업으로 귀속될 수 없다. 20세기 동안 일어난 교육의 변화들을 생각해 보면 확실히 많은 중요한 공로자들이 있었다. 진보주의 교육운동의 전개 양상을 더 잘 이해하기 위해서 이제 다른 여러 지도적 인물들에 대해 알아보는 것이 좋겠다.

1. Samuel Eliot Morison and Henry Steele Commager, *The Growth of the American Republic*, (New York: Oxford University Press, 1960), 308.
2. Avery O. Craven, *American History*, (Boston: Ginn and Co., 1961), 584.
3. Leon H. Canfield and Howard B. Wilder, *The Making of Modern America*, (Boston: Houghton Mifflin Co., 1962), 599.
4. Gerald L. Gutek, *Historical and Philosophical Foundations of Education*, (Upper Saddle River, NJ: Pearson Prentice Hall, 2005), 337-38.
5. L. Glenn Smith and Joan K. Smith, *Lives in Education*, (New York: St. Martin's Press, 1994), 287.
6. "John Dewey (1859-1952)", James Phiser, PhD. http://www.iep.utm.edu/d/dewey. htm (accessed 8 July, 2005), 1-2
7. [옮긴이 주] 헐 하우스는 1889년 시카고에 설립된 미국의 대표적인 사회복지관 (settlement house)을 말한다. 1884년 영국에 세워진 토인비 홀의 영향을 받은 제인 애덤스와 엘렌 스타가 이민자의 생활 향상을 목적으로 시작했다. 생활 거점인 인보관은 지식인들이 빈곤 지역에 들어가 같이 살면서 그 지역의 생활환경을 바꾸는 것을 목적 으로 하는 운동이다. 실업자의 증가와 인구의 도시집중화에 따라 슬럼 지역이 생기는 등 새로운 도시 문제들이 대두하자 이를 해결하기 위해 사회복지사들이 정주활동을 하 면서 빈민의 생활을 개선하기 위해 노력하는 3R(정주residence, 조사research, 사회환 경 개혁reform) 운동을 벌인다. 노동자들에게 직업을 알선해 주는 한편 읽기, 공중위 생과 직업 기술들을 가르쳤다. 노동조합운동, 평화운동, 아동 복지운동과 결부된 활동 으로 사회적 의의가 있으며, 사회사업뿐 아니라 사회 개량의 근대화에 큰 기틀을 마련 했다.
8. [옮긴이 주] 듀이에게 '진보주의 교육(progressive education)'은 교육의 문제를 하나 의 '주의', '이념'이라기보다는 교육 그 자체를 포괄적이고 건설적인 시각에서 검토하며 지속적으로 개선점을 찾아가는 것을 의미한다.
9. "John Dewey", Jim Garrison, College of Human Resources and Education, Virginia Tech. http://www.vusst.ht/ENCYCLOPEDIA/john_dewey.htm (accessed 10 November 1999), 2-3.
10. Frank Fridel, *America in the 20th Century*, (New York: Alfred A Knopf, 1960), 145.
11. John Dewey, "My Pedagogic Creed", http://www.infed.org/archives/e-texts/ e-dew-pc.htm (accessed 4 August, 2005) 1-2. 3-5.
12. Dewey, "My Pedagogic Creed", 7-9.
13. Joel Spring, *American Education*, (Boston: McGraw-Hill, 1998), 245.
14. Spring, *American Education*, 245.
15. R. Freeman Butts and Lawrence A. Cremin, *A History of Education in American Culture*, (New York: Henry Holt and Co., 1953), 344.

16. Butts and Cremin, *A History of Education in American Culture*, 346.
17. Newton Edwards and Herman G. Richey, *The School in the American Social Order*, (Boston: Houghton Mifflin Company, 1963), 543-43.
18. Allan C. Ornstein, *Teaching and Schooling in America*, (Boston: Pearson Education Group, Inc., 2003), 144.
19. Gilbert Highat, *The Art of Teaching*, (New York: Vintage Books, 1950), 211.
20. L. Dean Webb, *The History of American Education*, (Upper Saddle River, Nj: Pearson Prentice Hall, 2006), 144.
21. Myra Pollack Sadker and David Miller Sadker, *Teachers, Schools and Society, 7th Edition*, (Boston: McGraw-Hill, 2005), 314-15.

3.

진보주의 교육운동의
다른 선구자들:
파커, 피아제, 킬패트릭

미국의 일반적인 역사책 저자들이 진보주의 교육을 존 듀이와 연결시키려 하는 경향에도 불구하고, 듀이 이외에도 20세기 교사들의 교수 방식과 교실에서 일어나는 교육 활동에 큰 영향을 미친 동시대인들은 많이 있다. 이 교육 지도자들 중 일부를 선택해 이런 짧은 글 안에서 다룬다는 것은 매우 어려운 일이다. 아마도 그 시작으로 듀이가 1930년 『새로운 공화국The New Republic』의 어느 제호에서 "그 누구보다도 진보주의 교육의 아버지였다"[1]고 평했던 프랜시스 파커 대령[2]에 대해 간략하게 논의하는 것이 적절하리라 본다.

프랜시스 파커는 정규 교육을 아주 짧게 받았으나 16세에 교사 일을 시작했다.[3] 그는 2년 후인 1861년에 고향인 뉴햄프셔주의 맨체스터에서 젊은이들을 모아 의용군 중대를 결성하는 일을 도왔다. 이 의용병들은 전장으로 나가기 전 파커를 자신들의 중대장으로 선출했다. 군에 있는 동안 파커는 자신과 동향 출신자들의 부대뿐 아니라, 새로 모집된 흑인 병사들 부대도 지휘했다. 파커는 전쟁 중 목에 총상을 입어 이후 목소리가 변한 채 살게 됐지만 중령으로 승진한다. 전쟁 후반기 남부 연합군에게 포로로 잡히기도 했는데, 이런 경험들 덕분에 전쟁 영웅으로 인정받아 평생 동안 대령이라는 직함을 유지하게 됐다. 전쟁 후 집으로 돌아온 파커는 뉴햄프셔에서 몇 해를 보내다 1868년 오하이오주 데이턴Dayton의 어느 학교에서 교직을 맡았다. 파커는 아내가 4년 후 세상을 떠나자 독일로 건너가 베를린 대학교에서 2년 반 동안 공부했다. 그는 여기에서 "수업 계획에 대한 과학적 접근"에 관심을 가지게 된다. 1875년 미국으로 돌아온 파커는 매사추세츠주 퀸시 구의 교육감이 됐다. 이 자리에 있는 동안 그는 자신의 새 아이디어를 곧 "퀸시 시스템Quincy System"이라 불리게 되는 교육 계획으로 발전시켰다. 1883년 매사추세츠를 떠난 파커는 시카고에 있는 교사훈련 기관인 쿡 카운티 사범학교의 교장으로 부임한다.[4] 듀이의 중요한 책 『교육에서의 민주주의』가 출판되기 20년도 더 전에 파커는 베스트셀러 『교수법에 관한 대화Talks on Pedagogics』를 펴내고 듀이의 책이 다루게 될 것과 비슷한 주제들을 논의했다. 그는 당시 계급을 나누고 착취와 소외를 만드는 것은 "경제가 아니라 교육"이라고 확신했다. 호레이스 만과 존 듀이처럼 파커는 "지식이 힘"이라고 믿었다. 미국 사회의 계급 간의 현저한 차이를 잘 인식하고 있었던 파커는 상류층 아이들에게 취약 계층의 아이들이 활용할 수 있는 것과 다른 교육을 제공해야 한다는 생각에 반대했다. 1894년 그는 "어떤 아이는 라틴어를 공부하는데 또 다른 아이는 읽기, 쓰기, 셈하기(3R)만 배워야 할 아무런 이유가 없다"라고 썼다.[5] 게다가 파커는 공립학교에서 인종 구분 없이 학생들을 가르쳐야 한다고 주장함으로써 시대의 통념을 앞서 나갔다.

1890년대에 교육자들의 모임에서 자주 강연하던 파커는 진보주의 교육사상의 전도사가 되었다. 그런데 시카고 대학교의 조직 개편을 둘러싸고 파커와 듀이 사이에 갈등이 생겼다. 1902년 파커가 갑자기 사망하자 듀이는 파커의 후임으로 시카고 대학교 교육학부의 학부장 자리에 올랐다. 그러자 듀이와 일부 파커 지지자들 사이의 갈등이 곧 "전면전" 양상으로 확대됐다. 이 학문적 다툼은 듀이가 시카고를 떠나 컬럼비아 대학교에서 이후 경력을 이어 가게 된 확실한 이유 중 하나였다. 오늘날 파커가 발표한 저작들은 거의 잊히고 있지만, 그의 초기 진보 교육운동에 대한 영향은 부인할 수 없다.[6] 교육의 영역에서 파커의 경력과 저작들을 고찰할 때, 다음 주제들을 꼽아 봄으로써 그의 사상을 요약할 수 있을 것이다. 그는 학교가 아이들의 창조적 활동에 관심을 가지고 이를 존중해 주어야 한다고 역설했다. 이러한 점을 염두에 두면서 파커는 역사와 지리처럼 상호 연관된 과목들을 통해 교과과정 상의 주제들을 서로 연결시키려 한 "핵심 교육과정"을 비롯해, 다양한 학교 프로그램들을 시험했다.[7] 이 영역에서 파커의 작업은 듀이와 이후 진보 교육가들에게 좋은 출발점이 되었으며, 20세기 교육자들이 역사와 사회과학을 결합해 사회과social studies로 알려진 새로운 교육과정을 만들기로 한 결정에도 영감을 주었을 것이다. 심지어 초년 교사 시절에 파커는 학생들에게 수학을 다른 과목과 통합하는 과제들을 내주기도 했다. 암기식 수업을 격렬하게 반대했던 그는 암기는 이해하지 못하는 어떤 것을 깨닫게 하는 데 별 도움이 되지 않는다고 믿었다.

또한 아이들이 태어날 때부터 활동적이고 호기심이 많다고 확신했기 때문에, 파커는 동기 부여 방식으로서 처벌과 보상의 가치에 의문을 품었다. 그는 심지어 학생의 등급을 부여하는 것에 의문을 품는 데까지 나아갔다.[8] 파커는 후대의 진보 교육운동가들처럼 "교육에서 모든 운동의 중심은 … 아이들이다"라고 썼다. 이런 확신은 파커로 하여금 아이들에 대한 과학적 연구를 수행할 필요성을 느끼게 해 주었다.[9] 아이들 간의 차이점에 대한 그의 높아진 관심은 오늘날 많이 유행하고 있는 개념으로 이어졌다. 즉, "차별화differentiation"로 불리는 이 개념에 근거해 파커는 퀸시

구에서 서로 다른 능력을 가진 아동들에게 조금씩 다르게 개별화된 학습 프로그램을 적용하는 실험을 했다.[10] 그는 또한 자연 학습과 현장 학습 같은 "경험 기반 학습 활동"[11]을 강조했다.

듀이나 여타 많은 지도자들과 달리 파커의 저작은 부분적으로 교사로서 그리고 학교 행정가로서 수년간 쌓은 직접적 경험에 기반을 두고 있다. 학교 행정가로서 파커는 덜 도전적인 웬만한 진보주의자들이 시도했을 수준을 뛰어넘는 사람이었다. 다이앤 래비치[12]는 『뒤처진 좌파: 학교 개혁을 둘러싼 한 세기의 전투』에서 파커가 "고정된 교육과정뿐 아니라 철자책, 읽기 교재, 문법 교과서를 없애고 가르치니 아이들은 알파벳이 아니라 단어와 문장을 배웠다"[13]라고 기술했다. 이런 방식으로 그는 20세기 후반에 "총체적 언어 접근법whole language"[14]으로 불리게 되는 교수법을 실험하면서 다른 진보주의자들보다 앞서 나갔다. 당시 파커의 방법을 검증한 표준화된 시험은 없었지만, 매사추세츠 교육위원회는 퀸시를 방문해 시찰한 뒤 "퀸시의 학생들은 매사추세츠 다른 교육 구의 대다수 학교 아이들보다 학습 성취도에서 앞서 있다"[15]고 결론을 내렸다. 듀이의 명성이 높아지기 전에 프랜시스 파커는 그의 교수법 실험으로 교육 분야에서 널리 알려져 있었다. 그의 두드러진 경력에도 불구하고, 파커는 아마 미국 역사 교과서에서 위인의 자리를 차지하지 못할 것이다. 반면 그를 존경했던 듀이는 지금처럼 앞으로도 최고의 영예를 누릴 것이다.

진보주의 교육에 큰 영향을 미친 또 한 사람으로 스위스 심리학자 장 피아제Jean William Fritz Piaget를 들 수 있다. 교육 분야에서 잘 알려진 저자 알피 콘Alfie Kohn은 『우리 아이들이 다닐 만한 가치가 있는 학교The Schools Our Children Deserve』라는 책에서 "진보주의 교육에서 20세기의 두 사람, 듀이와 피아제가 오늘날 우리가 생각하는 이 운동의 틀을 형성했다"고 말한다. 콘은 피아제가 "아이들이 생각하는 방식은 어른들이 생각하는 방식과 질적으로 다르다는 것을 입증하고, 아이들의 사고하는 방식이 일련의 독특한 단계를 거쳐 발달해 간다고 주장했다"[16]라고 쓰고 있다. 이런 단계를 가정하고, 피아제와 그의 동료들은 각 단계에서 아이들이 가장 잘 배울 수 있는 방법을 찾으려 했다. 그렇게 함으로써 그들은 "지시에 따라 학습할 때는 배우는 것이 적다"고 결론지었다. 피아제는 진보주의 교육운동을 하는 다른 사람들처럼 학생들이 능동적으로 참여할 때 가장 잘 학습한다고 믿었다.[17]

『미국 교육사*The History of Education in America*』의 공저자 존 풀리암John D. Pulliam과 제임스 반 패튼James Van Patten은 다음과 같이 쓰고 있다.

> 피아제는 아동 학습과 인지 발달의 두 가지 근본적 성격은 조직화와 적응이라고 믿었다. 조직화는 정보를 의미 있는 유형들로 체계화하는 것이라고 묘사했다. 이들 유형은 새로운 정보를 구조화하는 데 사용돼 학습자에게 무질서하거나 혼란스럽게 보이지 않도록 한다. 적응은 새로운 정보를 기존의 인식과 유형들에 통합하거나 대응시키는 과정이다. 피아제에게서 지성이란 조직하고 적응하는 능력으로부터 나오는 것이 틀림없었다. 피아제는 듀이처럼 인간이 능동적이고 호기심 많고 소통에 흥미를 가지고 있으며 정보를 흡수할 필요를 느끼는 존재라고 보았다.[18]

현대 교육자들은 "탐구 기반 교육"[19]으로 알려진 교수 방법을 개발하는 데 피아제 이론을 이용해 왔다. 다른 역사학자들은 피아제의 심리학적 견해를 "구성주의constructivism"로 알려진 현대 이론과 연관시킨다. 구성주의로 불리든 진보주의로 불리든, 그 전제는 "학생들은 자신의 발견을 통해 스스로 지식을 구성하는 능동적인 학습자가 될 때만이 학습 동기를 얻는다"[20]는 점이다.

피아제는 교사가 아니었고 "항상 교육자educationist라는 타이틀"[21]을 거부했지만, 많은 진보적 교육자들이 "그들의 방법과 원리를 정당화하기 위해" 피아제의 저작을 참고한 사실에서 그의 역사적 영향력은 확인된다. 듀이처럼 피아제의 저작도 상당히 많은데, 종종 다양하게 달리 해석되기도 한다. 영민한 젊은이였던 피아제는 15세에 이미 명성이 있는 학술지에 논문을 기고했다. 그는 여타 진보주의자들과 같이 "과학적 접근은 인간의 지식에 접근할 수 있는 유일한 방식이라 확신하고 … 학교에서 과학적 접근 방식으로 아이들을 이끌어 주는 왕도로서 학생들의 능동적 참여를 장려해야 한다고 주장했다."[22]

피아제는 진보주의 교육운동의 다른 지도자들처럼 학습에서 "아이들의 적극적 참여"가 중요함을 믿었고, "강요는 가장 나쁜 교수 방법"이라고 확신했다. 그는 "강압이 없는" 학교에서 "학생들이 배운 것을 스스로 재구성하는 과정을 적극적으로 경험하기"를 바랐다. 파커와 같이 피아제는 "이상적 학교는 필수 교과서들이 없으며", "자유롭게 이용하는" 참고 도서들만 있을 뿐이라고 말한다.[23] 그는 주제가 학생들의 발달 수준에 맞고 창의적 교사에 의해 효과적으로 소개되기만 한다면, 이 참고 도서들이 학생들에 의해 열정적으로 이용될 것이라 확신했다.

이런 결론에 도달했다는 점에서 피아제는 진보 교육운동의 다른 개척자들과 상당 부분 의견 일치를 보인다. 이런 개척자들 중 피아제와 듀이의 진보적 교육이론을 가장 효과적으로 보급한 전도사는 아마 윌리엄 허드 킬패트릭William Heard Kilpatrick 교수일 것이다. 킬패트릭은 존 듀이가 가장 아끼는 제자였다. 듀이는 한때 젊은 킬패트릭을 "내가 지금까지 가르친 학생 중 최고"[24]라고 묘사했다. 킬패트릭은 시카고 대학교에서 수업을 들으면서 처음엔 듀이의 사상을 이해하는 데 어려움을 겪었지만, 컬럼비아 대학교로 옮긴 후 듀이의 충실한 옹호자가 됐다. 컬럼비아 대학교로 가기 전, 킬패트릭은 존스홉킨스 대학교에서 공부했으나 일단 뉴욕(컬럼비아 대학교 소재지)으로 옮긴 뒤에는 그의 오랜 경력을 그곳에서 보냈다. 킬패트릭은 컬럼비아 대학교에서 듀이의 제자로 공부한 경험을 회고하면서 "듀이의 지도 아래 공부한 것이 나의 삶과 교육에 대한 철학을 다시 만들었다"고 말한다. 그는 또한 듀이를 "플라톤과 아리스토텔레스 다음의 반열에 설 수 있는, 칸트와 헤겔을 넘어선 대학자다"라고 평하면서 진정으로 "사상과 삶"에 지대한 기여를 했다고 언급했다.[25]

듀이가 그에게 주된 멘토였지만, 킬패트릭 자신도 진보주의 교육운동에서 중요한 인물이라는 사실에는 의심의 여지가 없다. 킬패트릭은 자신의 생각뿐 아니라 다른 사람의 생각도 명료하게 설명할 줄 아는 능력이 있었기 때문에 "가장 영향력 있는" 진보주의 교육자가 되었다고 한다. 정식 교육을 받은 후의 킬패트릭은 자신의 모교인 조지아주 머서 칼리지에서 교편을 잡았다. 그는 머서 칼리지에서 학장 직무대행 자리까지 올랐고, 1909년 컬럼비아 대학교 교육학부로 전임한 뒤 1938년 은퇴할 때까지 그곳에서 출중한 경력을 쌓았다. 은퇴 이후에는 듀이처럼 작가이자 강연자로서 적극적으로 활동을 계속했다.

킬패트릭은 강사로서도, 대학의 교육자로서도 뛰어났다. 그의 강의실은 항상 많은 학생들로 가득 찼는데, 재임할 동안 약 3만 5,000명에 달하는 학생들을 가르쳤다고 추산하는 얘기도 있다. 킬패트릭의 수강생들로부터 대학이 벌어들인 수업료 덕분에 컬럼비아 대학교에서 그는 "백만 달러 교수"라는 별명으로 알려질 정도였다. 교육에 대한 자기 생각을 글로 쓰고 말하는 활동과 함께, 특히 그는 듀이의 사상을 설명하는 데도 탁월했다. 킬패트릭은 일기에 이렇게 쓰기도 했다. "나는 내가 여기(컬럼비아)에서 듀이를 해석할 수 있는 최고의 자격을 갖추었다는 느낌이 어느 정도 들었다. 사실 그의 강의는 똑똑한 학생들에게조차 잘 이해되지 못하는 경우가 많았다."[26]

킬패트릭은 개인적으로 프로젝트 교수법으로 가장 알려져 있다. 이 기법의 핵심은 그가 "사회적 목적을 가진 행위"로 부르는 것이다. 이는 학생들이 "사회적으로 유용한 목적을 지향하는 활동"에 참여하는 것을 의미한다. 이러한 집단학습 과정은 그가 1918년에 쓴 잘 알려진 논문에 처음 소개되었다.[27] 진보주의 교육의 다른 개척자들과 같이, 킬패트릭은 학생들이 배움에 능동적이어야 하고, 책만 읽는 것은 종종 가장 효과 없는 학습 방법일 수 있다고 생각했다. 킬패트릭에 따르면 책만 읽는 학습은 학생들이 교육과정의 마지막에 이르러 책을 완전히 덮어 버리고 "아이고, 드디어 끝났다!"라고 외치게 만드는 경향이 있다. 이런 식의 학습으로 얼마나 많은 이들이 교육을 받고도 책을 싫어하고 생각하기를 싫어하게 되는가?[28] 이와 대조적으로 알피 콘은 일종의 킬패트릭식 프로젝트 교수법에 참여했던, 어느 현대 교실을 묘사한 한 진보 교육자의 말을 인용한다. 저자는 이 교실을 이렇게 묘사하고 있다.

프로젝트 시간에 우리 교실로 들어가 보라. 그러면 여러분은 카펫 위에 드러누워 비버의 서식지나 중세의 생활상에 대한 책에서 뭔가를 메모하는 아이들, 건너편에서 제인 구달에 대한 비디오테이프를 보고 있는 두 학생, 혹은 종이비행기로 공기 역학에 대한 실험을 하는 학생들을 볼 수 있을 것이다. 홀 아래의 도서실로 (자기들이 쓴 대본으로 리허설하고 있는 학생들을 지나) 내려가 보라. 그러면 반 아이들 나머지 절반이 가상현실이나 핼러윈의 역사에 대해 조사하고 있는 걸 보게 될 것이다. 만일 컴퓨터실로 간다면, 한 아이가 조사한 데이터를 입력하는 동안 다른 아이는 새 컴퓨터 언어 쓰기를 배우는 장면 등을 보게 될 것이다. 한마디로 여러분은 여기서 그 다음으로 무엇을 보게 될지 모르고, 학생들이 그 다음에 무엇을 체험하는지도 알 수 없다. … 이곳에서 규율과 통제는 학생들이 자신이 하고 있는 일에 흥미를 갖고 있고 나름의 목적을 가지고 활동하고 있으므로 최소에 그칠 것이다.[29]

프로젝트 교수법이란, 그를 존경하던 누군가의 말에 따르면, "사범대학 역사상 가장 인기 있는 교수였던" 킬패트릭이 기여한 여러 가지 중 하나일 뿐이었다.[30] 또한 그는 교사로서 학생들에게 "효율성, 표준화, 통제와 조종"을 강조하는 전통식 교수법을 대체할 수 있는 실현 가능한 대안을 제시했다. 그가 말하고자 했던 것은 "배움과 삶"을 통합하는 교육이다. 그렇게 함으로써 킬패트릭은 수 세기 동안 전 세계의 교실에서 해 왔던 것을 변화시키고자 했다. 킬패트릭과 듀이가 구상한 교실의 학생들은 민주주의 정신과 함께 살아 있을 것이다. 킬패트릭에게 민주주의란 "민감한 도덕적 원리들이 개인과 집단의 행위를 합당하게 통제하는 삶의 방식이자 질 높은 삶"이다. 그의 민주주의 개념은 단순한 정치적 선택 방식 이상을 포괄한다. 그것은 "우리가 함께 사는 방식이고, 우리가 일상의 상호작용과 관계에서 서로를 대하는 방식"[31]이다. 민주적 교실 환경이라는 이런 목표는 현대 교육자들이 교실을 "학습자들의 공동체"라고 말할 때 추구하는 가치와 매우 비슷한데, 이는 교사가 주로 정보 제공자이면서 훈육자 역할을 하는 전통적 환경과는 사뭇 다른 교실 환경을 제공하게 될 것이다.

지금까지 보았듯 듀이, 파커, 피아제, 킬패트릭에 한정하여 논의한 이 장은 불가피하게 진보주의 교육운동에 중요한 공헌을 한 다른 많은 개인들을 다루지는 못 했다. 진보주의 교육의 모든 선구자들을 공평하게 다루려면 아마 여러 권의 책이 더 필요할 것이다. 이는 이 책이 우선으로 하는 목적은 아니므로 이제 우리의 논의를 20세기 전반 진보주의 교육의 발자취를 더듬어 가는 방향으로 옮겨 보자.

주석 ──

1. "Experiencing Education, Chapter One-Dewey Creates a New Kind of School". http://www.ucls.uchicago.edu/about/history/ee/chapter1_3.pdf (accessed 15 September 2005), 7.

2. [옮긴이 주] 프랜시스 파커(1837~1902)는 16세에 교사가 됐으며, 20대 젊은 나이에 일리노이주의 어느 학교에서 교장으로 일했다. 남북전쟁이 일어나자 연방군(북군)에 입대해 종군했고 연대장까지 승진했다. 전쟁 중의 무공 덕분에 제대 후에도 일종의 존칭처럼 '대령'으로 불리게 된다. 1872년 독일로 건너가서 페스탈로치, 헤르바르트, 프뢰벨 등에 의해 개발된 새로운 교육법을 공부했다. 1875년 귀국해 매사추세츠주 퀸시의 교육감에 취임, 자유과학, 미술, 공작을 학과과정에 도입하고 아동의 개성을 존중하는 인간적이고 자유로운 수업을 장려했다. 학교에서의 직관교육, 자율적 훈련, 교과통합, 단원법 등 초등교육의 교육과정 개선에 크게 공헌했으며, 진보주의 교육운동의 창시자로 평가받는다. 시카고에는 그의 이름을 딴 진보주의적인 사립학교가 있다.

3. Frederick Mayer, *American Ideas and Education*, (Columbus, OH: Charles E. Merrill Books, Inc. 1964), 309.

4. L. Glenn Smith and Joan K. Smith, *Lives in Education*, (New York: St. Martin's Press, 1994), 280-81.

5. Joel Spring, *The American School: 1642-1990*, (New York: Longman, 1990), 200.

6. Spring, *The American School: 1642-1990*, 282-288.

7. John D. Pulliam and James J. Van Patten, *The History of Education in America*, (Upper Saddle River, NJ: Merrill, 1991), 139.

8. Sanderson Beck, "Francis W. Parker's Concentration Pedagogy: Education to Free the Human Spirit", at www.san.beck.org/Parker.html (accessed 12 July 2005), 1-4.

9. R. Freeman Butts and Lawrence A. Cremin, *A History of Education in American Culture*, (New York: Henry Holt and Co., 1953), 383.

10. Butts and Cremin, *A History of Education in American Culture*, 429.

11. Gerald L. Gutek, *Historical and Philosophical Foundations of Education*. (Upper Saddle River, NJ: Pearson Prentice Hall, 2005), 356-57.

12. [옮긴이 주] 위대한 교육사가로 명성이 높은 래비치(1938~)는 미국 레이건 정부에서 교육차관보 시절 차터스쿨 등 시장주의적 교육개혁을 주도했으나, 1990년대에 들어 지난날 자신의 관점을 반성하면서 학교의 민영화 위협으로부터 공립학교를 보호하고, 미국 아이들이 살아갈 미래를 구제하는 것이 이 시대 시민들의 책무라고 주장하고 있다. 학교는 직업훈련, 사회적 기획, 정치개혁, 인성 개발 등 다양한 기능을 하는 장치이지만, 아이들을 위해, 그리고 사회를 위해 현실적으로 적절한 기능을 수행하기 위해서는 명확한 개념 정의가 필요하다고 보고 좋은 교육을 위한 공적 책임을 강조한다. 래비치는 학생들의 시험 성적만을 바탕으로 교육자를 해고하거나 성과급을 주며 학교를 지원 또는 폐쇄한다면 공교육의 목적을 전면적으로 왜곡시키는 것이라고 보았다. 공교육은

모든 사람들에게 열려 있어야 하고, 그렇게 해야 국가 또한 부강해질 수 있다면서 공교육/학교는 모든 아이들에게 평등한 교육 기회를 확장시키는 기관차가 되어야 한다고 역설한다.

13. Diane Ravitch, *Left Back: A Century of Battles Over School Reform*, (New York: Touchstone, 2000), 357.

14. [옮긴이 주] '총체적 언어 접근법'은 학습자 중심 교육에서 비롯된 것으로, 문자의 해독에 초점을 두어 문법, 어휘, 낱말 인식, 음철법 등의 요소를 개별적으로 가르치지 않고, 언어를 총체적으로 가르치는 방법이다. 총체적 언어 접근법은 제2언어 습득도 모국어처럼 자연스럽게 되어야 한다는 이론이다.

15. Butts and Cremin, *A History of Education in American Culture*, 438.

16. Alfie Kohn, *The Schools Our Children Deserve*, (Boston: Houghton Mifflin Co., 1999), 4-5. [옮긴이 주] 알피 콘은 『경쟁에 반대한다*No Contest*』(1992)의 저자로 유명하다. 이 책은 경쟁이 인간관계를 해칠 뿐만 아니라 생산성에도 오히려 나쁜 영향을 미친다는 것을 다양한 사례와 연구를 근거로 증명하고자 한다. 특히 학교에서 아이들을 경쟁시키는 성적 등급, 포상제도, 수업 관행들이 아이들을 어떻게 망치는지를 역설하면서 학교에서 벌어지는 구조적인 경쟁의 대안으로서 '협력학습'을 제안하고 있다. 협력은 효율성 측면에서도 더 나을 뿐만 아니라 긍정적인 상호작용으로 인간관계를 회복시키고 자존감을 높여 준다고 강조한다. '가치 있는 것들은 희소하므로 그것을 차지하기 위해서는 경쟁을 해야 하고, 내가 이기기 위해선 타인을 눌러야 한다'는 경쟁의 논리는 자본주의 사회에 뿌리 깊이 박혀 있으며 경쟁에서의 승리를 성공이나 성취, 탁월함과 동일시한다. 하지만 무엇을 잘하는 것과 남을 이기는 것은 전혀 다른 차원의 문제다. 경쟁은 무엇보다 건강한 삶을 가능하게 하는 중요한 요소인 '자존감'에 타격을 입힌다. 많은 사람들은 경쟁에서 이김으로써 자존감을 높이고자 하지만, 우리 모두가 알고 있듯 승리하는 사람은 극소수이고 대부분은 패배자가 된다. 게다가 승리한 사람 역시 불안감에서 자유롭지 못하다. 알피 콘은 이를 경쟁의 악순환이라고 부르면서, 자본주의 사회를 지탱하는 근본 신념 체계인 자유경쟁의 폐해를 적나라하게 파헤친다.

17. Kohn, *The Schools Our Children Deserve*, 66.

18. Pulliam and Van Patten, *The History of Education in America*, 172-73.

19. Pulliam and Van Patten, *The History of Education in America*, 187.

20. Ravitch, *Left Back: A Century of Battles Over School Reform*, 441.

21. Alberto Munari, "Jean Piaget", *Prospects: The Quarterly Review of Comparative Education*, 34, no. 1/2, 1994, pp. 311-327.

22. Munari, "Jean Piaget", 311-327.

23. "Child-Centered Wing, 1890-1930", at http://asterix.ednet.Isu.eu/~maxcy/4001_8. htm (accessed 14 June 2005), 7.

24. Landon E. Beyer, "William Heard Kilpatrick", *Prospects: The Quarterly Review of Comparative Education*, 27, no. 3, September 1997, 470-85.

25. Mayer, *American Ideas and Education*, 407.

26. Ravitch, *Left Back: A Century of Battles Over School Reform*, 178.

27. Spring, *The American School: 1642-1990*, 179.

28. Kohn, *The Schools Our Children Deserve*, 148.

29. Kohn, *The Schools Our Children Deserve*, 147.

30. Beyer, "William Heard Kilpatrick", *Prospects: The Quarterly Review of Comparative Education*, 9.
31. Beyer, "William Heard Kilpatrick", *Prospects: The Quarterly Review of Comparative Education*, 11.

4.

20세기 전반기의 진보주의 교육운동: 교육개혁을 위한 다양한 시도들

애초에 교육도 사회의 다른 양상들과 마찬가지로 시계추처럼 좌우를 왔다 갔다 했다는 점을 인식하지 않으면 안 된다. 이런 양상을 인정한다 하더라도, 지난 백 년 동안 주류 학교가 아이들을 교육하는 방식에는 거의 변화가 없었다고 주장하는 사람들이 있다. 진보주의가 지지하는 교수법은 20세기에 줄곧 사용되어 왔지만, 대부분 일단의 실험학교들 안에 국한돼 있었다. 진보주의적 교육 아이디어는 공립학교에 반대되는 사립학교들에서 주로 시도되었다. 듀이는 반세기 동안의 작업을 돌아보면서 대다수 학교에서 이뤄진 변화들이 대개 "시류를 잘 탄" 덕분이었음을 인정했다. 그는 20세기 중반에는 진보주의 교육이 "교육제도의 저변까지 진정으로 스며들어 전파되지는 않았다"고 생각했다.[1]

다른 이들은 진보주의 교육의 영향력에 대한 듀이의 비관적 평가에 동의하지 않을 것이다. 역사가 조엘 스프링은 콜린 스콧Colin Scott이 1906년 결성한 사회교육협회를 지적하며 반론을 편다. 협회의 헌장은 "교육의 근본적 목표는 능동적이고 창의적인 사회 조직의 구성원이 되도록 아동에게 유익한 사회적 삶을 준비시키는 것이 되어야 한다"고 공표했다. 스프링은 이러한 조직의 활동 및 듀이와 다른 이들의 저서를 읽는 독자들의 증가로 "사회화된 교실활동 개념이 널리 유행하게 됐다"고 주장한다. 이 같

은 새로운 사고방식에 대한 책과 논문들이 20세기 초반 20년 동안에 많이 출판됐다.[2]

학교의 변화를 요청한 것은 교육 전문가들만이 아니었다. 교육 외의 영역에서도 진보주의자들은 저술과 작업을 통해 교육의 중요성을 강조했다. 소위 폭로 전문가라고 불리던 이들 중 가장 영향력 있는 한 사람인 제이콥 리스Jacob Riis는 베스트셀러 『다른 반쪽의 사람들은 어떻게 사는가 How the Other Half Lives』에서 이런 문제를 제기했다. "공립학교 안팎에서 벌어지는 빈민가와의 싸움이 어떤지 아는가? 만약 우리가 학교를 개혁할 수 있다면 빈민가와의 투쟁은 멈출 것이다." 시카고의 저명한 사회사업가이자 헐 하우스의 창설자 제인 애덤스도 학교의 변화를 지지했다. 존 듀이의 친구이기도 한 그녀는 이렇게 지적했다.

> 읽기와 쓰기만 강조하는 학교들을 더 이상 두고 볼 수가 없다. 이 학교들은 모든 지식과 관심사가 책을 통해서 아이들에게 전달된다는 추정에만 매달려 있는 듯하다. 하지만 그러한 인식은 아동의 삶에 어떠한 단서도 줄 수 없고, 아이들과 삶을 유용하게 혹은 지혜롭게 이어줄 수 있는 능력도 길러 주지 못한다.[3]

진보주의 교육운동의 저명한 지도자들 대다수를 회원으로 포함하고 있는 단체인 진보주의교육협회는 1902년부터 1955년까지 교육에서 학생 중심적 접근법을 더욱 발전시키도록 촉구하는 일에 적극 나섰다. 이 조직은 대공황기에 가장 많은 회원을 거느리고 있었는데, 그 유명한 '8년 연구'를 시행한 것이 이때였다.[4] 연구 대상 학교들을 선정한 표본 추출에 대해 비판이 있긴 하지만, 알피 콘은 "8년 연구가 연구에서 했던 것에 비해 훨씬 큰 파급 효과를 만들어 냈고, 실제보다 더 좋게 알려졌다. 이 연구가 최고로 잘 유지된 20세기의 교육적 비밀이라고 불린 건 꽤 정확한 표현이다"라고 평했다. 콘은 그 연구를 다음과 같이 묘사했다.

> 1,500명이 넘는 4세 이상의 학생들이 전통적 학교에 다니는 같은 수의 학생들과 신중하게 비교되었다. 그 결과 대학에 갔을 때 실험 대상 학생들은 정확히 비교군만큼, 혹은 종종 모든 영역에서 그보다 더 나은 결과를 거뒀다. 즉 성적, 교과목 외 활동 참여도, 중퇴율 등은 물론 지적 호기심과 임기응변력 측정에서도 실험 대상 학생들의 결과는 좋았다. 결론적으로 말해서, 학교의 교육 방식이 전통적인 프로그램에서 멀어지면 멀어질수록, 졸업생의 성취도는 더 나아졌다.[5]

연구에서 드러난 것처럼 진보주의 학교의 혁신적 방법들이 명백한 성공을 거두었음에도 불구하고 한 연구자는 1940년대 말의 혁신 교수법 대부분이 '단명'했고 실험 프로그램이 남긴 흔적은 거의 찾아볼 수 없다는 것을 발견했다.[6]

그러나 전국의 공립 및 사립학교에서 진보주의 교육철학자들의 이론을 적용한 실험들이 실행됐다는 사실을 무시할 수 없다. 이 실험들은 모든 유형의 학교에서 이뤄졌다. 예를 들어 1930년대 후반 미시간주에는 교사 연수 프로그램에서 배운 진보적 교육법을 현장에서 사용하는 한 학급만 있는 학교one-room schoolhouse[7]의 교사들이 거의 200명이나 됐다. 캘리포니아는 다른 어느 주보다 주 차원에서 혁신적 교수 방법의 사용을 권장하고 조율한 사례일 것이다. 선구적 교육자들은 출판물과 주 정부가 후원하는 학회들을 활용하여 진보주의 교육 방안을 확산시키고자 했다. 개혁의 노력은 초등과 중등 수준 모두에서 이루어졌다. 20세기 초 주의 교육 관료들은 오늘날 같은 권한을 가지고 있지 않았기 때문에 교육과정과 교수법에 대한 결정은 지역의 자치 특권으로 남아 있었다. 따라서 한 학군이 진보주의 교육운동에 깊이 참여하는지 여부는 주로 학군의 지도적 교육 인사들에게 달려 있었다. 지리적으로 인접해 있는 학군들도 교육개혁을 지지하는 데 많은 차이를 보였다. 심지어 같은 학교 안에서도 진보주의 교육의 목표와 방법에 대한 교사들의 관심과 참여 수준은 제각각이었다.[8]

20세기 초에 사용되었던 학교 건물의 디자인도 교육개혁 운동에 영향을 미친 요인 중 하나였다. 래리 쿠반Larry Cuban은 『교사들은 어떻게 가르쳤는가: 미국 교실의 불변성과 변화 1890-1980 *How Teachers Taught: Constancy and Change in American Classrooms, 1890-1980*』에서 "세기 초 교실은 40에서 60명의 학생들을 수용하기 위해 교실의 정면을 바라보고 일렬로 늘어선 고정식 책상들로 채워져 있었다. 더욱이 교사들은 열악한 양성 과정을 통해 배출됐고, 중앙정부가 정해 놓은 교육과정과 교과서를 사용하여 날마다 열 개의 다른 과목들을 가르쳐야 했다"고 지적한다.[9]

또한 20세기 초, 조직화와 효율성을 강조한 이 시대의 산업 모델에 따라 학교를 만들어 내는 추세도 있었다. 대부분의 거대 학군들이 하향식 경영 방식을 강조하는 기업조직의 형태를 따랐다. 이런 시스템에서 학군 내 교장과 교사들은 새로이 권한을 가지게 된 교육감의 지시에 따를 것을 요구받았다. 비록 일부 변화에 개방적인 학교 이사장들과 교육 이사회도 있었지만, 많은 이들은 그렇지 않았다.

진보주의 교육 방안을 도입하고자 시도한 곳 중 하나는 뉴욕시였다.

1934년 뉴욕의 학군은 "활동 프로그램"이라고 불리는 것을 도입했다. 이는 "학생의 요구와 흥미에 중점"을 두면서도 "교사와 학생들이 학습 주제와 활동을 선택하기 위해 함께 작업하도록" 하는 것을 목표로 했다. 게다가 교사 주도의 암송 위주 수업을 견학과 조사연구, 극화, 역할 분담으로 대체하면서 학급 시간표는 유연해졌다.

교실의 훈육 방식도 완화시켜 학생들에게 "자기 통제"를 가르치려 노력했다.[10] 비록 단기간의 실험이었지만, 활동 중심 수업 학교들을 전통적인 수업 프로그램과 비교했을 때 "관찰된 데이터는 매우 긍정적"이었다. 연구를 수행한 관찰자들은 "활동 중심 수업을 한 학급들은 규율을 잃지 않으면서도 더 자발적이고 자기 주도적이며, 참여, 계획, 실험, 협력, 리더십, 비판적 사고력 측면에서 더 나은" 모습을 확인할 수 있었다.[11]

많은 다른 도시들이 고등학교에서 무엇을 가르쳐야 하는지를 두고 격렬한 논쟁에 휘말리게 되었다. 진보주의자들은 대학 진학을 희망하는 학생들을 위한 교육과정에 라틴어와 그리스어를 포함시키는 것이 엘리트주의적이라고 비판했다. 고등학교 교육과정에 대한 논쟁의 또 다른 측면은 전통적 방식으로 가르치는 교과목들이 "정신 도야mental discipline"에 진정 도움이 되는가였다. 정신 도야의 개념은 만약 학생들이 라틴어 어휘를 배운다면 이 주제를 배우는 과정이 다른 과목들의 학습에도 이어진다는 것이었다. 진보주의자와 자유주의 교육자들은 "정신적 운동에서 이런 추정된 힘을 얻는다"는 이 같은 생각에 동의하지 않았다.[12]

심리학자 에드워드 손다이크Edward L. Thorndike의 작업은 이 논쟁에서 진보주의자들에게 도움이 됐다. 그는 연구를 통해 "학교의 교과 학습은 오직 특정한, 개별적 목적에 대해서만 효과적일 뿐, 전반적인 향상을 가지고 오지는 않는다"고 결론을 내렸다. 따라서 역사 수업에서 중요한 정보를 외우거나 배우는 것이 반드시 수학 수업에 도움이 될 만한 기술을 갖게 해 주는 것은 아니었다. 만약 이게 사실이라면, 중요한 점은 모든 심리학자들이 받아들인 손다이크의 결론이 아니라, 전통 교육과정과 교수법의 기반이 되는 논리 중 하나가 알고 보니 매우 근거가 빈약하다는 사실이다. 한 과목에서 다른 과목으로 학업 기술이 전이되지 않는다는 사실은 직업교육과 연관된 교육과정의 기반을 닦으려 했던 진보주의자들에 의해 이용되었다. 다른 진보주의자들은 그 연구가 "아동의 즉각적인 흥미"에 토대를 둔 교육과정을 만들려는 노력에 도움이 된다고 믿었다.[13]

이 연구는 돌턴 실험 계획Dalton Laboratory Plan 같은 교육 프로젝트들의 등장을 촉진했다. 매사추세츠주 돌턴의 학교들에서 수업 일과는 "주제 실험실subject labs"로 나뉘었다. 헬렌 파커스트Helen Parkhurst가 책임을 맡은 이 새로운 접근법은 전국적인 주목을 받았다. 이 프로젝트에서 5~12학년까지 학생들에게는 고정된 수업 시간표가 없었다. 전통적인 교실의 수업 방식을 포기했기 때문이다. 수업종도 없었으므로, 학생들은 자신의 학습에 훨씬 더 많은 통제권을 누렸다. 교사들은 학생들의 개별적 흥미를 이용하여 교육과정의 안내자 역할을 했다.[14]

진보주의 접근법을 교육에 접목하는 데 주된 역할을 했던 또 다른 여성은 엘라 플래그 영Ella Flagg Young이다. 그녀는 대도시 학군 최초의 여성 교육감이자 전미교육연합회National Education Association의 최초 여성 회장이었다. 시카고에서 듀이와 동료가 된 후 영은 나중에 듀이의 지지를 받게 된다. 듀이가 이렇게 말했다고 전해진다. "영은 내가 선호하는 개념들에 대해 그녀 나름의 피드백을 주었는데, 그제야 나 자신이 그 의미나 힘을 깨달을 수 있었던 때가 많았다. 나는 인간의 자유와 그 자유에 대한 존중은 개인이 탐구하고 성찰하는 과정에 대한 존중을 의미한다는 것을 그녀로부터 배웠다."[15] 유명한 시카고 실험학교에서 함께 일하는 동안 영과 존 듀이는 "학교는 민주적 사회를 반영해야 한다"는 공통의 결론을 내렸다. 그 시대 대다수 행정가들과 달리 영은 참여적 경영을 믿었고, 교사와 교장 모두에게 상당한 의사결정권을 부여했다. 특히 그녀는 교장들이 단순한 경영자 이상이 되게끔 하려고 노력했는데, 이는 그들이 학교 안에서 교육의 지도자가 되길 바랐기 때문이다.[16]

영은 미국이 1차 세계대전에 참전하던 해인 1917년 세상을 떠났다. 일부 역사가들은 이 전쟁을 진보주의 교육운동의 전환점으로 본다. 진보주의자들이 전쟁 전까지 주로 도시 빈민에 관심을 집중하고 있었던 것을 두고 논란이 있었다. 그 당시(전쟁 전) 진보주의 교육의 목표는 사회에서 방치된 이들에게 기회를 만들어 주려는 것이었다. 따라서 직업학교 설립, 건강이나 영양 관리 프로그램 같은 혁신들이 세기 초 학교교육 문제에 결부되었다. 딘 웹에 따르면 진보주의 교육운동은 전쟁 이후 다음과 같은 변화를 보인다.

　　진보주의 교육운동은 이제 사립학교나 중산층 혹은 상류층 가정이 이용하는 교외의 공립학교에 더 영향을 미쳤다. 학부모들은 학교가 제공하는 사회복지나 직업훈련에는 관심이 없었다. 그들은 '새로운 심리학'과 아동 중심, 창의력을 강조하는 취지에 감동받았고, 이러한 사상들이 그들의 학교에 확산되길 바랐다.[17]

1930년대 즈음에는 진보주의자들 사이에서 다른 부분을 강조하는 움직임이 나타났다. 선도적 교육학자들이 내놓는 문헌들은 이제 "학생 중심의 학습"을 덜 다루고 "문화 전반의 사회·경제적 문제들"을 더 다루기 시작했다. "많은 진보주의 교육자들이 여전히 아동의 자연스런 성장, 활동 중심 교육과정, 아동 중심 학교에 대한 실험을 계속했지만, 조지 카운츠 George Counts 같은 진보주의자들은 사회를 개선하고 재건하는 주도자로서 학교의 가능성을 새로운 주제로 삼게 된 것"이다.[18]

카운츠는 프랭클린 루스벨트의 뉴딜 프로그램 교육 분야 대변인이었다. 「학교가 사회질서를 세우다Dare the Schools Build a Social Order」라는 제목의 팸플릿에서 그는 과거의 학교들이 사회경제적 계급을 영속화하였고, 그러면서 우리 사회가 "노동의 이익을 소홀히 하게 되었다"고 주장했다. 이에 대한 그의 해답은 "학교제도를 재건하는 것"이었다. 이를 위해 카운츠는 더 많은 노동자 대표가 지역의 학교위원회에 참여하게 하고, 직업교육과 성인교육을 확대하게 하며 "사회적 불평등과 차별에 맞설 수 있게" 교육과정을 사용하고자 했다. 그는 학교가 사회경제적 개혁을 실현하는 투쟁에서 힘이 되어야 한다고 강력히 촉구했다.[19]

20세기 전반기 진보주의의 주안점이 무엇이었던 간에, 지금까지 살펴본 진보주의적 경향들 모두가 미국의 교육시스템에 영향을 미친 것은 사실이다. 하지만 존 듀이에게 변화는 미미해 보였다. 1952년 〈타임Time Magazine〉의 기고문에서 진보 교육운동의 원로정치가인 듀이는 교사들이 학생의 심리발달에 대해 더욱 잘 인식하게 되었고, "공포와 억압에 의한 교육의 … 낡은 징후는 … 대체로 제거되었다"고 결론지었다. 그러나 "구舊교육의 근본적인 권위주의는 여러 변형된 형태로 지속되고 있음"을 인정했다. 적어도 듀이는 1952년의 시점에 "미국 학교에는 협력적이고 민주적인 배움이 거의 없다"고 생각했다.[20]

듀이가 진보주의 사상의 영향에 대해 실망한 것과 달리, 진보주의 사상이 학생들을 교육하는 방식에 반영됐다는 뚜렷한 증거는 있다. 1948년

도시의 40%가 "개별화된 교육의 형태를 일부 수용"했다는 연구 결과가 있다.[21] 또한 일정 수준에서 듀이와 제자들의 아이디어를 따르는 공립 및 사립학교들이 전국에 분포했다. 개혁 집단은 한 학급만 있는 단실 학교는 물론이고, 대도시 교외 지역과 도시 학군에서도 찾아볼 수 있었으며, 모든 연령대의 아이들을 상대로 하는 수많은 사립학교들이 매우 다양한 방식으로 새로운 교육 혁신을 실험하고 있었다. 컬럼비아 대학교의 교육대학뿐 아니라 전국의 공립, 사립 교원 양성 기관의 교수들도 차세대 교사들에게 진보주의 교육의 방법과 이론을 소개하고 있었다. 그러나 1950년대에 들어 진보주의 사상에 반대하는 운동이 나타난다. 진보주의 교육을 지지하는 이들을 향해 맹렬한 공격을 하게 된 배경에는 많은 요인과 인물들이 있겠지만, 가장 중요한 기폭제가 되었던 것은 아마도 스푸트니크로 알려진 충격적인 러시아의 인공위성 발사일 것이다.

1. Alfie Kohn, *The Schools Our Children Deserve*, (Boston: Houghton Mifflin Co., 1999), 6-7.
2. Joel Spring, *The American School: 1642-1990*, (New York: Longman, 1990), 179.
3. David B. Tyack, ed., *Turning Points in American Educational History*, (Malthan, MA: Blaisdell Publishing, 1967), 318-19.
4. David Tyack, Robert Lowe, and Elisabeth Hansot, *Public Schools in Hard Times*, (Cambridge, MA: Harvard University Press, 1984), 150.
5. Kohn, *The Schools Our Children Deserve*, 232.
6. Tyack, Lowe, and Hansot, *Public Schools in Hard Times*, 155.
7. [옮긴이 주] 교사 1인이 학년 구분 없이 모든 학생들을 한 교실에서 가르치는 시골이나 산골, 섬 등의 초소형 학교들을 말한다.
8. Tyack, Lowe, and Hansot, *Public Schools in Hard Times*, 156-60.
9. Joel Spring, *American Education*, (Boston: McGraw-Hill, 2006), 275.
10. Spring, *American Education*, 275.
11. R. Freeman Butts and Lawrence A. Cremin, *A History of Education in American Culture*, (New York: Henry Holt and Co., 1953), 590.
12. Diane Ravitch, *Left Back: A Century of Battles Over School Reform*, (New York: ouchstone, 2000), 62.
13. Ravitch, *Left Back: A Century of Battles Over School Reform*, 67.
14. Robert F. McNergney and Joanne M. Herbert, *Foundations of Education*, (Boston: Allyn and Bacon, 1998), 104.
15. L. Dean Webb, *The History of American Education*, (Upper Saddle River, NJ: Pearson Prentice Hall, 2006), 226.
16. Webb, *The History of American Education*, 226.
17. Webb, *The History of American Education*, 230.
18. John D. Pulliam and James Van Patten, *History of Education in America*, (Upper Saddle River, NJ: Merrill, 1991), 181.
19. Frederick Mayer, *American Ideas and Education*, (Columbus, OH: Charles E. Merrill Books, 1964), 392. [옮긴이 주] 당시 두 진보주의자, 듀이와 카운츠 사이에는 진보주의 교육을 포함한 교육 전반을 둘러싼 논쟁이 있었다. 카운츠는 새로운 사회질서의 형성, 즉 개혁을 위해 '교화'가 불가피한 악이라고 보는 입장이었고, 듀이는 개혁의 노선에는 찬동하지만 그것에 도달하는 방법으로서 교화는 일종의 강압이고 '지성의 방법'을 마비시키는 것이라며 반대하였다. 넬 나딩스도 듀이의 입장을 따라 교화가 '세뇌'라고 비판했다. 교화 논쟁은 학교의 중립성 논쟁으로 이어졌다.
20. Spring, *The American School: 1642-1990*, 269.
21. Butts and Cremin, *A History of Education in American Culture*, 590.

5.

1950년대:
스푸트니크 발사의 파장

진보주의 교육이론에 대한 비판의 주류는 사실 1957년 스푸트니크 발사 이전에 시작되었다. 역사학자 다이앤 래비치는 이를 "1950년대는 진보주의 교육자들에게 끔직한 10년이었다"[1]라고 씀으로써 상당히 직설적으로 표현했다. 또 다른 역사학자는 진보적 교육자들에 대한 공격을 묘사할 때 "독설에 찬"이라는 단어를 사용하기도 했다.[2] 진보주의 교육이론의 지지자들 역시 몇몇 비평가들을 묘사하면서 "마구잡이로 뒤섞어 모아둔 '만성적인 세금 보호론자들', '선천적 반동분자들', '마녀사냥꾼들', '광적인 애국주의자들', '교조주의 잡상인들', '인종 혐오주의자', 그리고 마지막이지만 앞에 말한 것들 못지않게 중요한 표현으로, '학문적 보수주의자들'"[3]이라 부르며 마찬가지로 감정적인 반응을 보였다.

미국 역사의 다른 시대와 마찬가지로, 1950년대의 교육적 갈등은 광범위한 역사적 동향의 일부였다. 2차 세계대전 말기 정부 기획자들은 대공황 시기의 높은 실업 상황으로 되돌아갈까를 걱정했다. 수십만의 군인들이 전장에서 귀국하면 국가경제가 그들 모두를 노동시장에 수용할 수 없을지도 모른다는 우려가 있었다. 전후 계획 과정에서, 일부 연방 정부 관료들과 기업주들 사이에 진보적 학교 행정가들이 이전 십 년간 미국의 학교를 "반反지성적"으로 만들었다는 믿음이 퍼지고 있었다. 이들이 보기에 당시 학교교육은 영어, 역사, 수학, 과학과 같은 기본 교과목들에 충분한 주의를 기울이지 않았다. 이러한 생각은 50년대 후반 우주 개발 경쟁에서 러시아가 미국을 따돌리고 처음으로 미사일을 우주에 발사함으로써 더욱 강화되었다. 더욱 악영향을 미친 것은 교육이 "공산주의자들에 의해 잠식됐다"는 극단적 보수주의자들의 비난이었다. 이후 수십 년간 미국의 대외정책을 지배하게 되는 냉전의 현실 또한 러시아와의 군비 경쟁에서 미국이 승리할 수 있도록 학교가 더 많은 과학자들을 양성해야 한다는 압박을 만들어 냈다.[4]

1950년대에는 진보주의 교육자들의 이론에서 문제점을 찾아내 지적하는 수많은 비평가들이 있었다. 이들이 가장 우선시한 주제는 학교가 그 기본 목적으로부터 벗어났다는 것이었다. 철학과 사상이 어떻게 미국사를 형성하였는지에 대해 많은 글을 쓴 리처드 호프스태터Richard Hofstadter는 1953년에 "오늘날의 미국 교육은 … 정신의 내적인 붕괴라는 심각한 위기에 처해 있다"라고 썼다. 이는 교육자들이 "정신적 삶의 중요성과 가치"를 잊게 만들었으며, 그로 인해 미국 사회의 "교육계 내에는 비-지성 또는 반-지성의 위력에 굴복하는 성향—실제로 많은 분야에서 열렬하기까지 한—이 존재"해 왔다.[5] 호프스태터는 "미국에서 지식인에 대한 광범위한 불신"이 있다고 생각했고 이것 때문에 미국의 학교와 대학에서 "단지 몇 십년 사이에 지나치게 경직되어 있던 교육과정 체제가 지나치게 느슨하고 방만하게 된 것"이라는 결론을 내렸다. 그에 따르면 미국 학교와 대학들은 "전문적인 위상도, 지적인 위상도 갖지 못한 온갖 종류의 실용적 기술들을—그것들이 지역사회에 얼마나 필요하든지 간에—가르쳤거나 그렇게 했다고 인식되었다."[6]

미국의 역사학자 아서 베스터Arthur Bestor가 학교를 비판하기 시작한 것도 같은 문제의식 때문이었다. 그의 베스트셀러는 미국 전역의 부모들과 교육위원회의 생각에 영향을 미쳤다. 스푸트니크 사건이 있기 몇 해 전인 1953년, 베스터는 『교육의 불모지Educational Wastelands』라는 제목이 붙은 그의 첫 번째 비평서를 출간했다. 초기의 진보주의적 시도에 대한 그의 비판은 진보주의 교육자들이 "교육의 목표를 너무 사소한 것에 둠으로써 분별 있는 인간을 기르는 역할을 무시하고, 과학 및 학문 분야와 학교를 의도적으로 분리시켰다"는 것이었다. 이에 대한 해결책으로 그가 추구한 방법은 기본적인 인문교양 교육과정으로 돌아가는 것이었다. 그는 1956년에, "명석한 사고는 체계적인 사고"이며 "자유교양교육은 지식의 논리적 체계화를 수반"하므로 우리 학교의 교육과정들은 "체계적이고 순차적"이 돼야 한다고 주장했다. 그의 경력 후반기에 베스터는 기본교육협의회Council on Basic Education의 창립 멤버로 참여한다.[7] 이 자격으로 그는 진보주의 교육은 "청소년의 개인적 문제들에 대한 관심이 지나쳤던 나머지, 학교의 주된 관심이 되어야 할 학생들의 지적 발달이라는 문제를 뒷전으로 밀어내 버렸다"고 주장했다.[8]

베스터는 또한 그가 "전문 교육자들의 겸직 임원들"이라고 부른 사람들을 특히 강하게 비판했다. 그는 학자들이 학교에서 무엇을 가르쳐야 하는지를 정하는 권위자로 여겨지던 이전의 시대를 지적하는데, 더 이상 그렇게 되어서는 안 된다는 게 그의 생각이었다. 베스터는 "실제 초등교육과 중등교육에 등 돌리는 경향이 있는" 대학교수들에게 일정 부분 책임이 있다고 보았다. 교육학이 대학 교육과정 안에서 독립된 과목으로 자리 잡은 현상과 함께, 권위 있는 대학교수들이 초중고의 교육에는 무심하면서도 "전문 교육자"라는 자격으로 그 교육과정에 대한 결정권을 행사하는 결과를 낳았다는 것이다. 베스터에 의하면, 이런 현상은 다른 학과

와의 협동에 열성적이던 교육학 교수들이 거의 모든 학문적 훈련을 교육대학에서만 받은 새로운 세대의 교육학 교수들로 대체되면서 점진적으로 일어났다. 베스터는 이런 일련의 과정이 대학의 교사교육 프로그램을 "직업교육"의 한 형태로 전환시켰다고 믿었다. 교사들은 진보주의적 교수법으로 훈련을 받았지만 아주 빈약한 인문학적 소양을 가진 채 초등학교와 중등학교 교실에 들어갔다. 그는 이런 사태를 초래한 책임이 학교 행정가들과 함께, 기본 교육과정을 고수해야 하는 학교의 임무를 무시한 교육학 교수들에게 있다고 비판했다. 1950년대에 베스터가 말한 것들은 1980년대 후반 들어 학문 표준화 운동 지지자들에 의해 반복된다.[9] 그 정도는 덜하지만, 21세기의 첫 십 년 동안에도 같은 우려의 목소리가 불거져 나오고 있다.

1950년대의 두 번째 비평가는 냉전의 성패가 미국 교육개혁에 달려 있다고 믿은 하이먼 리코버 제독Admiral Hyman Rickover이었다. 그는 미국 학교들의 과학교육 개선에 특히 관심이 있었다.[10] "기본으로 회귀 운동"의 진정한 지지자로서, 그는 "교육은 놀이나 사회활동이 아니라 땀 흘리는 노력을 수반한다"고 믿었다.[11] 그의 책 『교육과 자유Education and Freedom』 1956에서 리코버는 "이반Ivan은 글을 읽을 수 있는데 어째서 조니Johnny는 읽지 못하는가"라는 질문을 던졌다. 적어도 그에게는 러시아와 경쟁하기 위한 미국의 능력을 저해하는 것은 기초 학습능력 훈련의 부족이었고, 이를 해결하기 위한 유일한 방법은 학교가 기초 학습능력의 강조로 되돌아가는 것뿐이었다. 그가 보기에 미국인에게는 "생활-적응 학교와 진보적 교육자들이 강조하던 것을 버리고" 과학과 수학에 대한 강조로 돌아가는 게 필요했다.[12]

미국과 러시아의 냉전 경쟁에 대한 리코버의 우려는 1950년대에 발행된 또 다른 베스트셀러 『커다란 붉은 학교 건물*The Big Red Schoolhouse*』에도 반영되어 있다. 저자인 프레드 M. 헤칭거Fred M. Hechinger는 이반이라는 이름의 전형적인 러시아 학생의 사례를 소개한 CBSColumbia Broadcasting System 방송 프로그램을 언급하며 책을 시작한다. 이반이라는 아이는 영어를 잘하고 숙제도 무척 성실히 해냈다. 이 전형적인 러시아 10대에 대한 묘사를 들은 후, 테네시주의 몇몇 학생들을 인터뷰하면서 이반에 대해 어떻게 생각하는지를 물었다. 미국 학생들은 공통적으로 "많은 학업이 이반을 의심의 여지 없이 멍청한 아이로 만들었다"는 반응을 보였다. 한 소녀는 이반이 공부하고 있는 것 대부분은 일종의 시간 낭비이며 그는 분명히 재미없는 데이트 상대일 거라는 의견을 내놓았다. 학생들이 학교에서 배워야 하는 가장 중요한 것이 무엇인가를 묻자, 미국 학생들은 "어떻게 다른 사람들과 잘 지내는가"라는 데 동의했다.[13] 헤칭거는 자신의 책을 다음과 같은 경고의 말로 끝맺는다. "역사는 묘한 술수를 부린다. 미국은 학문과 배움이라는 유럽적 과거에 깊이 뿌리내린 전통을 가진 사람들에 의해 건설되었다." 국가로 발전하면서, 미국은 모든 아동을 위한 평등한 교육 기회를 제공한다는 유례없는 목적 또한 받아들였다. 그러나 어찌 된 일인지, 이 새로운 이상은 미국인들이 학문과 학문적 우수성에 대한 헌신을 잊어버리게 만들었다. 사실, "몇몇 교육 대변자들은 우수함이 비민주적인 차별이라고 암시하기 시작했다. 우수성이 생존을 위한 필수 요소일 뿐만 아니라 게으른 민주주의는 죽어 가는 민주주의라는 사실을 러시아인들이 우리에게 일깨워 준 것은 역사의 아이러니다."[14]

헤칭거의 책은 논픽션이었지만, 그 시대의 소설들조차도 전통적인 교사들을 칭송했다. 프랜시스 그레이 패튼Frances Gray Patton의 책 『안녕하세요, 도브 양*Good Morning, Miss. Dove*』에서, 여주인공 미스 도브는 진보주의적 교육자가 결코 아니었다. 그녀의 규칙은 "황도黃道의 십이궁十二宮만큼이나 철저히 고정되어 있었고 학생들에게 분명하게 주지돼 있었다. … 여덟 살짜리 아이의 정신은 기계적인 반복에 의한 암기로 가장 잘 배울 수 있다는 것이 미스 도브의 경험"이었다.[15] 소설에서, 작가는 의심의 여지 없이 미스 도브와 같은 선생님들을 지지한다. 이는 다음과 같은 이야기를 읽음으로써 명확하게 드러난다.

> 종종, 진보적 어머니들의 무리가 조직적인 반발을 꾀할 때가 있었다. "그녀[미스 도브]는 너무 오래 가르치고 있어요"라고 그들은 소리쳤다. "그녀의 교육학은 우리가 시더 그로브Cedar Grove에 온 이래로 전혀 변하지 않았죠. 그녀는 아이들을 공포로 다스리고 있어요!" 그들은 자신들 중에서 가장 대담한 사람에게 찾아가 요청한다. "당신이 가세요" "당신이 가서 그녀와 이야기하세요!" 대담한 사람이 도브를 만나러 갔지만, 어찌 된 일인지 그다지 많은 이야기를 하지 못했다. 자유를 쟁취하기 위한 발언은 한 발도 쏘지 못하고, 그녀[대표자]는 전장에서 불명예스럽게 물러나고 말았다.[16]

교사에 대한 또 다른 고전적인 소설은, 1963년 출판된 제임스 힐턴James Hilton의 『안녕, 미스터 칩스Goodbye, Mr. Chips』였다. 이 책 역시 영국의 어느 사립 남학교에 있는 전통적인 교사를 그렸다. 라틴어와 그리스어를 가르치는 전통적인 교사의 이야기를 그린 책과 영화는 전 세계의 교사들에게 모범이 될 만한 롤 모델을 제시했다. 당시에 가장 많은 사람들이 본 영화 중 하나인 〈폭력 교실Blackboard Jungle〉조차도 미국의 공립 고등학교에 더 많은 규율이 필요하다고 제안했다.

그런데 1950년대 진보주의 교육에 반대하는 부정적인 반응에 주된 동력을 제공한 것은 영화도 책도 아니었다. 몇몇 지도적인 인사들을 비롯해 많은 미국인들이 미국 학교들의 효율성을 의심하기 시작하게 한 사건은 러시아가 우주에서 거둔 승리였다. 1958년 스푸트니크의 발사 이후, 의회는 몇 달 지나지 않아 미국 학교들을 위한 중요한 연방 지원 프로그램을 통과시켰다. 그것은 「국가방위교육법The National Defense Education Act」이라 불렸고, 주와 학군에서 과학, 수학, 외국어 프로그램을 개선하는 데 재정적인 지원을 제공한다는 내용이었다.[17] 이 법에 따라 교사들을 위한 훈련 기회를 제공하고 고등학교 과정의 학문적 엄정함을 강화하기 위해 설계된 여러 전국 규모의 교육과정 프로젝트들이 착수되었다.[18]

유명한 책들과 함께 미디어는 우주 경쟁에서 미국의 문제는 적어도 일정 부분 미국의 비효율적인 공립학교들에서 비롯되었다는 견해를 제시했다. 미국인들은 미국 학교들이 "나약해졌다"는 비판과 함께 교과 내용에 대한 학교의 지도가 다른 나라들이 학생들에게 제공하는 것보다 못하다는 부정적인 비교를 듣게 됐다.[19] 미국의 일부 지도자들에게, 공교육 제도는 이제 냉전의 "무기"가 되었다.[20] 역사가 딘 웹은 스푸트니크의 도전은 미국이 갑작스럽게 지식, 특히 과학과 수학에 관한 지식을 중요시하게 만들었다고 썼다. 많은 사람들에게, "진보주의 교육은 시대의 추세에 뒤떨어져 보였던" 것이다.[21]

1960년대 초반까지, 진보 교육에 대한 비판은 수그러들지 않았다. 1961년 〈포춘Fortune〉 기고문에서, 찰스 실버먼Charles E. Silberman은 이 영향력 있는 경제잡지의 독자들에게 이렇게 말한다. "두 세대 동안에 지적 훈련은 미국 공립학교 체제의 주목적이 아니었다. 실제로, 그것은 광범위한 대중을 위해 기획된 어느 학교 체제에서도 교육의 주목적이 된 적이 없었다."[22] 미국의 학교들에서 어떤 일이 일어났는지를 이야기하면서, 그는 20세기를 시작하는 시기에 진보주의 교육이 미국 사회의 요구에 어느 정도 부응해 왔으며, 지난 50년 동안 그 이론들은 미국이 "농업국가에서 산업국가로 이행하고, 수백만 이민자들의 자녀들을 흡수해 미국화하는 어려운 작업"을 이룩하도록 도왔다고 평가했다. 즉, "미국의 학생들이 필요로 했던 것은 '적응'이었고 지난날의 학교는 그것을 제공"했다.[23] 그는 계속해서 이렇게 주장했다.

오늘날의 미국은 그것이 절대적인 의미에서 "잘못"이기 때문이 아니라, 우리 시대의 요구에 제대로 부응하지 못하기 때문에 진보주의에서 멀어지고 있다. 심화되고 있는 조직의 복잡성과 폭발적인 기술적, 사회적 변화의 속도는 역사적으로 유례가 없는 엄청난 요구를 생산하고 있다. 공립학교들은 아이들에게 너무 어렵다는 이유로 많은 중요한 과목들을 가르치기를 미뤄 오며 소중한 시간을 낭비해 왔다. 사실, 과학과 수학의 기본적인 개념들, 그리고 문학과 역사의 기본 주제들은 초등학교 때부터 교육과정의 핵심을 이루어야 한다.[24]

그는 이제 미국이 진보주의 교육가들의 이론들로부터 거리를 두고 "기본으로 회귀" 접근법을 채택해야 한다는 자신의 신념을 피력하면서 이 1961년의 기고문을 마감한다.

이것이 최소한 그 후 몇 년간은 아마 대다수 미국인들의 관점이었을 것이다. 〈계간 윌슨Wilson Quarterly〉의 최근 기사, "또 하나의 60년대"에서 브

루스 바우어Bruce Bawer는 1959년부터 1965년 사이의 시기에 대해 썼다. 이때는 미국이 1950년대의 지배적인 보수적 시각으로부터 1960년대 후반과 1970년대 초반에 영향을 미치게 될 다소 급진적인 사상으로 이행하는 시기였다. 그는 정치적인 판도에서 우파에 속했던 사람들에게 1950년대는 "마지막 좋은 시절, 분별과 성숙, 질서와 규율이 있고, 어른이 어른다우며 아이들은 자신의 위치를 아는 시대"였음을 지적한다. 반면에, "좌파에 속하는 사람들에게, 1950년대는 얼빠진 자기만족, 개념 없는 물질주의, 그리고 사람을 바보로 만드는 순응주의—인종주의, 성차별주의, 그 밖의 다른 추한 편견들은 말할 것도 없고—의 시대였다"고 정의한다. 1960년대에는 판도가 뒤바뀌어 보수주의자들은 "유치한 무책임과 일종의 유행이 된 반항, 오늘날 넘쳐나는 정체성의 정치, 질 낮은 상류 문화, 성적 방종, 대단히 비판적인 정치적 올바름의 폭발" 현상을 목격하고 있었다. 반면에 자유주의자들은 1960년대에 보다 만족하며 그 시기를 "미국의 불의에 주목하고 더 나은 공정함과 모두를 위한 평등의 길로 사회를 이끌기 시작한 절대적으로 필요했던 교정의 시대"로 인식했다.[25]

이 기사에서 바우어는 케네디 정부(1961~1963) 시절은 1963년 11월 22일 대통령의 암살과 함께 끝난, 꽤 근사하고 진지한 막간이었다고 주장한다. 그는 자신이 개인적으로 1960년대의 시작을 어떻게 경험했는지 이야기하며 이 기사를 끝맺는다. 11월 22일 해 질 녘이었다. 뉴욕의 퀸스에 있는 한 공원을 산책하며 그는 "어깨까지 오는 머리를 가진 한 십 대 소년을 보았다." 그 순간은 마치 다른 사람들이,

스쿨버스 뒤에서 흘러나오는 연기의 묘한, 속이 메스껍도록 달짝지근한 냄새를 처음 맡았을 때와 같은 느낌이었다. 그날 공

원을 산책하면서, 나는 티셔츠와 나팔바지를 입은 젊은이들을
보았다. 한두 명은 기타를 치고 있었는데 그들의 태도는 이전에
한 번도 본 적이 없는 이상할 정도로 태평스럽고, 느슨하고, 여
유로운 것이었다. 그리고 머리에는 꽃을 꽂고 있었다.

나는 그들을 어떻게 생각해야 좋을지 몰랐다. 그러나 그들의
인상은 나의 마음속에 확고히 자리 잡았고, 나는 세상이 바뀌
었다는 것을 알았다.[26]

이런 변화는 교육 분야에서도 강하게 느껴질 것이었다. 학교는 1960년
대라는 이 새롭고 매우 상이한 시대의 최전선에 자리하게 된다.

1. Diane Ravitch, *Left Back: A Century of Battles Over School Reform*, (New York: Touchstone, 2000), 361.
2. Robert F. McNergney and Joann M. Herbert, *Foundations of Education,* (Boston: Allyn and Bacon, 1988), 117.
3. Lawrence A. Cremmin, *The Transformation of the School*, (New York: Alfred A. Knopf, 1964), 342-43.
4. Joel Spring, *The American School: 1642-1990*, (New York: Longman, 1990), 323-24.
5. Stan Dropkin, Harold Full, and Ernest Schwarcz, *Contemporary American Education*, (New York: Macmillan Company, 1965), 168.
6. Dropkin, Full, and Schwarcz, *Contemporary American Education*, 183.
7. L. Dean Webb, *The History of American Education*, (Upper Saddle River, NJ: Pearson Prentice Hall, 2006), 263.
8. Allan C. Ornstein, *Pushing the Envelope, Critical Issues in Education*, (Upper Saddle River, NJ: Merrill Prentice Hall, 2003), 84.
9. Ronald S. Brandt, ed., *Education in a New Era*, (Alexandria: The Association for Supervision and Curriculum Development, 2000), 15. [옮긴이 주] 베스터 등 본질주의자들은 듀이의 아동 중심 교육철학이 학교의 일차적 목적이라고 할 수 있는 학문적 목적, 즉 엄밀성을 약화시켰다고 비판했다. 이들은 학문적 표준과 우수성을 중시하는 중핵 교육과정을 옹호했다.
10. Mortimer J. Adler and Milton Mayer, *The Revolution in Education*, (Chicago: University of Chicago Press, 1958), 93.
11. Ornstein, *Pushing the Envelope, Critical Issues in Education*, 296.
12. Ornstein, *Pushing the Envelope, Critical Issues in Education*, 84.
13. Fred M. Hechinger, *The Big Red Schoolhouse*, (Garden City, NY: Doubleday & Company, Inc., 1959), 26.
14. Hechinger, *The Big Red Schoolhouse*, 235.
15. K. Chartock, Educational Foundations, (Upper Saddle River, NJ: Merrill, 2000), 288-89.
16. Chartock, *Educational Foundations*, 288.
17. Madonna M. Murphy, *The History of Philosophy of Education*, (Upper Saddle River, NJ: Pearson, 2006), 324.
18. David G. Armstrong, Kenneth T. Henson, and Tom V. Savage, *Education: An Introduction*, (New York: MacMillan Publishing Co., Inc., 1981), 60.
19. Armstrong, Henson, and Savage, *Education: An Introduction*, 39.
20. Webb, *The History of American Education*, 243.
21. Webb, *The History of American Education*, 264.

22. Leonard Freedman, *Issues of the Sixties*, (Belmont, CA: Wadsworth Publishing Company, Inc., 1966), 406.

23. Freedman, *Issues of the Sixties*, 408.

24. Freedman, *Issues of the Sixties*, 408-409.

25. Bruce Bawer, "The Other Sixties", *Wilson Quarterly*, XXVIII, no. 2, Spring 2004, 64.

26. Bawer, "The Other Sixties", 84.

6.

1960~1970년대:
진보주의 교육운동의 전성시대?

많은 관찰자들은 진보주의 교육이 1950년대 후반까지 전성기를 맞았다고 믿었지만, 실제로는 국가적, 국제적인 여러 사건들이 진보주의 교육운동에 부활이라 할 만한 시기를 가져온 것이었다. 다이앤 래비치는 "스푸트니크 이후의 학문적 향상에 대한 열의는 1963년과 1964년에 갑작스럽게 식어 버리고, 가장 중요한 국가적 논제는 도시의 위기로 대체되었다"[1]고 썼다. 1963년 조지 넬러George F. Kneller는 다음과 같이 예견한다.

> 우리는 현재 진보주의의 쇠퇴가 일시적일 뿐이라 확신한다. 진보주의 운동은, 다른 모든 운동과 마찬가지로, 더욱 생생하고 더욱 격렬한 형태로 되살아날 것이다. 이 세계와 교육 자체를 관통하는 지속적인 변화와 갱신의 흐름에 주목함으로써, 또한 지속적으로 기존 질서에 도전함으로써 진보주의는 변치 않는 의미의 교육적 태도를 표현한다.[2]

1950년대의 보수주의적 관점에 변화를 일으킨 일련의 사건들 중 첫 번째는 아마도 1963년 11월의 존 케네디 암살이었을 것이다. 젊은 대통령을 잃은 것은 미국인들에게 중요한 사건이었다. 나이를 불문하고 사람들은 11월의 그날, 아마도 그 주말 내내, 자신이 어디에서 무엇을 하고 있었는지를 정확히 기억할 수 있을 것이다. 5년 후, 마틴 루서 킹 목사와 로버트 케네디의 죽음은 계속되고 있던 베트남 전쟁 반대운동과 함께, 미국을 더 큰 파란 속으로 몰아넣었다. 1968년, 시민들은 민주당 전당대회 중에 시카고 경찰이 최루탄과 경찰봉으로 시위대를 진압하는 것 또한 텔레비전으로 지켜보았을 것이다. 다른 도시들 역시 평등한 권리를 요구하는 아프리카계 미국인들의 전국적인 봉기로 인한 폭력사태를 경험하고 있었다.

1960년대를 특징짓는 불안의 씨앗은 1954년 '브라운 대 토피카 교육위원회' 사건에 대한 법원 판결과 함께 뿌려졌다.[3] 역사적 이정표가 된 이 사건은 미국 학교에서 인종적 통합을 이루기 위한 점진적인 노력들을 촉발시켰다. 이런 시민권 투쟁은 이후 여성의 동등한 권리를 위한 운동이 주요 쟁점으로 부각되면서 더욱 확대되었다. 케네디 대통령의 암살로 인해 대통령이 된 린든 존슨은 모든 인종을 망라하는 조직적이고 효과적인 시민권 운동과 마주하게 되었다. 가장 걸출한 시민운동 지도자였던 마틴 루서 킹은 평화적인 시위를 역설하고 실천했지만, 존슨 대통령은 오래지 않아 여러 주요 도시들에서 일어난 폭동에 대처해야 했다. 텍사스라는 보수적인 주에서 평생을 살아왔지만, 존슨은 개인적으로 미국 사회의 불우한 계층을 몹시 돕고 싶어 했던 사람이다. 대통령이 되기 전인 1962년에도 그는 청중들 앞에서 이렇게 말한 적이 있다.

우리는 지금까지의 경험을 통해 기회의 평등 문제가 단순히 취업 가능성에만 국한되지 않음을 배웠습니다. 이 문제는 우리가 채용에서 동등한 기회를 가질 뿐만 아니라 그 직업에 걸맞은

자격을 갖추는 데 필요한 교육과 활동을 접할 기회도 공평하게
가질 때까지는 해결되지 않을 것입니다.[4]

아이젠하워 대통령과 케네디 대통령마저도 연방 정부가 빈곤 및 인종
차별에 맞서 지도적인 역할을 주도하기를 망설였다. 존슨 대통령은 노련
한 정치가로서 민주당이 시민권 문제에 대해 여론을 너무 앞지를 경우 많
은 남부 백인들의 지지를 잃을 것을 알고 있었지만, 한편으로는 이런 분
야에서 진보를 이루는 데 주저함이 없었다. 물론 그의 이런 염려는 틀리
지 않았고, 많은 남부인들이 실제로 민주당에 대한 그들의 오랜 지지에서
등을 돌렸다. 일부 남부 백인들이 가장 우려한 법안들 중 하나는 1965년
의 「선거권 법Voting Rights Act of 1965」이었다. 존슨 대통령은 하원에서 한
연설에서 이 문제에 관한 자신의 의견을 분명히 했다.

> 나는 오늘 밤 인간의 존엄성과 민주주의의 운명을 위해 연설
> 하려 합니다. … 때로 역사와 운명은 같은 순간, 같은 장소에서
> 만나 자유를 향한 인류의 끝없는 갈구에 하나의 전환점을 만들
> 어 줍니다. 렉싱턴과 콩코드[5]에서 그랬습니다. 한 세기 전, 애퍼
> 매톡스Appomattox에서도[6] 마찬가지입니다. 지난 주 앨라배마주
> 셀마Selma에서도[7] 그랬습니다. … 여기에 헌법상의 문제는 없습
> 니다. 헌법이 우리에게 지시하는 바는 단순합니다. 윤리적 문제
> 도 없습니다. … 단지 인권을 위한 투쟁이 있을 뿐입니다. … 이
> 번에, 이 선거법 통과 문제에 대해서는 … 어떤 지체도, 주저도,
> 타협도 있어서는 안 됩니다. … 흑인들뿐 아니라 사실은 우리 모
> 두가 편협함과 불평등의 파행적인 유산을 극복해야 하기 때문입

니다. 그리고 … 우리는 … 반드시 … 이를 극복할 것입니다.[8]

대통령은 자신이 시민권 운동을 지지한다는 것을 분명히 했지만, 학교에서의 인종적 통합은 서서히 이루어졌다. 버싱 프로그램busing programs[9]은 많은 지역에서 전통적인 근거리 학교 배정 방침이 가져온 인종별 학교 분리의 양상을 타개할 수 있는 유일한 방법으로 대두됐다. 학교 행정가들과 교사들은 인종적으로 다양한 학생집단을 다뤄야 할 뿐 아니라 이 학생들 모두를 위해 공평하게 적절한 교육 기회를 제공해야만 했다.

존슨 대통령의 거대한 빈곤과의 전쟁을 계획하면서, 대통령과 그의 참모들은 학교의 중요성을 상당히 의식하고 있었다. 빈곤은 흔히 질이 낮거나 또는 불완전한 교육의 결과임을 인식하고 있었기에, 존슨은 빈곤한 가정의 아이들에게 일종의 조기 촉진책이 필요하다고 믿었다. 빈곤층 아이들은 중산층 아이들이 누리는 교육, 사회, 의료 혜택을 받고 있지 못한 경우가 많으므로, 학교에서 빈곤 가정의 서너 살짜리 아이들에게 성공하기 위한 준비를 시켜 줄 필요가 있다고 본 것이다. 이러한 목표 아래, 빈곤 퇴치 사업의 일부분으로 헤드 스타트 프로그램Head Start program[10]이 기획됐다. 이 프로그램과 관련된 법안이 1965년 승인되어, 지역사회가 자신들의 지역에 헤드 스타트 센터를 세우기 위해 연방 정부의 재정 지원을 신청할 수 있게 되었다. 법안이 만들어지자 저소득층 가정을 위한 지원 프로그램들이 전국적으로 수립됐으며, 어린이를 위한 예비학교 수업과 함께 학생들에게 건강보험 혜택도 주어졌다. 저소득층 부모들에게는 자녀양육 수업을 수강하도록 권장했는데, 이는 부유한 부모들이 누리는 이점의 많은 부분을 이들에게도 제공하려는 것이었다.

같은 시기에 시작된 더 규모가 크고 많은 비용을 들인 연방 정부의 시책은 「1965년 초·중등교육법the 1965 Elementary and Secondary Education Act」이다. 존슨 대통령 자신의 표현을 빌리자면, 이 법은 "우리의 젊은이들에게 제공하는 학교교육에서 높은 질과 평등 이념을 달성하려는 연방 정부의 새로운 약속"[11]이었다. 지역 학군에 지급된 최초 지원금은 10억 달러가 넘었고, 주 정부나 지방 정부로부터 받은 지원금에 상응하는 요건도 없었다. 이 법에는 다섯 개의 주요 부분이 있었다. 이 중 타이틀I으로 알려진 부분에 가장 많은 지원금 지출이 이루어졌다. 타이틀I은 각 학군별로 교육 중인 빈곤층 자녀의 숫자에 따라 지원금을 지급하도록 설계됐는데, 법에 의해 할당된 전체 지원금의 80퍼센트를 교정 프로그램에 사용하도록 되어 있었다. 이는 빈곤층 어린이들이 지역 학교에 들어갔을 때 필요한 도움을 계속 받을 수 있도록 함으로써 헤드 스타트 프로그램을 보강하기 위한 목적이었다. 전국의 학교들에서는 자격 요건을 충족하는 학생들에게 읽기 및 산수의 보충수업을 제공하기 위해 교사들이 추가로 채용되었다. 2002년 이와 똑같은 타이틀I 프로그램의 재인증이 고려되었을 때 개정된 법은 「낙오학생방지법No Child Left Behind Act」이라 불렸다. 국회가 공교육을 지원하기 위해 제정한 법령은 「초·중등교육법」과 헤드 스타트뿐만이 아니었다. 이런 법안들의 의도는 연방 정부가 "학교교육 중에서 지방 정부로부터 지원을 받지 못하는 것으로 보이는 부분을"[12] 돕는다는 데 있었다.

연방 정부가 공립학교들에 직접 재정을 지원하고 관리하는 참여자로 등장하게 된 것은 빈민구제사업, 시민권 투쟁과 함께 1960년대 미국 학교들의 기존 질서를 뒤흔든 요소들이었다. 하지만 시간이 경과함에 따라 베트남에서의 확전이 미국인들에게 다른 무엇보다 중요한 관심사로 자리 잡았다. 시민권과 관련된 법안들이 통과되고 1968년 마틴 루서 킹과 로버트 케네디의 암살이 일어난 뒤로는, 베트남 전쟁과 학생들의 시위가 신문 일면에서 다른 기사들을 밀어냈다. 불행히도, 베트남 전쟁 비용이 빈곤 퇴치 전쟁을 위한 재정 지원에 부정적인 영향을 미쳤다. 전쟁에 대한 좋지 않은 평판 역시 존슨 대통령이 1968년의 재선 계획을 모두 포기하게 한 가장 근본적인 원인이었다. 이는 보수적인 리처드 닉슨Richard Nixon의 당선과 함께 시민권 운동, 빈민구제 사업, 교육 지원과 같은 연방 정부의 여러 사업을 지연시켰다.

대중적 논쟁과 시위가 전국의 대학 캠퍼스에서 일어났고, 학교들 역시 전쟁으로 인한 여론 분열에 영향을 받았다. 고등학생들은 대학생들과 합류해 시위와 토론회장에 나섰다. 고등학교 남학생들은 자신들의 가까운 미래가 징집 대상에 포함돼 베트남으로 파병되는 것일 수도 있음을 너무나 잘 알고 있었다. 학교의 학생 집단들도 각 가정의 구성원들과 마찬가지로 베트남 전쟁의 적법성 문제를 두고 종종 첨예하게 의견이 대립되었다. 당시의 대중 매체들은 "세대 차이"에 대해 논했다. 밥 딜런Bob Dylan은 1965년 자신의 노래 〈시대는 변하고 있다The Times They are a Changin'〉에 이런 생각을 담았다. 이 노래의 한 소절은 젊은이들의 반항과 소위 "세대 차이"라는 것에 대해 직설적으로 말했다. 딜런은 또한 젊은이들이 1950년대의 체제 순응으로부터 탈피하고 있다는 사실을 노래로 썼다. "당신의 아들, 딸들은/ 당신들의 통제를 벗어났다."[13]

대중문화에서 두드러진 반항의 정신과 변화에 대한 요구는 교육 분야에도 영향을 미쳤다. 1960년에 발행된 책 『공교육의 미래The Future of Public Education』에서 마이런 리버만Myron Lieberman은 학교가 직면한 문제들을 논하고 "앞으로 몇십 년 안에, 미국의 교육은 엄청난 범위와 규모의 변화를 겪을 것"[14]이라고 예견했다. 교육 변혁의 필요성이라는 주제는

1960년대 말 프랜시스 케펠Francis Keppel에 의해『미국 교육에 필요한 변혁The Necessary Revolution in American Education』이라는 책으로 전승됐다. 이 책에서 케펠은 교육에서의 평등을 이룰 필요성과, 동시에 모든 사람에게 "양질의 교육"을 제공하는 문제에 천착했다. 그는 우리가 진정한 평등 없이 수준 높은 교육을 가질 수 없다고 믿었다. 그 자신의 표현을 빌리자면, "완전할 수 있음이란 모두가 배울 수 있는 능력과 배우길 원하는 모두를 가르쳐야 할 사회의 의무를 시사한다. 현 시대의 과업은 이 원칙이 모든 아동의 삶에서 실현되도록 하는 것이다."[15] 1960년대의 문제는 결국, '어떻게 학교에서 양질의 교육과 평등을 모두 달성하는가?'였다.

교육 비평가 존 홀트John Holt는 이미 1959년에 전통적 교육 방법과 교육과정을 지나치게 강조하는 것에 대해 우려했었다. 그는 "아이들이 너무 바빠서 무언가를 사고하지 못한다"[16]고 생각했다. 5년 후, 그는 어느 글에서 오랜 진보주의 교육 신조를 재천명했다.

> 대부분의 아동은 학교에서 실패한다. … 그들은 겁을 먹고, 지루해하고, 혼란을 느끼기 때문이다. … 학교에서 주어지고 지시된 일들이 너무 사소하고, 따분하며, 그들의 지능과 능력과 재능의 범위에 비해 극히 제한적이고 협소한 작업을 요구하기 때문에 지루하다. … 학교는 우리가 아이들이 알아야 한다고 생각하는 것이 아니라 아이들 자신이 알고 싶어 하는 것을 배우는 장소여야 한다.[17]

홀트와 그의 지지자들은 그가 다음과 같은 글을 쓴 10년 후에도 여전히 전통적인 교육의 병폐라 생각한 것들과 싸웠다.

학교에서 우리가 하는 많은 일들의 이면에는 다음과 같은 몇 가지 사상이 있다. (1) 거대한 인류의 지식 체계에는, 필수적이라 할 수 있는 몇 가지 조각들이 있다. … (2) 한 개인이 교육을 받았다고 여겨질 수 있는 정도는 … 그가 이 필수적인 지식을 얼마나 지니고 있는가에 달려 있다; (3) 학교의 의무는 따라서 아동의 정신에 이 필수적인 지식을 가능한 한 많이 넣어 주는 것이다. … 이러한 생각들은 터무니없고 해로운 것이다. 아이들은 학교에서 배우는 모든 것을 아주 작은 부분을 제외하고 곧 잊어버린다. 아이들이 잊어버리는 대부분의 것들은 그들에게 쓸모가 없거나 관심사가 아니다; 그들은 그것들을 기억하고 싶지 않거나, 기억할 것이라 기대하지도 않거나, 또는 아예 기억하려고 들지도 않는다. 나쁜 학생과 좋은 학생의 유일한 차이는, 이런 의미에서, 나쁜 학생은 바로 잊어버리는 데 비해 좋은 학생은 시험이 끝날 때까지 기다릴 만큼 용의주도하다는 점뿐이다.[18]

존 홀트는 『월요일에 무엇을 할까?*What Do I Do on Monday?*』를 비롯한 몇몇 저서를 집필하며 전통적인 교육을 비판하는 것에 그치지 않고, 교사들에게 "'어떻게 학교에서 흥미를 북돋울 수 있는가?', '학생 개개인의 잠재력을 최대한 발휘하도록 이끌어 주기 위해 무엇을 할 수 있을까?'와 같은 실용적인 제안들"을 제공했다.[19]

다른 교육자들 역시 교사들에게 진보주의 교육의 목표를 달성하기 위한 구체적인 방안들을 제공했다. 허버트 콜Herbert Kohl은 『서른여섯 명의 아이들과 열린 교실*Thirty Six Children and the Open Classroom*』이라는 책에서 자신이 어떻게 학생들의 경험을 활용해 교육과정을 만들어 냈는지에 대해 이야기해 준다. 1960년대부터 조녀선 코졸Jonathan Kozol은 가난한 아이들이 겪는 교육 기회의 불평등을 보여 주기 위한 일련의 책들을 펴냈다. 이를 통해 그는 "다수 아이들과는 다른 문화적 배경을 가진 아이들을 가르치기 위해 중요한 아이디어들"[20] 또한 제시했다.

이 시기의 가장 급진적인 비평가는 이반 일리치Ivan Illich로, 그는 『탈학교 사회Deschooling Society』[1971]에서 의무화된 공교육의 폐지를 주창했다. 1961년까지 로만 가톨릭 사제였던 그는 "학교가 재능 있는 소수를 골라내기 위한, 또는 부유하고 권력을 가진 가정의 아이들이 다니는 고등학교나 대학교의 존재를 정당화하기 위한 도구로 사용된다"고 믿었다. 그는 "사실상 대중의 필요를 충족시키는" 공립학교를 만드는 것이 가능하다고 생각하지 않았다. 그러므로 우리가 학교 없이 산다면, "더 이상 학교에서 오래 공부하거나 학위를 받음으로써 갖게 되는 권력이나 특권이 없어질 것"이라고 보았다.[21]

1960년대 저술 활동을 한 교육 비평가들 중 피터 쉬래그Peter Schrag는 〈토요 리뷰The Saturday Review〉에 교육 비평가들 모두가 "적대적 사회와 그 교육체제가 배움의 과정과 젊은이들의 존엄성, 호기심과 자아실현의 자연적 본능을 손상시키며 파괴하고 있다"는 "공통된 의견"을 지니고 있다고 썼다. 덧붙여 그는 비평가들이 당시의 공립학교들이 "순종을 강요하고 자존감을 부정하도록 설계된 강압적인 도구"[22]라 믿는다고 역설했다.

'소외된 대학생들의 목소리이자 신좌파의 지도적 정치가'로 불렸던 폴 굿맨Paul Goodman은 1960년대에 다음과 같이 서술했다. "기성 교육의 전 과정은 세뇌다. 그 구성 요소들은 일률적인 세계관이고 어떤 가능한 대안도 부재하며, 개인의 경험과 감정의 타당성에 대한 혼란과 만성적인 불안으로 가득 차 결국 유일한 안전장치가 되어 줄 일차원적 세계관에 매달리게 한다. 이것이 곧 세뇌brainwashing다."[23] 듀이를 비롯한 다른 초기 진보주의자들에게 귀를 기울이며, 굿맨은 "내적 동기부여를 제외하고는 자유를 향한 어떤 성장도 일어나지 않는다"고 썼다.[24] 피터 쉬래그는 1960년대의 교육 비평가들에 대한 자신의 글을 다음과 같이 결론지었다.

스푸트니크와 대학의 공황 상태에 뒤이은 열정은 교육을 냉전의 승리와 중간 관리직 양성을 위해 더욱 효율적인 훈련 도구로 만들고 싶어 한 사람들과, 삶에 대한 적응이라는 애들 장난 같은 것이 지적인 엄밀성보다 더 편안했기 때문에 이에 저항한 사람들로 우리를 분열시켰다. 새로운 비평가들―때로 지나친 불평을 동반하기는 하지만―은 적절한 교육이란 둘 중 어느 쪽과도 별 상관이 없다는 것을, 또한 교육이 학생들의 인간성을 다루지 않는다면 그런 교육은 실상 그 어떤 것도 다루고 있지 않다는 사실을 우리에게 상기시켜 주었다.[25]

1960년대와 1970년대에 교육 변혁을 요구하는 데 영향력 있는 목소리를 낸 칼 로저스Carl Rogers와 닐 포스트먼Neil Postman과 같은 사람들에 대해서도 이야기할 수 있을 것이다. 이 시기를 되돌아보면, 진보 교육사상이 약간 다른 형태로 재부상한 시기로 볼 수 있다. 잘 알려진 어느 학교 개혁 모델은 실상 1960년대 훨씬 이전에 알렉산더 닐Alexander. S. Neill이 영국에 서머힐 학교Summerhill School를 설립했을 때 시작되었다. 미국에도 서머힐협회Summerhill Society가 조직되었고 "1960년대의 학생 반정부 시위 동안 서머힐 학교는 대안 교육의 모델로서 자주 인용"되었다. 이런 학교들에서는, "아이들이 사랑할 줄 알고 행복한 성인으로 자랄 것"이라고 주장했다. 이 목표를 달성하기 위해, "아이들에게는 수업에 참석하거나 참석하지 않을 완전한 자유가 주어지며, 학교 운영에 참여하는 것이 허용됐다."[26]

일부 미국 학교들은 1960년대와 1970년대에 이러한 접근법에 영향을 받았다. 학생들은 고등학교 자문위원회에 참여하도록 요청받았고, 몇몇은 교육위원회의 구성원이 되는 것도 허용되었다. 많은 중등학교들이 이전에는 의무적인 자습에 할당되던 시간을 학생들에게 자유 시간으로 주었다. 이 학생들은 학교 건물을 자유롭게 돌아다닐 수 있었고, 어떤 학교들은 학생 휴게실을 만들어 주기도 했다. 이곳에서 젊은이들은 휴식을 취하거나 탁구 게임을 할 수 있었다. 다른 학교들은 학생들을 위한 흡연실을 도입했다. 아마도 가장 큰 영향을 미친 변화는 일부 지역사회가 학생들이 자유 시간 동안 학교 교정에서 벗어나는 것을 허용한 일일 것이다. 소위 "열린 캠퍼스" 제도는 고학년 학생들에게만 허용되었는데, 이들이 나중에 대학생활에서 경험하게 될 더 많은 자유에 적응하도록 도움을 주리라는 희망에서 시작된 것이다.

이 기간 동안, 좀 더 "적절한" 교육과정에 대한 학생들의 요구에 부응하고자 교육과정 개편이 이루어졌다. 이는 많은 고등학교에서 새로운 선택과목들의 도입으로 이어졌다. 특히 역사 위주였던 사회 탐구에 사회학, 정치학, 경제학 수업이 생기면서 변화가 두드러졌다. 일부 주에서는 미국사가 미국학American Studies으로 바뀌었고, 역사 수업 중심의 연대기적 접근법이 사회과학을 강조하는 주제별 교육과정으로 대체됐다. 다른 학교들은 '민주주의의 문제점'과 같은 새로운 종류의 선택과목을 도입했다. 다른 교과 분야에서도 새로운 과정들이 소개되었다. 1970년대 초반의 에너지 위기 동안, 학생들은 생태학 수업을 받았고, 몇몇 학교들은 단기 선택 강좌mini-electives로 "지구의 날"을 기념하기도 했다. 영어 선택과목들은 종종 전통적인 영어 수업을 대신했다. 학생들은 공상과학 소설, 모험 소설, 스포츠 문학, 혹은 여성 작가나 흑인 미국 작가들만을 다루는 수업 같은 선택사항들 중에 수강하고 싶은 것을 고를 수 있었다.

이 시기 나타난 또 다른 시류는 인문학이라 할 수 있는, 하나의 수업에 여러 가지 과목을 통합하는 것이었다. 이런 수업은 역사, 영어, 미술, 그리고 때로는 음악까지 포함하여 다수의 교사들로 팀을 이루어 가르쳤다. 다른 자유로운 지역사회 공동체들은 공립학교 제도 안에 대안학교를 도입하기도 했다. 예를 들어 미니애폴리스Minneapolis에서는 서머힐 교육철학을 바탕으로 한 학교들을 시의 공립학교들 중 일부로 포함시켰다.[27] 일부 사례로는, 학생과 학부모들에게 선택권을 줌으로써 이웃 학교 진학에 의한 인종별 분리현상을 타파하는 데 도움이 될 것이라는 기대로 이 같은 대안학교들이 설립된 경우도 있었다. 시간이 지나면서, 이러한 대안학교들은 마그넷스쿨magnet schools이라 불리게 되면서 보다 넓은 지역에서 학생과 학부모들에게 폭넓은 선택지를 제공했다. 마그넷스쿨의 개념이 발달함에 따라 선택의 범위는 진보주의 학교들을 제공하는 것 이상으로 확대됐다. 한 학교에 과학이나 예술 같은 특화된 교육 분야가 주어지는 경우가 생겨난 것이다. 오늘날 학군별로 한두 개 정도 진보주의 교육이론을 바탕으로 하는 학교가 있을 수 있겠지만, 대부분의 마그넷스쿨은 교육 접근법에 있어 상당히 전통적이다.

일부 초등학교도 1960년대 후반과 1970년대에 있었던 교육 실험의 욕구로부터 영향을 받았다. 소위 열린 교실이나 열린 학교라는 것이 이 시기의 인기 있는 교육 혁신이었다. 열린 교실은 "교사에 의해 결정되는 수업 대신 학생 주도의 학습"을 활용하고자 했다. 수동적인 교사 중심의 학습이 아닌 능동적인 학습을 목표로 했다. 그러한 교실이나 학교에서는, 아이들이 "자신의 학습을 스스로 계획하고 관심사별로 하나씩 학업을 이행해 나갈 것"[28]이 기대되었다. 열린 학교는 초등학교와 중등학교 모두 전통적인 학교 건물에서 학습 공간을 구분하던 많은 벽들을 없앤 형태로 지어졌다. 특정 교과별로 배정된 학습 센터를 꾸린다는 발상이 상당히 인기 있었는데, 이는 각기 다른 세부 주제 영역에서 "실무 체험 작업"에 참여하는 학생들을 위해 하나의 학습 센터가 되는 큰 교실 안에 여러 작은 영역들을 만드는 방식이었다. 아이들은 과학 학습 센터에서 식물을 분류하며 시간을 보낸 뒤, 사회과 학습 센터로 옮겨 역사적인 유물이나 문서로 작업을 할 수 있을 것이다. 조용히 책을 읽을 학생들을 위해 편안한 독서 코너가 제공될 수도 있다.

이 시기에 엄청난 갈등을 일으켰던 또 다른 교육개혁으로 초등학교에 영향을 미쳤던 것은 총체적 언어학습법의 도입이었다. 수십 년간, 아이들은 학년별 수준에 맞춰 짧은 이야기들로 구성된 기초 독본을 사용해 읽기와 쓰기를 배워 왔다. 또한 학생들에게 익숙하지 않은 단어들을 익히고 발음하도록 하는 발음법 중심의 어학 수업을 크게 강조했다. 학생들은 길고 짧은 모음들을 사용해 단어들을 발음하며 배웠다. 학생들은 각각 발음법과 문법 지식을 강화하기 위해 만들어진 연습 문제집들도 풀어야 했다. 세 번째 책은 철자법 학습을 위한 것인데, 이 책의 연습문제들 역시 발음 훈련이 포함되곤 했다. 학생들이 글짓기 과제를 받는 경우에, 주제는 대개 교사가 선택한 것들이었다. 예를 들어, 개학 첫 주에 아이들은 흔히 여름 방학 동안 무엇을 했는지에 대해 글을 쓰라는 과제를 받았을 것이다.

총체적 언어학습법의 지지자들은 전통적인 방법들이 언어 과목의 기술들을 분리시키는 경향이 있으며, 기초 독본과 연습 문제집들이 아이들에게 흔히 지루하고 흥미롭지 못하다고 여겼다. 그들은 학생들이 "언어를 각각의 부분들로 따로 연습함으로써가 아니라 어떤 목적을 위해 실제로 사용함으로써 습득한다"고 믿었다. 그래서 최고의 아동문학 작품들 위주로 기본 교육과정을 구성하면 학생들은 독서를 사랑하도록 동기를 부여받게 되며, 비평가들이 전통적인 제도에 내재되어 있다고 느끼는 지루함의 문제도 해결할 수 있을 것이다. 철자법과 글쓰기 숙제는 일차적으로 교사에 의해 선택된 문학작품에서 취해야 한다고 제안했다. 그들에 따르면 이런 방식으로 언어 과목 교육과정은 각각의 부분들로 따로 가르치는 것이 아니라 통합될 수 있다. 학급문고가 만들어지고, 학생들에게 자신이 스스로 선택한 책을 읽도록 장려했다. 총체적 언어학습 이론에서는 학생들이 더욱 자주 스스로 책을 읽고 글을 쓰도록 격려를 받는다면, 더 빨리 읽고 쓰기에 필요한 능력을 터득할 것이라고 기대했기 때문이다. 따라서 총체적 언어학습법을 사용하는 교사들은 발음법 중심 수업을 덜 강조하고 학생들에게 단어가 사용된 전후 맥락을 살피도록 가르쳤다. 학생들이 글쓰기를 배우는 동안, 교사들에게는 "창의적인" 철자법을 허용하고 학생들의 작문에 지나치게 많은 붉은 표시를 해 좌절감을 주지 않도록 권장했다. 이는 "언어의 구성 요소들이 아닌 의미"에 중점을 두자는 의도이며 영어 구사 능력은 읽기, 쓰기, 발음으로 나누는 접근법보다 통합된 총체로서 가르쳐야 할 대상이라는 발상이다. 마지막으로, 총체적 언어학습론은 학생들이 "학습에 대해 어느 정도 통제권을 가지도록" 함으로써 "더욱 동기부여가 되고 배운 것을 좀더 오랫동안 간직할 것"[29]으로 기대했다.

언어 과목을 가르치는 데에서 총체적 언어학습법의 지지자들과 전통적 방법을 선호하는 사람들 사이의 갈등은 수십 년 동안 계속돼 왔다. 이는 개별 학교는 물론이고 교육위원회 회의, 주 입법기관들에서조차도 격렬한 논쟁을 야기했다. 캘리포니아에서는 언어 교육법 문제가 주 유권자들을 대상으로 특별 주민투표에 부쳐지기도 했다. 많은 보수주의자들에게 진보주의 교육의 부산물이라 여겨진 총체적 언어학습법은 1980년대에 이르러 여러 면에서 공격을 받았다. 전국적으로 발음법 중심 교육으로의 회귀를 촉구하는 목소리도 커졌다. 그러나 이 교수법 논쟁이 미국 학교 교육과정의 기본 요소인 언어교육에 더욱 다양한 접근 방안을 도입하도록 일조했다는 사실을 의심할 사람은 거의 없을 것이다.

1960년대와 1970년대의 교육 경향을 비판하는 이들이 없는 것은 아니다. 리처드 닉슨 정부(1969~1974) 시절 "학생 시위와 시민권 운동의 요구들"[30]에 대한 격렬한 보수주의적 반응들이 있었다. 역사학자 조엘 스프링은 이 비판자들의 생각을 "빈곤과의 전쟁 프로그램들로부터의 퇴보, 진로교육, 교육 전문가들의 권한에 대한 재강조, 학생 성적 책임제 개념의 확산, 그리고 증가된 시험에 대한 강조"[31]라 요약했다. 대통령으로서 닉슨은 존슨 행정부에서 시작된 사업들이 학업성취에 긍정적인 영향을 미치고 있다는 증거는 거의 없다고 주장하면서 교육에 대한 연방 정부의 지출을 삭감했다. 교육에 대한 연방 정부의 지원 삭감은 "하층민의 학업성취를 위해 학교에서 할 수 있는 일은 아무것도 없으며, 따라서 그러한 노력에 연방 정부의 재정을 사용할 가치가 없다"고 해석한 존스홉킨스 대학 제임스 콜먼James Coleman의 보고서에 의해 일부 정당화되었다.[32] 동시에, 닉슨 행정부는 인종 통합을 위해 추진된 스쿨버스 통학 프로그램들에 대해서도 거리를 두었다.

이러한 20년간의 개혁들은 우리 교육사의 일부라고도 할 수 있는 요요현상의 전형적 특성을 보여 왔다. 여론이 계속해서 변화한다는 사실은 "한편으로, 최소한 아이들의 학습이란 무척 복잡한 문제이고, 한편으로는 우리가 무척 변덕스럽게 유행을 좇는 문화를 가지고 있기 때문"이라 이해될 수 있다. 조셉 피더스톤Joseph Featherstone은 자신의 1976년 책 『학교가 할 수 있는 일What Schools Can Do』에서 "최근의 격식에 얽매이지 않는 열린 교실 개혁의 물결은 항상 성공적이었던 것은 아니었지만, 더욱 많은 학부모들과 교사들이 교육적 실천의 영역에 대해 의식하도록 만들었다"고 썼다. 피더스톤은 계속해서 말하기를, 이것이 많은 사람들로 하여금 "교육에서 다양성은 좋은 것"이라 결론짓게 만들었다고 했다. 그 역시도 시대의 교육적 유행은 "왔다가 가는 것"임에 동의하지만, 그런 시류들은 많은 "사려 깊은 사람들로 하여금 … 아이들을 수동적 교육의 대상으로, 교사들을 교육과정과 정책의 수동적 전달자로 취급하는 학교의 전통적 성향에 대해 의문을 품도록"[33] 만들었음이 틀림없다.

다른 사람들은 1960년대에 시행되었던 교육 사업들에 관해 심각하게 의구심을 피력했다. 1972년에 출판된 책 『열린 교육과 미국의 학교Open Education and the American School』에서, 롤런드 바스Rowland S. Barth는 "흑인 학생들이 주로 다니는 두 군데 도심 빈민가 공립학교에서 열린 교육을 도입하고자 했던 자신의 처참한 노력"을 설명했다. 이 실험의 결과로, 바스는 아이들이 원했던 것은 "안정성과 교사들로부터의 관심"뿐이라는 결론을 내렸다. 그는 "열린 교실과 그 교사들은 두 가지(안정성과 관심) 중 어떤 것도 제공하지 않았다. … 아이들은 익숙하지 않은 교실을 운영하고자 시도하는 모든 교사를, 교사 스스로가 과거의 학급 질서로 돌아가거나 아예 다른 사람으로 대체될 때까지 시험하고 괴롭혔다"[34]라고 썼다.

교육 혁신을 비판하는 책들의 출간과 동시에, 학업능력적성시험

Scholastic Aptitude Test[35] 성적이 하락하고 있다는 사실이 대중에게 알려졌다. 1975년도에 1963-64학년도 이래로 SAT 응시자의 평균 점수가 떨어지고 있다고 발표된 것이다. 게다가 일단의 상류층 인사들은 "사회적 진급"이라 불리는 관행에 대해 격렬히 비판했다. 학업 기대 수준에 미치지 못했기 때문에, 많은 학군들에서는 이제 학생들을 낙제를 하더라도 제 학년에 두는 이 사회적 진급 관례를 폐지했다. 이러한 관례 역시 학생들의 "자존감"에 지나치게 집중한 진보주의 교육자들의 탓이라고 비난을 받았다. 다른 이들은 고등학교에서 심도 있는 학문적 과정에 등록하는 학생이 줄어드는 현상과 함께 이들 코스에서도 학업성취 기준이 낮아지는 듯 보이는 상황을 지적하기 시작했다. 학생들이 이전보다 숙제에 상당히 적은 시간을 보내는 것 같다고 지적한 설문조사들도 있었다. 지미 카터Jimmy Carter 대통령이 임명한 어느 위원회도 "미국인들의 외국어에 대한 무능함은 가히 망신스럽다 할 만하고, 심지어 점점 더 나빠지고 있다"고 결론 내리면서 학교에 대한 비판에 가세했다. 또한 이 보고서는 1965년에서 1979년 사이에 어학 과정 등록 학생 수가 현저히 감소했음을 보여 주었다.[36]

1970년대 후반의 이 모든 비판들은 학교가 미국 학생들에게 우수한 학문 교육을 제공하는 주된 역할로 돌아가야 한다는 요구를 불러일으킨 전조가 됐다. 다른 무엇보다 미국 교육의 우선 사항에 중대한 변화를 일으킨 사건은 아마도 1983년 「위기의 국가A Nation at Risk」라는 보고서의 발행이었을 것이다.

1. Diane Ravitch, *Left Back: A Century of Battles Over School Reform*, (New York: Touchstone, 2000), 383.
2. Editor George F. Kneller, *Foundations of Education*, (New York: John Wiley and Sons, Inc.), 108.
3. [옮긴이 주] 브라운 대 토피카 교육위원회 재판은 1951년 캔자스주 토피카에 사는 8살 흑인 소녀 린다 브라운이 집에서 거의 2km나 떨어진 흑인 학생들만 다니는 학교로 배정 받자 린다의 아버지 올리브가 자택에서 가까운 백인 학생들만 다니는 섬너 초등학교로 전학을 신청했다가 거부당하고 토피카 시 교육위원회를 상대로 소송을 제기하면서 시작됐다. 3년에 걸친 재판 끝에 1954년 대법원이 올리브 브라운의 손을 들어 줌으로써 1896년 이래 미국 남부 17개 주에서 백인과 유색인종이 같은 공립학교에 다닐 수 없게 했던 법이 위헌으로 판결되었다.
4. Lyndon Baines Johnson, *The Vantage Point*, (New York: Holt, Rinehart, and Winston, 1971), 156.
5. [옮긴이 주] 렉싱턴과 콩코드 전투(Battles of Lexington and Concord)는 1775년 4월 19일 매사추세츠 렉싱턴과 콩코드 일대에서 벌어진 미국 독립전쟁의 첫 전투를 말한다.
6. [옮긴이 주] 애퍼매톡스 작전(Appomattox campaign)은 1865년 3월 말-4월 초 버지니아에서 벌어진 일련의 전투. 북군이 승리를 거두며 남북전쟁(American Civil War)을 사실상 종결지은 사건으로 인식된다.
7. [옮긴이 주] 셀마-몽고메리 행진(Selma to Montgomery march)은 1965년 3월 앨라배마주 셀마에서 흑인 참정권을 주장하며 벌어진 평화시위 행진으로 원래는 셀마의 지역 흑인들이 몽고메리까지 행진해 주지사와 면담을 요구하려던 작은 시위였으나, 앨라배마 주지사의 과잉 진압과 마틴 루서 킹 등 유명 인권운동 지도자들의 참여로 전국적으로 주목을 받는 사건이 됐다. 마지막 3차 행진에는 수만 명이 행렬에 동참, 경찰의 진압 없이 몽고메리까지 행진했으며, 인종에 따른 선거권 차별을 금지한 미연방의회의 1965년 선거권법 발의와 통과를 이끌어 냈다.
8. Ravitch, *Left Back: A Century of Battles Over School Reform*, 165.
9. [옮긴이 주] 버싱 프로그램은 공립학교 학생들을 스쿨버스로 통학하도록 한 정책이다. 이 정책으로 아동을 거주 지역에서 먼 학교에도 배정할 수 있게 됨으로써 학교 주변 거주민의 인종 구성에 상관없이 백인, 흑인 학생들을 통합, 배정하는 수단으로 활용됐다.
10. [옮긴이 주] 2차 세계대전 이후 1960년대 미국에서는 불평등에 대한 사회적 관심이 높아졌고 그 원인으로 교육이 지목되었다(콜먼 보고서). 그 일환으로 시작된 헤드 스타트 프로그램은 1965년 빈곤의 악순환을 막기 위한 빈민구제사업의 일환으로 시작된 미국의 교육 지원 제도이다. 이 제도는 부유한 가정 아이들과 가난한 가정 아이들의 출발점을 맞추기 위해 빈곤층의 아이들에게 교육의 혜택을 준다는 취지에서 나왔다. 헤드 스타트는 미국의 연방 정부가 저소득 가정의 유아를 위해 무료 혹은 저렴한 교육비로 조기 유아교육을 제공하는 프로그램이다. 빈민층 가정의 자녀에게 취학 전에 미리

교육을 제공함으로써 경제적·사회적으로 불리한 아동이 초등학교에서 학습부진을 겪지 않도록 하려는 의도에서 시작되었다.

11. L. Dean Webb, *The History of American Education*, (Upper Saddle River, NJ: Pearson Prentice Hall, 2006), 285.

12. Joel Spring, *American Education*, (Boston: McGraw-Hill, 1988), 214.

13. http://bobdylan.com/songs/times.html.(accessed 20 October 2005), 1.

14. Myron Lieberman, *The Future of Public Education*, (Chicago: University of Chicago Press, 1960), 2.

15. Francis Keppel, *The Necessary Revolution in American Education*, (New York: Harper and Row Publishers, 1966), 11.

16. Alfie Kohn, *The Schools Children Deserve*, (Boston: Houghton Mifflin Co., 1999), 21.

17. Jack L. Nelson, Stuart B. Palonsky, and Mary Rose McCarthy, *Critical Issues in Education*, (Boston: McGraw-Hill, 2004), 20.

18. Nelson, Palonsky, and McCarthy, *Critical Issues in Education*, 244.

19. John D. Pulliam and James J. Van Patten, *History of Education in America*, (Upper Saddle River, NJ: Merrill, 1995), 212.

20. Pulliam and Van Patten, *History of Education in America*, 213.

21. Pulliam and Van Patten, *History of Education in America*, 212-13.

22. Stan Dropkin, Harold Full, and Ernest Schwarcz, *Contemporary American Education*, (London: The Macmillan Company, 1970), 265-66.

23. Dropkin, Full, Schwarcz, *Contemporary American Education*, 267-68.

24. Dropkin, Full, Schwarcz, *Contemporary American Education*, 270.

25. Dropkin, Full, Schwarcz, *Contemporary American Education*, 274.

26. Dropkin, Full, Schwarcz, *Contemporary American Education*, 274.

27. Spring, *The American School: 1642-1990*, (New York: Longman, 1990), 368.

28. Spring, *American Education*, 248.

29. Arthur K. Ellis and Jeffery T. Fouts, *Research on Educational Innovations*, (Larchmont, NY: Eye on Education, Inc., 1997), 113.

30. Don Kauchak, Paul Eggen, and Mary D. Burbank, *Charting a Professional Course*, (Upper Saddle River, NJ: Pearson, 2005), 297.

31. Joel Spring, *The American School: 1642-1985*, (New York: Longman, 1986), 314.

32. Spring, *The American School: 1642-1985*, 314.

33. Spring, *The American School: 1642-1985*, 319.

34. Joseph Featherstone, *What Schools Can Do*, (Toronto: Liveright Publishing Corporation, 1976), 5.

35. [옮긴이 주] SAT로 흔히 통칭되는 미국의 대학입학자격 검정시험.

36. Ravitch, *Left Back: A Century of Battles Over School Reform*, 400.

7.

위기의 국가 보고서(1983)와
이를 둘러싼 논란

몇몇 관찰자들은 1980년대 「위기의 국가」 보고서의 영향을 1950년대 스푸트니크 발사의 영향과 비교하기도 했다.[1] 두 가지 모두 학교 개혁의 필요성에 대한 관심을 고조시켰고, 기본 교육과정 과목으로 회귀하려는 노력을 불러왔다는 점에서 결과적으로 비슷하다. 1950년대 사업들이 학교에서의 과학교육을 일부 개선했겠지만, 1960년대의 여러 사건들이 미친 영향도 있는 데다가 스푸트니크 사건 직후의 시기에는 중요한 변화가 별로 일어나지 않았다. 「위기의 국가」 보고서는 이와 달랐다. 이제 우리는 이 국책 연구의 결과로 미국의 공교육체제에 일어난 몇 가지 의미심장한 변화의 동향을 볼 수 있다. 지난 20년간의 여러 변화들은, 어느 교과서에서 "미국인들에게 충격을 줌으로써 교육을 국가적 관심의 중심에 놓았다"[2]고 주장한 그 보고서의 권고사항에 직접적으로 기인하고 있다.

다른 많은 이들도 「위기의 국가」 보고서의 역사적 중요성에 대해 서술했다. 역사학자 다이앤 래비치는 이를 다음과 같이 설명한다.

「위기의 국가」는 교육개혁에서 획기적인 문서였다. 공신력 있는 국가위원회들에 의해 발간된 이전의 수많은 보고서들은 전국적인 언론과 일반 대중의 관심을 받지 못했다. 「위기의 국가」

는 달랐다. 일반 대중이 이해할 수 있는 언어로 쓰인 이 보고서는 미국의 학교가 사회와 경제 변화에 발맞추어 발전해 오지 못했으며, 모든 어린이를 위해 교육이 획기적으로 개선되지 않는다면 국가 전체가 시련을 겪게 될 것이라고 경고했다. 이 보고서는 또한 느슨한 학문적 기준이 해이한 행위 지표와 관련이 있는데, 둘(학문적 기준과 행위 기준) 중 어느 것도 무시해서는 안 된다고 주장했다. 「위기의 국가」는 한 마디로 실천의 촉구였다.[3]

미국교사연맹American Federation of Teachers의 전 회장인 고故 앨버트 생커Albert Shanker는 이 보고서가 나온 지 10년 후 이렇게 말했다고 한다. "그 보고서는 우리가 오늘날 '체계적 개혁'이라 부를 만한 것에 대한 설명이었다. 즉, 학생들이 알아야 하고 할 수 있어야 한다고 생각되는 것들을 찾아내고, 교육제도의 모든 부분—학습 기준, 교육과정, 교과서, 평가, 교사교육—이 이에 따라 합의된 목표를 이루기 위해 종합적으로 움직이도록 해야 한다는 뜻이다."[4] 생커가 1983년부터 이야기한 주요 운동을 요약하면, 다음 내용들을 포함할 것이다;

- 영어, 수학, 과학, 역사, 컴퓨터 교육에 더욱 주안점을 두는 "기본으로 돌아가기" 운동.
- 학교에서 가르치는 모든 주요 과목에서 교육과정의 기준 확립: 이러한 기준은 전 과목에서 학생들이 반드시 알아야 할 것과 할 줄 알아야 하는 것들을 규정한다.
- 학생들이 교육과정 기준에서 규정된 것들을 진정으로 배우고 있음을 확실히 하기 위한 "고부담 시험"의 실시

- 교육과정 기준을 만족시킴으로써 학교가 공적인 책무를 다하도록 할 수단의 확립

이러한 사업들은 당시 레이건 정부가 폐지하기를 바랐던 연방 교육부의 노력으로 시작된 것이다. 공화당은 역사적으로나 헌법적으로 교육이 주 또는 지방 정부의 소관이어야 한다는 입장을 취해 왔다. 레이건 대통령은 연방 정부가 "문제를 해결하는 것이 아니라 연방 정부의 존재 자체가 문제"라는 자신의 견해를 감추지 않았다. 그의 자리가 곧 없어질 수 있다는 사실에도 불구하고, 레이건 대통령의 교육부 장관 터렐 벨Terrel Bell은 당시의 교육현장을 연구하고 학교를 개선할 수 있을 만한 조언을 해 줄 저명한 위원들의 협의체를 만들 시기가 됐다고 생각했다. 경험 많은 교육 행정가이자 연방 정부 관료였던 벨 장관은 백악관이 그런 위원회에 관심이 없다는 사실에도 개의치 않았다. 그는 일부 고위급 대통령 자문위원들의 반대에도 불구하고, 다양한 인사들을 직접 선발해 미국 국민들에게 학교 실상을 알릴 보고서의 작성을 준비시켰다.

이렇게 선발된 이들은 국가우수성위원회the National Commission on Excellence로 불렸으며, 18개월간 캘리포니아 주립대학교의 총장을 맡고 있었던 벨의 친구, 데이비드 가드너David Gardner가 의장직을 맡았다. 이 위원회에는 기업, 고등 교육기관, 학교 행정가들의 대표들과, 교육위원회 대표 한 사람, 그리고 공립학교 교사 대표 한 사람이 선택되었다. 위원회는 연구를 위촉하고 다섯 개 도시에서 공청회를 열 계획을 세웠다. 위원들은 모두 별도의 상근직에 있는 바쁜 사람들이었으므로, 벨 장관은 자료를 수집하고 분석하는 작업을 도와줄 열여섯 명의 연방 정부 직원들을 위원회에 제공했다. 교육부 장관에 의해 작성된 연구 목적 기술서는 이

연구가 다음과 같은 목표를 달성해야 한다는 내용을 담고 있었다.

1. 미국의 공립 및 사립학교와 대학들에서 이뤄지는 학습과 교수의 질에 대한 학술적 문헌들과 자료들을, 특히 십 대 젊은이들의 교육경험에 초점을 맞추어, 종합하고 검토할 것.

2. 일부 선진국 교육체제의 교육과정, 학습 기준, 기대 수준을 미국과 비교하여 자세히 검토하고 비교 대조할 것.

3. 대학 및 전문대 입학 허가 기준과 그보다 낮은 수준의 교육 코스 진학 시 요구 조건에 대해서, 그러한 기준이 특히 고등학교 교육과정과 학업성취의 기대 수준에서 질적 향상과 우수성의 증대에 미칠 수 있는 영향의 측면을 고려해, 연구할 것.

4. 대학입학시험에서 지속적으로 평균 이상의 점수를 받는 학생들을 교육하고, 대학들이 요구한 입학 조건을 남달리 성공적으로 충족시킨 학생들을 배출해 널리 알려진 교육 프로그램들에 대해 조사하고 설명할 것.

5. 미국 교육에서 일어난 주요 변화들과 교육적 성취에 지대한 영향을 미친 지난 25년간의 사회적 사건들에 대하여 검토할 것.

6. 공청회를 열어 미국의 학교와 대학들에서 질 높은 교육과 학문적 우수성을 함양하기 위해 할 수 있고 해야만 할 노력에 대해 다양한 증언과 전문가 조언을 수용할 것.

7. 미국 교육에서 더욱 높은 수준의 우수성을 달성하는 데 문제와 장애가 되는 요소를 가려내기 위해 필요한 모든 조치들을 취할 것.

8. 교육자, 공무원, 관리위원회, 학부모, 그 밖에 미국 교육에 중대한 이해관계를 가지고 있거나 그에 영향을 미칠 수 있는 이들에 의해 실

천될 수 있는 실질적 권고를 작성하며 보고할 것.[5]

1981년 8월부터 시작하여, 위원회는 1983년 4월까지 작업을 계속했다. 다섯 차례의 공청회와 함께, 위원회는 26개의 위촉 연구 보고서를 받았다. 구성원들의 다양한 배경에도 불구하고, 위원들은 만장일치로 최종 보고서를 낼 수 있었다. 각 연대별로 그때까지 많은 국가 위원회들이 보고서를 출간했지만 그 대부분은 곧 잊혀 버렸다. 그러나 이 보고서는 달랐다.

레이건 대통령이 기자들로 가득한 백악관 회견장에서 이 보고서를 발표한 후, 쏟아진 긍정적인 반응에 참모들과 대통령 모두 놀랐다. 라디오와 텔레비전 뉴스 프로그램들뿐만 아니라 인쇄 매체들도 즉시 이 보고서에 대해 보도했다. 전국 대부분의 신문지상에서 일면 기사로 다뤄졌고, 몇몇 신문에서는 보고서 전문을 인쇄하기까지 했다. 이 보고서의 권고들을 지지하는 수많은 논설들이 나왔다. 많은 기사거리들과 달리, 이 보고서는 며칠 동안 계속 뉴스에 나왔고, 벨 장관과 가드너 의장 모두 주요 뉴스 프로그램에 초대되어 인터뷰를 했다.[6]

보고서에 대한 긍정적인 반응은 백악관의 관심을 끌었고, 대통령의 1984년 재선을 위한 캠페인에서 인기 있는 안건으로 채택되었다. 결과적으로, 레이건 대통령은 재선 캠페인 중 보고서의 내용을 62차례나 선별적으로 인용하고 그 권고안에 지지 의사를 밝혔다. 대통령의 재선을 돕기 위해 열심히 일한 뒤, 얼마 지나지 않아 벨은 레이건 행정부가 여전히 학교를 개선하는 데 연방 정부의 능력을 동원할 열의가 없다고 판단했다. 이런 이유로 그는 "배신당했다"고 느끼며 장관직을 사임했다. 레이건 대통령은 언론에 벨 장관이 "개인적인 이유로"[7] 사퇴한다고 발표했다. 벨의 사임에도 불구하고, 이 보고서로 인해 만들어진 개혁의 동기는 훗날 조지 부시George Bush 부통령과 면담을 가진 주지사들에 의해 유지되었다. 각자 자신들의 주로 돌아가서, 그들은 개혁을 진행해 나가기 위한 위원회를 설립했다. 각 주 산업 지도자들의 적극적인 격려와 지지로, 보고서에 제시된 여러 사업들이 채택되었다.

「위기의 국가」 보고서는 1980년대에 발간된 많은 교육에 관한 보고서 중 하나일 뿐이었지만, 어떤 이유에서인지 다른 어떤 보고서보다 미국인들을 자극했다. 그 보고서의 성공은, 최소한 일부는, 미국이 곤경에 처해 있었다는 사실에 기인한다. 레이건 대통령이 집권을 시작했을 때, 경제는 혼란한 상태에 있었다. 전국적인 실업률은 경제 대공황 이후 최고치인 10.7퍼센트에 달했고, 동시에 물가 상승률은 연 12.5퍼센트나 증가하고 있었다. 이 독특한 현상은 "스태그플레이션"이라 이름 붙여졌고, 상승하는 물가를 통제하기 위해 연방준비이사회Federal Reserve Board는 금리를 21.5퍼센트라는 엄청난 수준으로 끌어 올렸다.[8]

동시에 1970년대 후반부터 미국은 점점 더 많은 수의 자국 기업이 외국 업체와의 경쟁에서 밀려나고 있는 상황을 목도하게 되었다. 이 기간 동안 미국의 자동차와 철강 산업의 시장 점유율은 급속히 감소했다. 미국 경제의 문제점들에 대한 설명을 찾으면서, 몇몇 영향력 있는 사업가들은 학교가 경쟁력 있는 노동력을 배출하는 데 실패하고 있는 게 주된 문제라는 공통된 의견을 피력했다. 미국이 1950년대 우주 경쟁에서 뒤처졌을 때 많은 사람들이 학교에 주목했듯이, 미국 사회는 이제 국가가 당면한 불경기의 원인으로 교육기관에 초점을 맞추려고 했다.

「위기의 국가」 보고서의 서론은 매우 도발적인 수사로 다음과 같이 주장한다.

미국은 위기에 처해 있다. 상업, 산업, 과학, 기술적 혁신에 있어서 한때 견줄 만한 상대가 없던 우수성은 전 세계의 경쟁자들에 의해 추월당하고 있다. … 만약 비우호적인 외세가 오늘날 같이 별 볼 일 없는 교육적 성취를 미국에 강요하려 했다면, 우리는 이를 전쟁 행위로 간주하고도 남았을 것이다. 현재로서는, 미국인들이 스스로에게 이런 일이 일어나도록 내버려 두어 온 셈이다. 우리는 스푸트니크 사건에 의한 각성으로 이루어 냈던 학생들의 향상된 학업성취마저도 탕진해 버렸다. 그뿐만 아니라, 우리는 그러한 성취를 가능하게 했던 필수적인 지원 제도마저 해체해 버렸다. 우리는 사실상, 무모하고 일방적인 교육적 무장 해제 행위를 저질러 왔던 것이다.[9]

미국인들에게 학교와 젊은이들에 대한 근본적인 우려가 없었다면 「위기의 국가」 보고서가 경고한 내용들은 그렇게 심각하게 받아들여지지 않았을 것이다. 다이앤 래비치는 『뒤처진 좌파: 학교 개혁을 둘러싼 한 세기의 전투』에서 이렇게 말했다.

1980년대 초반 즈음, 미국에서는 학교의 교육 수준에 관한 우려가 커지고 있었다. 1960년대 말과 1970년대 전개된 학문적 교육과정에 대한 지속적 공격이 그 폐해를 드러내고 있었다. 1980년, 개닛 신문사는 9개 주 22개 학교에 취재기자들을 파견해 조사를 벌였는데, 치어리딩, 학생회, 그리고 대중 매체와 같은 수업에서도 학점을 받을 수 있다는 것을 밝혀냈다. 평균적인 학교에서, 학생들은 매일 세 시간의 수업을 들을 뿐이었다. 학생들은

대부분의 시간을, 심지어 교과를 배우는 수업시간에도, 교과 이
외의 활동을 하는 데 보냈다.[10]

「위기의 국가」 보고서 자체는 미국 고등학교에 만연한 학문적 열의의
결여에 초점을 맞추고 있었다. 서론에 이어 이 보고서는 국가우수성위원
회가 미국 학교들이 직면한 문제라고 보았던 점들을 지적했다. 위험 지표
라 불린 것들 중에서 더욱 극적인 몇 가지 발견들은 다음과 같다.

- 십 년 전에 완료된 학생들의 국제학업성취도 비교에서 미국 학생들
  은 19개 학과 시험에서 단 한 과목도 1등이나 2등을 하지 못했고, 다
  른 산업화된 국가들과 비교할 때, 일곱 번이나 꼴찌를 했다는 것이
  드러난다.
- 일상적인 읽기, 쓰기, 이해력에 대한 아주 간단한 시험 결과에 따르
  면, 2,300만 명가량의 미국 성인들은 실질적으로 문맹이다.
- 대부분의 표준화된 시험에서 현재 미국 고등학생들의 평균적인 학업
  성취는 26년 전 스푸트니크가 발사되었을 때보다 낮다.
- 대학위원회가 주관하는 학업능력적성시험SAT 성적은 1963년부터
  1980년까지 지속적으로 하락하고 있다. 말하기 평균 점수는 50점이
  넘게 떨어졌고, 수학 평균 점수는 40점 가까이 떨어졌다.
- 1969년, 1973년, 1977년의 전국 과학 평가에 의하면, 미국 17세 학생
  들의 과학 학업성취 점수는 지속적으로 하락하고 있다.
- 기업 및 군 지도자들은 읽기, 쓰기, 철자법, 산수와 같은 기본 기능
  을 훈련시키는 값비싼 재교육 프로그램에 수백억 달러를 사용해야
  만 한다고 불평한다. 예를 들어, 해군성에서는 신병의 무려 1/4이 9

학년[11] 수준(단순한 안전수칙을 이해하기 위해 요구되는 최소한의 난이도)의 글을 읽을 수 없다고 국가우수성위원회에 보고했다. 재교육이 없으면, 이들은 현대 군대에서 필수적인 정교한 훈련을 이수하는 것은 고사하고 훈련을 아예 시작조차 할 수 없다는 것이다.[12]

이 보고서는 계속해서 "중등학교 교육과정은 더 이상 중심 목표가 없을 정도로 동질화되고, 학습 동기가 희박하며, 산만해졌다. 사실상, 우리는 전채와 후식이 쉽게 주요리 메뉴와 혼동될 수 있는 카페테리아 같은 교육과정을 가지고 있다"[13]고 주장했다. 보고서에서 지적하고 있는 또 다른 결핍 현상은 숙제의 급격한 감소였다. 미국 학생들이 경쟁국 학생들에 비해 수학과 과학 공부에 아주 적은 시간만을 할애하고 있다는 것 또한 지적되었다. 13개 주에서, 학생들은 자신의 이수 코스 중 50퍼센트 또는 그 이상을 선택과목으로 채울 수 있었다. 국가우수성위원회는 교과서가 출판사들에 의해 점점 더 낮은 읽기 수준으로 "쉽게 쓰였다"고 고발했다.

보고서의 다른 부분은 학교에서 보내는 시간에 대한 비교를 담고 있는데, 영국 학생들은 연간 220일 하루에 8시간씩을 학교에서 보내는 반면, 미국 학생들은 180일간 매일 약 6시간을 학교에서 보낸다고 했다. 「위기의 국가」보고서는 또한 미국 교사들의 자질 부족에 대해 강조했다. 예를 들어, 저자들은 미국에서는 고등학교 졸업생 중 하위 1/4에서 나오는 교사가 너무 많다고 주장했다. 또한 교사가 되려고 준비하는 학생들이 너무 많은 교수법 관련 수업을 듣는 반면, 정작 교과 내용과 관련된 수업은 너무 적게 듣는다고도 주장했다. 그뿐만 아니라, 위원회는 총명한 인재들을 교직에 붙잡아 두기에는 미국 교사의 봉급이 너무 낮다는 결론을 내렸다. 마지막으로, 수학과 과학 분야에서 자격을 갖춘 교사들이 전국적으로 부

족하다고 지적했다.[14]

이처럼 상세한 미국 학교의 결점 목록을 제시한 다음, 「위기의 국가」 보고서는 일련의 권고를 내놓았다. 이 권고를 통해 보고서는 "새로운 기초" 과목들을 나열하고 모든 학생이 고등학교에 다니는 4년 동안 다음과 같이 이 기초 과목들을 이수하도록 요구했다.

- 영어 4년
- 수학 3년
- 과학 3년
- 사회 3년
- 컴퓨터 과학 반년
- 대학 진학을 희망하는 학생들은 이전에 배운 것에 덧붙여 고등학교 재학 중 2년간 외국어 수업을 이수하도록 강력하게 권고된다.[15]

이 글은 계속해서 "측정 가능한 기준"은 물론, 다섯 가지 기초 과목에서의 "학업성취도에 대한 표준화된 시험"을 시행하자고 요구했다. 「위기의 국가」 보고서 발표 이후, 궁극적으로 교육개혁의 내용을 지배하게 된 것은 이러한 권고들이었다. 학교가 이들 새로운 기초를 가르치는 데 도움을 주기 위해 "교과서와 기타 교수-학습 도구들도 향상시켜야 한다"는 제안도 나왔다. 다른 나라들의 학교 수업시간을 고려한 뒤에, 위원회는 미국 학교들이 수업과 숙제에 할애하는 시간을 크게 늘려야 한다고 결론 내렸다. 계속해서 위원회는 주 의회들이 "하루 7시간 수업과 200일에서 220일의 수업 일수를 포함하는 학년 제도의 도입을 심각하게 고려해야 한다"고 제안했다. 교직에 입문하는 개인들의 자질을 향상시키기 위해, 이 보고서는 우수한 교사 지원자들이 보조금과 학자금 대출을 받을 수 있도록 하는 방안도 제안한다. 이와 함께, 더 많은 연봉과 교직 내에서의 승진 기회 역시 제공되도록 조언했다.[16]

학교의 학생 성적 책임 개념이 이 보고서에서 언급되었다. 저자들은 전국의 시민들이 교육자들과 선출된 공직자들에게 이 보고서에 포함된 개혁을 달성하는 데 필요한 지도력을 발휘하도록 책임을 지워야 한다고 지적했다. 따라서 「위기의 국가」 보고서는 미국의 학교들을 개선하기 위해 무엇을 해야만 하는지에 대해 분명한 방향을 제시했다. 여러 사업 중에서도, 이 보고서는 기본으로의 회귀 운동, 교육과정의 기준 정립, 고부담 시험, 학교의 학생 성적 책임제, 교원 자질 향상을 명확히 요구했다.

이 보고서와 1980년대 공교육을 비판한 보수적 성격의 다른 보고서들이 대중 매체나 모든 교육 전문가들로부터 폭넓게 찬사를 받은 것은 아니었다. 「위기의 국가」 보고서의 많은 부분이 강력한 대중적 지지를 받았음에도 불구하고, 보고서 내용을 비판한 이들도 많았다. 보고서가 발표된 다음 달, 〈워싱턴 포스트〉에는 그 내용에 대해 논평한 기사가 28개나 나왔다. 그중 칼럼니스트 조셉 크래프트Joseph Kraft는 이 보고서가 "보수주의자들이 아무런 건설적인 대안 제시도 없이 자유주의자들을 두들겨 패는"[17] 기회가 됐다고 평했다. 일부 자유주의자들은 기분이 상한 반면, 유명한 보수주의자 윌리엄 버클리William Buckley는 이 보고서의 권고사항들이 전혀 새로운 내용을 제시하지 못했으므로 "창의력 없고", "진부하다"고 간주했다. 심지어는 그 보고서의 작문 수준조차 비판을 받았는데, 〈뉴욕 타임스〉의 유머 칼럼니스트 러셀 베이커Russel Baker는 보고서의 저자들에게 "별 볼 일 없이 평범한 것이 A⁺감"이라고 비꼬았다.[18]

역사학자 로렌스 크레민은 그 보고서가 국가의 경제적 문제들을 학교

탓으로 돌리는 것에 대해 비판하며 이렇게 말했다. "국제 경쟁력의 문제들이 교육개혁에 의해 해결될 수 있다고 결론 내리는 것은, 특히 교육개혁이 학교만의 개혁으로 규정될 때, 단순히 유토피아적인 정도가 아니라 … 경쟁력 문제에 진정으로 책임이 있는 사람들로부터 주의를 돌리기 위한, 최상의 경우 바보스럽고, 최악의 경우 어리석은 노력이다. … 이런 행태는 미국 교육사에서 반복적으로 사용되어 온 도구이다."[19]

그 외에도 다른 사람들은 저자들이 미국의 학교에서 어떤 일이 벌어지고 있는지에 관해 암울한 전망을 드러내려고 사용한 자료들의 많은 부분을 문제 삼았다. 예를 들어, SAT 점수가 실제로 떨어지기는 했지만, 이 시험을 보는 학생들 수는 급격히 증가하였다는 점이 지적됐다. 즉, 이 시험을 보는 것은 더 이상 최상위권 고등학생들만이 아니며, 응시자의 표본 분포가 이전보다 훨씬 커졌다는 뜻이다.[20] 미국 학교의 현실에 대해서 보다 긍정적인 결론에 이르도록 다른 자료들이 사용될 수도 있었다는 의견도 제기됐고, 심지어 이 보고서에 포함된 연구들이 "근본적이고 방법론적인 결함"[21]을 지녔다는 비판도 있었다.

조너선 코졸과 여타 사람들은 「위기의 국가」 보고서가 공교육의 문제를 전면에 부각시킨 것을 칭찬하면서도, 저자들이 가장 중요한 문제들에 집중하지 않았다고 믿었다. 코졸이 보기에 일차적인 문제는 미국의 교육체제가 언제나 모든 학생에게 진정으로 평등한 기회를 제공하지 않는다는 사실이었다. 미국이 교육에 재정을 제공하는 방식 때문에, 가장 가난한 지역에 사는 어린이들은 부유한 교외에서 학교에 다니는 젊은이들과 같은 기회를 제공받지 못한다고 본 것이다.[22]

「위기의 국가」 보고서의 가치를 의심하는 사람들이 많았음에도 불구하고, 일반 대중은 대부분 이런 비판적 견해에 대해 알지 못했다. 결과적으로 각 주와 지역사회에서는 보고서의 여러 권고사항들을 시행하기 위해 노력하기 시작했다. 20세기를 통틀어, 진보주의 교육과 연관된 사상들은 실제로 실행된 개혁의 전면에는 나타나지 않았다. 사실상, 진보주의 교육은 존 듀이와 여러 선구자들이 20세기의 첫 50년간, 그리고 다시 1960년대에 규정했던 것처럼, 지난 20년간 미국 교육에서 주된 세력이 아니었다고 결론 내릴 수 있다. 그 이유를 이해하기 위해서는 지난 20년간 미국의 학교들을 형성해 온 사건들에 대해 알아볼 필요가 있다.

1. John D. Pulliam and James J. Van Patten, *History of Education in America*, (Upper Saddle River, NJ: Merrill, 1995), 235. [옮긴이 주] 레이건 정부는 1983년 「위기의 국가」 보고서를 발표하였다. 이 보고서는 진보주의 교육의 '혁신적' 접근에 대해 강한 의구심을 표명하며 미국 정신의 쇠퇴와 함께 오늘의 교육적 난관을 초래한 원인이 진보주의에 있다고 보았다. 따라서 진보주의 교육에 대한 대안으로 신자유주의적 경제정책에 부응하기 위한 국제적 경쟁 교육, 수요자의 선택 확대, 학업성취도 향상, 효율성 제고, 교육의 민영화 등을 주장한다. 읽기, 쓰기, 셈하기(3R)를 강조하는 '기본으로 돌아가기' 운동과 함께 학업 능력과 예절교육, 사회적 책임 의식, 애국심의 쇠퇴를 우려하며 글로벌 경쟁에 대비한 유능하고 숙련된 개인의 육성을 표방했다. 「위기의 국가」에서는 영어, 수학, 과학, 사회과, 그리고 컴퓨터 과학으로 구성된 '새로운 기본' 교육과정을 제시했다. 책을 통한 가르침을 거부하는 진보주의 교육의 '행위를 통한 학습(learning by doing)' 개념은 표준을 결여하고 자기 존중감, 사회정의 그리고 평등이라는 미명 아래 학문적 엄격성을 희생시켰다고 보았다. 이 보고서는 「낙오학생방지법」의 지원을 크게 받은 기본 학업 기술의 향상에 초점을 맞추어 정부의 교육 정책을 학생들의 학업성취도를 증진시키는 방향으로 나가도록 주도하게 된다.
2. Myra Pollack Sadker and David Miller Sadker, *Teachers, Schools, and Society, 6th Edition*, (Boston: McGraw Hill, 2003), 149.
3. Diane Ravitch, *Left Back: A Century of Battles Over School Reform*, (New York: Touchstone, 2000), vii.
4. David T. Gordon, ed., *A Nation Reformed?*, (Cambridge, MA: Harvard Education Press, 2003), 2.
5. U.S. Department of Education, The National Commission on Excellence in Education, *A Nation at Risk: The Imperative for Educational Reform*, April, 1983, app. A, 1-2.
6. Terrel H. Bell, *The Thirteenth Man*, (New York: The Free Press, 1988), 28-32.
7. Wilbur Edel, *The Reagan Presidency: An Actor's Finest Performance*, (New York: Hippocrene Books, 2000), 134.
8. Time-Life Books, *Pride and Prosperity: The 80's*, (Alexandria, VA: Time-Life Books, 1999), 24-26.
9. Sadker and Sadker, *Teachers, Schools, and Society, 6th Edition*, 148.
10. Diane Ravitch, *Left Back: A Century of Battles Over School Reform*, 408.
11. [옮긴이 주] 우리나라의 경우, 중학교 3학년에 해당한다.
12. U.S. Department of Education, The National Commission on Excellence in Education, *A Nation at Risk: The Imperative for Educational Reform*, April, 1983, Introduction, 3.
13. Gordon, *A Nation Reformed?*, 179.
14. Gordon, *A Nation Reformed?*, 179-83.

15. Gordon, *A Nation Reformed?*, 184.

16. Gordon, *A Nation Reformed?*, 186-188.

17. Gerald W. Bracey, "April Foolishness: The 20th Anniversary of a Nation at Risk", *Phi Delta Kappan*, April 2003, www.pdkintl.org/kappan/k0304bra.htm (accessed 4 November 2005), 4.

18. Bracey, "April Foolishness", 5.

19. Lawrence J. Cremin, *Popular Education and its Discontents*, (New York: Harper & Row, 1989), 102-103. [옮긴이 주] 크레민은 거의 80년에 걸친 진보주의 교육의 전개과정을 밝힌 『학교의 근본적 변화: 미국 교육에서의 진보주의, 1876-1957』(1961)이라는 명저를 남겼다. 그는 진보주의 교육의 개념을 미국 진보주의 사상을 교육에서 실현하기 위한 것으로 보았다. 그래서 진보주의 교육은 첫째, 미국의 진보주의 사상이 교육 분야에서도 확산되고 있는 것이며, 둘째, 개인의 삶을 향상시키기 위해 학교를 이용하려는 다양한 노력이며, 셋째, 종합적으로 볼 때 웅대한 인본주의적 노력의 일환에 속하는 것이라고 정리했다. 다시 말해 진보주의 교육은 미국 민주주의의 희망을 성취하기 위한 교육적 노력이라고 본 것이다.

20. Ray Marshall and Marc Tucker, *Thinking for a Living: Education and the Wealth of Nations*, (New York: Basic Books, 1992), 77.

21. Gerald Bracey, "The Propaganda of 'A Nation at Risk'", *Education Disinformation Detection and Reporting Agency*, 15 September 1999, www.americatomorrow.com/bracey/EDDRA/EDDRA8.htm (accessed 4 November 2005).

22. Jack L. Nelson, Stuart B. Palonsky, and Mary Rose McCarthy, *Critical Issues in Education: Dialogues and Dialectics*, (Boston: McGraw-Hill, 2004), 203.

8.

1980년대와 1990년대: 보수주의 교육개혁과 그에 대한 비판들

테렐 벨 교육부 장관의 후임이었던 윌리엄 J. 베넷william J. Bennett의 분석에 따르면,

> 1960년대와 1970년대에 우리는 미국 교육에서 가장 뛰어났던 대부분을 부정하고 무시했다. 우리는 그때까지 해 오던 올바른 일들을 그냥 그만뒀고 지적, 도덕적인 기준이 공격당하도록 내버려 두었다. 전통적인 교육 방안을 팽개치고, 기대 수준을 낮췄으며, 교육과정을 "내다 버렸다". … 그 결과 우리의 안녕은 손상을 입었다. 표준화된 시험 성적이 위험스러울 만치 하락하고, 거의 모든 국제 비교 평가에서 미국 학생들이 좋은 결과를 내지 못하는 현상을 지켜보았다. … 우리 아이들 또한 교육적, 사회적 어리석음에 대한 어른들의 방기가 만든 희생양이었다. 이런 현상들에 대한 대응으로 1980년대에는 교육개혁에 대한 대중적 운동이 태동했는데, 이는 우수성, 좋은 인성, 기초 학습능력의 배양에 새로이 매진하려는 움직임이다.[1]

베넷 장관의 지도 아래 펼쳐진 레이건 행정부의 연방 교육 정책은

5D로 설명된다. 여기에는 "폐지Disestablishment(교육부 폐지), 규제 완화 Deregulation, 분권화Decentralization, 중요도 감축De-emphasis(연방 정부의 중요 정책 우선순위에서 교육의 비중을 줄이는 것), 그리고 가장 중요한 감축Diminution(연방 정부의 교육 예산 삭감)"이 포함되었다.[2]

　연방 정부가 교육 분야에서의 역할을 줄여 나감에 따라, 비평가들은 주 정부와 지역 교육청에게 교육개혁을 주도해 시행하라고 요구했다. 애초에 "교사 월급 인상에서부터 학교 재정 개혁, 교원 성과급, 학교 단위 경영, 학교 내부 구조의 재조직에 이르기까지 모든 것을 다루라는 이런 요구는 "비합리적"으로 보였다.[3] 이런 정책을 수립했던 정치 지도자들은 대부분 미국 남부 여러 지역의 주지사들이었는데, 사우스캐롤라이나의 리처드 릴리, 플로리다의 밥 그레이엄, 아칸소의 빌 클린턴 등이 그들이다.[4] 1980년대 중반에 시작됐던 다른 개혁들에는 졸업 이수 학점의 증가, 더 많은 평가 시행, 교사자격증 취득 요건 강화, 일부 지역의 학교 수업 일수 혹은 수업 연한 연장이 포함됐다.[5]

　이런 모든 시도 가운데 일부 교육사학자들이 사실상 절멸했다고 선언한 진보주의 교육의 신조에 대한 실질적 언급은 거의 없었다. 로렌스 크레민은 20세기 전체를 통틀어 대부분의 진보주의 교육자들이 일치를 보였던 주요 지점은 "학교에서 이뤄졌던 특정 교육 관행에 대한 공통적인 반대"였다고 지적했다. 크레민의 관점에서 보면 여기에는 전통적인 학교에서 수행해 온 다음과 같은 사항들에 대한 비판이 포함된다.

• 지나치게 교재에 의존하는 교수법
• 사실 정보의 암기와 반복 훈련을 통한 기능 습득

- 변화하는 세계라는 개념을 거부하는 고정된 교육 목적과 교육 자료
- 훈육의 형태로 사용되는 겁박 또는 체벌
- 어린이의 경험과 사회적 현실로부터 교육을 고립시키려는 시도[6]

크레민이 보기에 진보주의자들은 그들이 비판했던 교육 관행, 즉 진보주의 교육운동의 쇠락을 초래했던 보수적 관행들에 대항해 통일된 대안을 제시했어야 하는데 그렇게 하지 못했다는 점에서 진보주의는 실패한 것으로 간주했다. 그는 또한 진보 운동이 지지했던 새로운 교육을 위한 발상들이 훌륭한 교사들을 많이 필요로 했다는 점도 실패의 원인이라 진단했다. 미국 학교를 변화시키기에는 그만큼 유능한 교사들이 충분치 않았다는 게 크레민의 견해였던 것이다.[7]

지난 20년간 진보주의 교육의 폐단에 대해 비판하는 글을 쓰거나 강연을 해 온 유력한 평론가들이 많았다. "정치적 자유주의자"라 자처했지만 교육적으로는 "보수적" 또는 "실용주의적" 입장을 보인 저자 E. D. 허쉬 주니어E. D. Hirsch jr.는 진보주의 교육사상이 미국의 학교를 실패로 이끌었고, 사회적 불평등을 더 심화시켰다고 주장했다. 그에 따르면 "더 나은 사회적 정의를 이루고자 하는 자유주의의 목적을 달성하기 위해 유일하면서도 실제적인 방법은 보수적 교육 정책을 추구하는 것"이었다.[8] 이는 미국 사회에서 모든 학생이 성공할 기회를 가지려면 공통의 지식을 반드시 익혀야 한다는 뜻이다. 그의 베스트셀러 『문화적 문해력Cultural Literacy』에서 허쉬는 특히 가난한 소수 인종 학생들에게 보편적 지식의 활용이 반드시 필요하다고 주장했다. 그는 다음과 같이 믿었다.

미국 사회에서 사회경제적으로 최상층에 있는 사람들이 공유

하는 보편적 지식은 모든 시민 또한 이용 가능하도록 만들어야 한다. 이런 보편적 지식이 부족한 사람들은 사회경제적으로 매우 불리한 조건에 놓이기 때문이다. 이 같은 "핵심 지식"은 생산적인 의사소통과 시민들 간의 근본적인 평등의 확립을 위해 필요하다. 그것이 기초 교육을 구성하는 내용이자 공교육의 주요한 초점이 되어야 한다.[9]

허쉬는 이후의 저서에서 모든 학생을 위해 "명확한" 핵심 교육과정을 지속적으로 규정하는데, 거기에는 "모든 학생이 배워야 할 중요한 이름, 날짜, 사상, 언명들의 목록"이 포함돼 있다. 이러한 교육과정을 가지고 허쉬와 그의 동료들은 앞서 진술한 "핵심 지식"을 가르치는 학교를 대략 1천 개 정도 설립했다.[10]

허쉬 같은 사람들 덕분에 개혁을 향한 이런 움직임은 레이건 행정부가 끝나는 마지막 해까지 지속적인 추진력을 얻었다. 조지 H. W. 부시 차기 대통령은 연방 정부가 교육 분야에서 더욱 활발히 움직이지나 않을지 노심초사했다. 새 대통령의 교육 정책을 강조하기 위해 부시 행정부는 「목표 2000Goals 2000」이라는 제목의 문서를 통해 자신들의 목적을 공표했다. 1989년에는 전국주지사협의회 회의 뒤에 여섯 가지 교육 정책 목표가 인쇄물로 발표됐다. 주지사협의회의 의도는 향후 10년 동안의 교육 목표를 설정하는 것이었다. 거기엔 아래의 사항들이 포함돼 있었다.

- 모든 어린이는 배울 준비가 되어 있는 상태에서 학교생활을 시작할 것
- 고등학교 졸업 비율은 최소한 90퍼센트가 될 것

- 학생들은 핵심 교과목들에서 실력을 보여 줄 것
- 미국 학생들은 수학과 과학에서 세계 제일의 성취 수준을 달성할 것
- 모든 성인은 문해력을 갖추고, 경제 분야에서 경쟁할 기술을 갖출 것
- 학교에서 마약과 폭력을 근절할 것

클린턴 행정부 집권기에는 교사교육 프로그램의 개선과 학부모의 학교 운영 참여 증대와 같은 몇 가지 목표가 추가됐다. 이러한 목적을 달성하기 위한 시도로써 국가 교육 표준 및 개선 위원회National Education Standards and Improvement Council가 창립되었다.[11]

이 위원회가 기초 교과목들의 국정 표준 교육과정 제정을 추진하는 데 선봉에 서기로 했다. 각 분야의 전문가들을 활용함으로써 개별 과목에서 학생들이 학년별로 알아야 할 내용들에 대한 합의가 도출될 것으로 기대됐다. 첫 번째로 표준 교육과정 설정을 마치기로 한 집단은 수학 분야 전문가들이었다. 비록 이렇게 만들어진 표준 교육과정을 각 주와 학군에서 의무적으로 받아들여야 한다는 규정은 없었지만, 41개 주는 자신들의 자체 수학교육 표준을 개발할 때 국정 표준을 적어도 부분적으로 수용하였다. 제시된 국정 교과과정에 대한 비판이 여러 곳에서 터져 나온 탓에 사회교과에서는 일이 순조롭게 돌아가지 않았다. 사회교과에는 역사뿐만 아니라 여러 가지 사회과학과 관련된 과목들이 포함되어 있기 때문에, 위원회가 제시한 표준에 부합하는 집단은 거의 없었던 것이다.[12]

결국 공화당이 다수를 차지했던 의회는 국가 교육과정 표준을 개발하려는 사업을 부적절한 것으로 결정했다. 국가적 차원에서 진정한 합의를 도출하기란 무척 어렵다는 현실과 함께 보수주의자들은 교육이 주 정부와 지방 정부의 책임으로 남아 있어야 한다고 변함없이 믿었다. 그들

은 연방 정부 교육부의 권한이 늘어나는 것을 바라지 않았다. 그 결과 모든 주에서는 과목별로 자체의 기준에 의거해 교육과정을 개발하게 되었다. 일부 주에서는 교사들이 각 학년별로 무엇을 가르쳐야 하는지 상세하고 분명한 문서를 내놓은 반면, 다른 주에서 발표한 교육과정 기준은 폭넓은 교육 목표만 기술한 경우도 있었다. 학년별로 특정한 교과 내용의 윤곽을 제시하지 않았던 주들은 교육 목표에 도달하는 방법에 대해 개별 학교와 교사들에게 상당한 정도의 재량권을 부여하고자 했다. 그렇게 함으로써 교사들이 좀 더 창의적으로 나름대로 교수법을 만들어 가도록 하려는 의도였던 것이다. 이러한 주에서는 교사들이 진보주의 교육자들이 제안하는 교수 방법을 더 많이 활용할 수 있었다.

특정 교육과정 기준을 세울 수 있게 된 전환의 계기에도 불구하고, 보수적인 학교 비평가들은 여전히 이 같은 변화에 만족하지 못했다. 『1990년대의 교육개혁Educational Reform in the 90's』의 공동 저자들은 보고서 「위기의 국가」가 발표된 이래 10년 동안 교육개혁의 주안점이었던 "더 엄중한 졸업 요구 자격 도입 등 전통적 수단을 통한 성취 기준의 향상, 교사 봉급 인상, 교사와 학생들에 대한 최소한의 역량 평가 등 … 여러 가지 노력들은, 비록 좋은 의도를 가지고 이뤄졌지만", 학생들의 학업성취도에는 거의 아무런 개선점을 보여 주지 못했다고 결론 내렸다.[13] 이 저서에서 저자들은 개혁 운동의 다음 단계를 예측했다. 저자들은 "국가적 차원에서 수렴되고 있는 몇 가지 요인들을 고려해 보면, 조만간 연방 정부는 목표를 설정하고 이를 고무하는 행위에 무제한으로 나설 것"이라 믿고 있었다.[14] 저자들이 말하고자 하는 바는 평가와 책임의 핵심적 본질에 대해 강조하는 책의 마지막 문단에 담겨 있다.[15] 이 부분에 따르면, 정책 입안자들 사이에서는 이미 교육과정 기준을 손질해서 학업성취도 향상을 보장하기란 어렵다는 공통적 인식이 형성돼 있었다. 따라서 아칸소주 주지사 시절에 「목표 2000」 정책을 강력히 지지했던 클린턴 대통령이 1994년 「미국 학교 개선법Improving America's Schools Act」에 서명하며 교육 분야에서 더욱 적극적인 연방 정부의 역할이 가능하도록 만든 것은 그들이 보기에 예정된 수순이었다.[16]

클린턴 대통령 집권기에 연방 정부는 다양한 조처를 취했으나 그 무엇으로도 공교육에 대한 지속적 비판을 누그러뜨리지 못했다. 1995년 찰스 J. 사이크스Charles J. Sykes는 『우리 아이들을 바보로 만들기Dumbing Down our Kids』라는 도발적인 제목의 책에서 이렇게 판단했다. "미국 학교들은 큰 난관에 빠져 있다. 학교에서 아이들을 돌보는 어른들이 적어서 그런 게 아니다. 학습에 큰 비중을 두지 않는 교육사상이 학교를 지배하고 있기 때문이다."[17] 특별히 사이크스는 다음과 같은 주장을 제기했다.

- 미국 학생들을 바보로 만든 것은 미국의 교육과정과 학교의 성취도 기준을 바보로 만든 직접적인 결과이다. 이런 과정은 수십 년 동안 쌓이고 쌓여 아이들을 학습에서 멀어지게 만들었다.
- 미국 학생들은 여타 선진국 학생들과 효과적으로 경쟁할 수가 없었다. 미국 학교는 다른 나라보다 덜 가르치고, 기대 수준이 낮으며, 더 낮은 성취에 안주하기 때문이다.
- 학생들의 읽기와 쓰기 능력이 뒤떨어진 것은 미국 학교에서 그런 기술을 가르치는—또는 가르치지 않는—방법 때문이다. 미국 학생들은 역사, 지리, 과학 교과에서 많은 기본적인 사실들을 배우지 않는다. 그들의 학교가 대개 이런 것들을 가르치는 데 관심을 두지 않기 때문이다.

- 미국 학생들에게 쓰기, 읽기, 수학 같은 기초 학문 능력이 부족하다
  는 증거가 넘쳐나고 있다. 그럼에도 학교에서는 학생들이 아는 것과
  할 수 있는 것을 다루는 대신에 학생들의 감정, 태도, 신념 같은 이
  른바 "정서적" 학습을 더욱더 강조하고 있다.[18]

세기가 바뀌기 직전에 또 다른 작가 마틴 그로스Martin L. Gross는 사이
크스와 동료들이 제기한 교육 문제들을 언급하면서 이에 대한 자기 나름
의 제안을 했다. 그의 여러 가지 해법은 아래 사항들을 담고 있다.

- 학문적 교육과정academic curriculum을 강화하기 위해 학생들은 영어,
  역사, 과학과 수학을 4년 동안 반드시 배워야 한다. 모든 고등학교
  교육과정에 물리학, 삼각법, 중급 기하학을 비롯하여 철학, 경제학이
  포함되어야 한다.
- 능력이 부족한 교사들을 학교 이사회나 교장이 더 쉽게 해고할 수
  있도록 종신교사제도 관련법을 개정해야 한다.
- 모든 사범대학 학부과정을 폐지하고, 교사 양성은 대학원에서 실시
  하되 입학 자격은 인문학 과정의 학부 학위 취득자에게 부여한다. 학
  부 평균 평점 최소 3.0 이상인 학생에게만 대학원의 교사훈련 프로
  그램 입학을 허용해야 한다.
- 교육학 박사 학위EdD는 폐기되어야 한다. 그것은 잘못된 박사 학위
  이기 때문이다.
- 교원노조는 통제되어야 한다.
- 국가, 주, 지역 단위의 학부모-교사 회의는 해체되어야 한다.
- 평가 기준에 미달한 학교의 재학생들에게는 바우처를 지급해야 한다.

- 대안적인 교사자격증 수여 프로그램의 숫자를 획기적으로 늘려야 한다.
- 상급직이 많은 학교 내 관료주의는 청산되어야 한다.
- 신뢰할 수 없는 과학에 기초를 두고 있는 교육심리학은 교사교육 프로그램에서 제외되어야 한다.
- 난이도 수준이 9학년, 또는 10학년 수준에 불과한 현행 교사자격증 수여 시험은 더 어려워져야 한다.[19]

　이러한 부류의 평론가들은 전통적인 학문적 교수 방법으로 회귀할 것을 주장한다. 그들은 진보주의 교육에 대해 뿌리 깊은 경멸감을 보인다. 언론인들, 보수적 교육자들, 그리고 기업계의 유력 인사들은 공립학교에 대한 비판을 줄곧 이어 왔다. 〈자본주의 매거진Capitalism Magazine〉에 실린 이메일 소식지에서 편집자 웨인 던Wayne Dunn은 공립학교의 개탄할 만한 현 상황에 대한 책임이 누구에게 있다고 생각하는지를 분명하게 드러낸다. 그가 볼 때 문제는 그가 진보주의 교육운동과 동일하게 여기는 '사회화'에 있었다. 던과 그 밖의 다른 인물들에게는 존 듀이의 사상에 길들여진 이른바 '기존 교육계'가 악당들이었다. 그는 듀이가 다음과 같이 말했다고 호도한다. "단순히 사실과 진리를 흡수하는 것은 너무나 개인적인 일이어서 … 쉽사리 이기적인 경향성으로 기운다. 순전한 배움을 목적으로 하는 … 명백한 사회적 동기란 없다. 배움으로부터 얻는 분명한 사회적 이득은 없다."[20] 이 같은 보수적 자본주의자에게 듀이의 언명은 "지난 세기 철학자의 해로운 펜대가 낳은 소산일 뿐"이니 "… 이제는 진보주의 교육을 쓰레기장으로 던져 넣어야 할 최적의 시간이 왔다"[21]고 강변한다.

1990년대 내내 이 같은 비판이 지속되었음에도 불구하고, 1980~1990년대 도입된 교육개혁뿐만 아니라 그 타당성에 대해서 의문을 품은 사람들은 많았다. 보고서 「위기의 국가」가 발표되었던 해에 하버드대학원 교육학과의 학장이던 시어도어 사이저Theodore S. Sizer는 『호레이스의 타협 *Horace's Compromise*』에서 "기계가 채점하는 표준화된 시험들"이 미국의 교육문제를 해결해 주지는 않을 것이라고 썼다. 그 당시 사이저는 많은 이들에게 "당대의 진보주의를 이끄는 대표적인 목소리"로 여겨졌다. 그의 사상은 존 듀이의 주제를 "로버트 허친Robert Hutchin의 관심사였던 지적 습관 및 숙련된 기능의 시현"이라는 문제와 결합시키는 것이었다. 사이저와 그의 지지자들은 사이저의 "최소주의 개혁 방안"을 따르는 1,200여 개의 학교들로 하나의 단체를 조직했다.[22]

「위기의 국가」 보고서가 낳은 또 다른 교육개혁 비판자는 제럴드 브레이시Gerald Bracey다. 공립학교 지지자였던 그는 이 보고서가 사용한 데이터를 신랄하게 비판했다. 1991년에 〈워싱턴 포스트〉에 실린 칼럼에서 그는 이렇게 지적했다. "고등학교 졸업 비율은 사상 최고로 높고, 수학 점수와 읽기 능력 수준은 지난 20년보다 높게 나타났다." 미국 학교는 "다른 나라와 비교해 볼 때 교육에 투입하는 자원이 상대적으로 적다는 사실에도 불구하고 이런 결과를 달성했다"고 그는 계속해서 주장했다.[23] 미국의 학교에 여러 문제가 있다는 점을 인정하면서도, 브레이시는 "교육체제가 실패하고 있다는 주장은 우리를 논점에서 벗어나게 할 뿐만 아니라 교육상황을 개선해 가려는 분위기에 찬물을 끼얹는 행위이다. 누구도 다른 사람들에게 형편없는 자들이라고 지적함으로써 그들이 더 나은 행동을 하도록 만들 수는 없다"고 분명한 견해를 밝혔다.[24] 「위기의 국가」가 발표된 지 20년이 지났지만 브레이시는 여전히 공립학교를 옹호했다. 그는 나라 경제가 어렵던 1980년대에는 학교를 비난하더니 경제 상황이 호전된 1990년대에는 아무도 학교를 칭찬하지 않았다는 사실을 지적했다. 그는 여기서 더 나아가 몇몇 정부 관료들이 "학교에 대한 좋은 소식들을 고의로 은폐했다"고 주장했다.[25]

교육과정 표준화 운동the standards movement과 고부담 시험에 대해 유보적인 입장을 표명했던 또 다른 저명한 교육자는 존 굿래드John Goodlad 였다. 그는 다음과 같이 언급했다.

지난 수년간 나와 토론했던 모임의 구성원들에게 물어보았다. 그들이 보기에 다음 네 가지 주제 가운데 미국 학교를 개선할 방안으로 가장 유망한 하나를 골라 보라고 말이다.

- 모든 주에서 법으로 정해진 표준 교육과정과 시험
- 모든 교실에 자격증을 갖춘 유능한 교사 배치
- 정해진 학업 수준에 도달하지 못한 모든 학생은 상급학년 진급과 해당 학년 이수 자격 불허
- 모든 학부모에게 학교선택권 부여

2001년에 전국 학교운영위원회 연합 연례대회에 참석한 약 천여 명의 청중 가운데 오직 한 사람만이 첫 번째를 선택했다. 나머지 모든 사람은 두 번째를 골랐는데, 사실 어떤 집단을 막론하고 같은 질문을 하면 이처럼 거의 만장일치로 같은 항목을 고른다.[26]

조너선 코졸[27] 역시 훌륭한 학교를 만드는 데에서 핵심은 교사들이라고 믿는다. 그에게 "내가 아는 가장 우수한 교사는 시인과 같은 마음을 가지고 가르치는 일의 예측 불가능한 측면과 교실에 있는 모든 아동의 개성을 사랑하는 인물"이라고 말했다. 그는 또한 이처럼 뛰어난 교사들은 "학교 사업을 하려는 것이 아니라 아이들을 가르치려고 교직에 입문한다. 교사들의 자발적 의지에 따르지 않고 정형화된 표준에 의거해 가르치게 하면 교사를 단순 기술자로 만들게 될 것이고, 그러면 우리의 학교는 최고의 교사들을 잃을 것"[28]이라고 확신한다.

뉴욕시의 뛰어난 학교 행정가인 데버라 마이어Deborah Meier는 미국 교육에 위기가 존재함을 인정하지만 그 실체는 「위기의 국가」 보고서에 기술된 내용과는 다른 것이라고 말한다. 그녀가 보기에 문제는 "미국에서 가장 취약한 시민들, 즉 가난한 가정의 학생들을 위해 평등과 정의를 제공하는 것"이다. … 따라서 "미국이 직면하고 있는 진정한 위기는 사회적인 것이지 학업적, 교육적 문제가 아니다. 배고픔과 가난에 시달린 상태로 학교에 오는 아이들은 더욱 엄격해진 학업성취도 기준으로는 별 도움을 받지 못할 것"이라고 주장했다.[29] 그녀는 계속해서 오늘날 모든 주의 수많은 교육자들은 "표준화 기반 교육활동이 잘 기능하기 위해서 필요한 지원이나 자원 없이 학생, 교육자, 학교가 달성해야 할 성취도 기준이 걸핏하면 높아지고 있음을 호소한다"고 말했다.[30]

사이저, 브레이시, 코졸, 마이어를 비롯한 다른 저자들이 1990년대 공교육의 방향에 대해 공개적으로 비판하던 그 10년 동안, 연방 정부가 교육 분야에서 추진해 온 정책은 지속적으로 추진력을 얻었다. 공화당이 공교육 분야에서 연방 정부의 역할과 관련해 전통적으로 취했던 소극적인 입장에도 불구하고, 1990년 선거에서 승리하자 조지 W. 부시 대통령은 국정 운영을 위한 입법 순위에서 학교 개혁을 우선시했다. 2002년, 「초·중등교육법」의 주요 부분인 타이틀I이 의회의 재승인을 받기 위해 제출되자, 부시 행정부는 절호의 기회를 잡았다. 몇 달 동안 양당 사이의 토론과 의미심장한 타협을 거쳐 「낙오학생방지법」이라 이름 붙은 결과물이 의회 심의를 통과했다. 이 법안은 학교들이 전례 없던 학생 성적 책임제를 받아들이도록 만들 수단으로 연방 정부가 타이틀I에 광범위한 재정을 투입하려는 시도였다. 현재로서는 이 법이 궁극적으로 미국 학교를 개선시킬 수 있을지 언급하기에 너무 이르다. 혹자는 의무적 학업성취 기준, 고부담 시험, 학교의 성적 책임제를 담고 있는 이 법이 진보주의 교육에 마지막 결정타를 날리게 되리라 쉽사리 결론 내릴지 모른다. 하지만 그런 결론에 이르기에도 아직 이른 듯하다. 이 법의 잠재적 영향력을 규명하기 위해서는 우선 그 목적과 내용을 분석하는 일이 필요하다. 이 부분이 바로 다음 장에서 다룰 주제가 될 것이다.

1. William J. Bennett, *Our Children and Our Country*, (New York: Simson & Schuster Inc., 1988), 9-10.
2. Kathryn M. Borman, Piyush Swanmi, and Lonni P. Wagstaff, eds., *Contemporary Issues in U.S. Education*, (Norwood, NJ: Ablex Publishing Corporation, 1991), 164.
3. David T. Gordon, ed., *A Nation Reformed?*, (Cambridge, MA: Harvard Education Press, 2003), 26.
4. Gordon, *A Nation Reformed?*, 26.
5. Gordon, *A Nation Reformed?*, 8.
6. Allan C. Ornstein, *Teaching and Schooling in America*, (Boston: Pearson Education Group, Inc., 2003), 319.
7. Ornstein, *Teaching and Schooling in America*, 319.
8. E. D. Hirsch, Jr., "Why Traditional Education in More Progressive", *American Enterprise Online*, March/April 1997, http://www.taemag.com/issues/artiucleid.16209/article_detali.asp (accessed 23 September 2005).
9. Jack L. Nelson, Stuart B. Palonsky, and Mary Rose McCarthy, *Critical Issues in Education: Dialogues and Dialectics*, (Boston: McGraw-Hill, 2004), 235.
10. Diane Ravitch, *Left Back: A Century of Battles Over School Reform*, (New York: Touchstone, 2000), 419-20.
11. Joel Spring, *American Education*, (Boston: McGraw-Hill, 1998), 22.
12. Ravitch, *Left Back: A Century of Battles Over School Reform*, 232-34.
13. Chester E. Finn, Jr., and Theodor Rebarter, eds., *Education Reforms in the '90s*, (New York, McMillan Publishing Company, 1992), vii.
14. Finn and Rebarter, *Education Reforms in the '90s*, 191.
15. Finn and Rebarter, *Education Reforms in the '90s*, 192
16. National Conference of State Legislatures, "No Child Left Behind Act of 2001", 2004, http://www.ncsl.org/grograms/educ/NCLBHistory.htm (accessed 15 March 2004), 1.
17. Charles J. Sykes, *Dumbing Down Our Kinds*, (New York: St. Martin's Press, 1995), ix.
18. Sykes, *Dumbing Down Our Kinds*, 9-10.
19. Martin L. Gross, *The Conspiracy of Ignorance*, (New York: St. Martin's Press, 1999), 248-254.
20. *Capitalism Magazine*, "Progressive Education and Taping Kids to Dumpsters", May 3, 2004, http://cammag.com/article.asp?ID=3661 (accessed 5 July 2005), 2.
21. *Capitalism Magazine*, "Progressive Education and Taping Kids to Dumpsters", 3.
22. Ravitch, *Left Back: A Century of Battles Over School Reform*, 418.

23. Charles P. Cozic, ed., *Education in America*, (San Diego: Greenhaven Press, Inc., 1992), 25.

24. Cozic, *Education in America*, 31.

25. Don Kuchak, Paul Eggen, Mary D. Burbank, *Charting a Professional Course: Issues and Controversies in Education*, (Upper Saddle River, NJ: Pearson, 2005), 315.

26. John D. Pulliam and James Van Patten, *History of Education in America*, (Englewood Cliffs, NJ: Prentice Hall, 1991), 159.

27. [옮긴이 주] 조너선 코졸의 『야만적 불평등: 미국의 공교육은 왜 실패했는가*Savage Inequalities: Children in America's School*』는 1988년부터 1990년까지 미국의 도심 빈민가 30여 곳을 돌아다니며 취재한 열악한 교육현장에 대한 보고서이다. 뉴욕 할렘과 보스턴의 소외 지역 아이들을 가르치면서 교육과 사회정의의 문제에 전념한 교육자인 코졸은 미국의 공교육 시스템에서 가난한 부모를 둔 아이들이 어떻게 '분리'되고 '배제'되어 가는지를 밀착 취재했다. 이 책에서 저자는 미국 사회가 해결해야 할 가장 시급한 문제인 빈부의 양극화와 인종 갈등과 맞물린 교육 불평등의 참혹상을 통렬하게 폭로한다. 특히 미국의 공교육이 왜 실패했는가에 대한 저자의 집요한 추적과 그 결론은 현재 지역별 교육 격차가 심화되고 점점 부익부 빈익빈의 차별적인 교육이 이루어지는 우리 교육 현실에도 많은 시사점을 던져 준다.

28. Nelson, Palonsky, and McCarthy, *Critical Issues in Education: Dialogues and Dialectics*, 163.

29. Nelson, Palonsky, and McCarthy, *Critical Issues in Education: Dialogues and Dialectics*, 165.

30. Nelson, Palonsky, and McCarthy, *Critical Issues in Education: Dialogues and Dialectics*, 166.

9.

낙오학생방지법

2000년 대통령 선거 운동이 진행 중일 때까지도 1990년대에 시도된 교육개혁들은 학생들의 시험 성적을 극적으로 향상시키지 못했다. 「목표 2000」 프로그램에 의해 수립된 야심찬 목표들은 사라졌으며, 민주, 공화 양당은 학교의 고질적인 문제를 해결하기 위한 다른 방안을 모색하기 시작했다. 공화당의 일부 보수적 의원들은 지방 정부와 주 정부가 연방 정부로부터, 특히 「초·중등교육법」 타이틀I을 통해 지원받은 재원을 더 융통성 있게 사용하는 방법을 찾아 주려고 노력했다. 다른 공화당 의원들은 부모가 그들의 자녀를 위해 공립학교나 사립학교를 선택해서 보낼 수 있도록 허용하는 바우처voucher 시스템을 지지했다.[1]

2000년 대통령 선거 운동에서 조지 W. 부시는 교육개혁의 쟁점을 강조했다. 대통령 후보로서 부시는 그가 주지사를 역임하는 동안 시행된 텍사스 교육개혁의 성과를 자신의 공으로 내세웠다. 비록 이 개혁안은 부시의 전임자였던 민주당 앤 리처즈Ann Richards가 이미 시작한 것이었지만, 주지사 부시는 개혁안의 법제화를 위해 "강력한 조치를 취했음"을 강조했다. 이 개혁안의 성과가 지나치게 부풀려졌다는 사실에도 불구하고, 부시는 대선 유세 내내 교육 관련 토론에서 주도권을 잡을 수 있었다. 반면 민주당 대선 후보 앨 고어는 "공화당원들이 야심찬 교육개혁 의제를 밀어

붙이는 동안, 교육 정책에 대해 확실한 자신의 견해를 보여 주지 못했다."
공화당은 교육개혁안으로 아래 사항들을 지지했다.

- 사립학교 바우처 제도
- 발음법 중심의 읽기 프로그램
- 인성교육
- 금욕적 성교육

일부 보수적 당원들은 별로 열성을 보이지 않았으나, 공화당은 주별 표준 교육과정과 고부담 시험을 의무화하는 방안도 선호했다.[2]

선거 후 부시 행정부는 공화당이 기획한 법률을 입안하는 작업에 들어갔다. 30년 이상 미국의 학교들은 개선된 읽기와 수학 프로그램을 제공한다는 명목으로 워싱턴 정부로부터 재정 지원을 받아 왔다. 이를 위해 각 학군에 지급된 예산은 해당 학군의 학교에 다니는 저소득층 아이들 수에 따라 결정되었다. 이 프로그램은 정부 관료들이 주의 깊게 관리했으며, 재정의 대부분은 학습 부진 학생들을 담당할 교사를 추가 채용하는 데 들어갔다. 이러한 지원의 효과를 정확히 확인하기란 어려운 일이었지만 학생들의 읽기와 수학 성적을 극적으로 향상시키지 못한 것은 사실이기 때문에, 비평가들은 정부 재정을 활용할 더 나은 방안이 있을 거라고 주장했다.

「낙오학생방지법」[3]의 최종 통과를 앞두고 이루어진 의회 논쟁에서 여러 절충안들이 제기되었다. 매사추세츠주의 테드 케네디 같은 민주당 의원들은 수년 동안 연방 정부가 모든 아이에게 동등한 교육 기회를 제공하도록 더 적극적으로 관여할 것을 촉구해 왔다. 특히 그는 교외의 부유한 가정 출신 아이들처럼 저소득층 아이들도 교육에서 성공할 수 있는 동일한 기회를 가질 수 있도록 연방 정부가 가난한 아이들이 다니는 학교에 재정을 지원하길 원했다. 대부분의 자유주의 성향 민주당 의원들에게 이 방안은 주 정부와 지방 정부의 부족한 지원으로 어려움을 겪고 있는 학교들을 위해 연방 정부가 재정 지원을 크게 늘려야 함을 의미했다. 보수적인 공화당 의원들은 「낙오학생방지법」 통과를 위한 민주당의 동의를 얻기 위해서 학교 재정 지원을 늘리는 정책에 동의해야만 했고, 전국적 차원에서 실시하려 했던 바우처 제도를 적어도 잠시 동안이나마 유보하는 데 합의해야 했다. 두 개의 교원노조뿐만 아니라 민주당 의원들까지 반대했음에도 불구하고, 학부모의 선택 서비스를 일부 부여할 가능성은 최종 법안 심사에서 완전히 배제되지는 않았다. 마침내 법안 투표가 이루어졌을 때, 여러 중재안들이 양당의 압도적 찬성으로 승인되었다. 이 법은 하원을 찬성 381 대 반대 41로 통과했으며, 상원에서는 찬성 87 대 반대 10으로 통과했다.[4]

거의 2,100쪽에 달하는 「낙오학생방지법」은 교육 부문에서 연방 정부가 가진 모든 계획을 담고 있었다. 대단히 야심찬 이 법의 목표는 2013-2014학년도까지 모든 학생과 학교를 "유능하게" 만드는 것이다. 이 법의 모든 부분을 요약하는 것은 불가능하지만, 미국 학교에 가장 큰 영향을 미칠 중요한 몇 가지 조항들은 다음과 같다.

- 학교, 구, 그리고 주는 주 정부에서 각기 개발한 교육과정 표준에 대한 학생의 지식수준을 시험을 통해 확인하고 이를 연간 적정 수준 향상도Adequate Yearly Progress: AYP[5]로 보여 주어야 한다. 각 주의 교육과정 표준은 모든 주요 교과목 영역에서 만들어질 것이다. 평가 결

과는 학생 전체에 대해서는 물론 특정 학생 집단의 성적을 별도로 "분리해" 제시해야 한다. 구분될 집단은 다음과 같다.

1. 경제적으로 소외된 학생
2. 주요 소수 인종과 소수 민족 출신 학생
3. 장애 학생
4. 영어를 제2언어로 사용하는 학생ELL[6]

- 학군의 모든 교사에 관한 정보뿐만 아니라 학생의 시험 성적과 관련된 모든 정보는 일반 국민들에게 매년 공개되어야 한다. 이 "전국 교육 성취 평가표report card"는 학군들 간에 비교 결과를 포함해서 발표될 것이다. 이렇게 의무적 보고를 규정한 목적은 모든 학교가 지역 사회에 교육 성과에 대한 책임을 지도록 하려는 데 있다.[7]

- 평가 결과 "개선이 필요함"으로 분류된 학교들에 대해서는 법으로 개선 작업을 위한 추진 일정이 규정된다. 이들 "성취도가 낮거나" 아예 "부적합 수준"인 학교들은 개선을 위한 조치를 이행해야 한다. 개선 조치에는 다음 사항들이 포함된다.

1. 2년 연속으로 AYP를 충족시키지 못한 학교는 "개선이 필요함"으로 판정받는다.

2. 3년 연속 AYP를 충족시키지 못한 학교는 저소득층 가정의 학생에게 '학부모의 선택' 서비스를 제공하는 기관으로부터 보충 교육을 받을 수 있는 기회를 주어야 한다. 영리를 목적으로 한 교습 회사들이 이런 서비스 제공자에 포함될 수 있다.

3. 4년 연속 AYP 평가를 통과하지 못한 학교는 다음의 수정 조치들 가운데 최소한 하나 이상을 이행해야 한다. 즉 교직원 교체, 새로운 교육과정 시행, 학교 관리자의 권한 축소, 학교 운영을 조언할

외부 전문가 임명, 수업일수나 학기 연장 또는 학교 내부 조직 재편성.

4. 5년 연속으로 AYP가 기준 미달인 학교는 구조조정을 해야 한다. 이는 차터스쿨charter school로 개편 후 재개교, 교직원 전체 혹은 부분 교체, 주 정부의 학교 운영권 인수, 학교 지배구조의 전면 재조직 같은 사항들을 포함한다.[8]

• 「낙오학생방지법」은 특히 저학년 아이들에게 읽기 교육을 더 강력하게 시킬 것을 강조한다. 새로운 '읽기 우선 지원 프로그램Reading First grant program'이 「낙오학생방지법」에 들어 있다. 이 프로그램들 가운데 하나를 지원받게 되는 학군은 읽기를 제대로 배우지 못할 위험이 있는 K-3학년[9]의 아이들을 위해 재정을 활용할 것이다. 또한 정부 지원금은 K-3학년의 교사들에게 읽기 지도를 위한 전문 능력을 개발할 수 있는 기회를 제공한다.

• 또한 「낙오학생방지법」에는 교사의 질을 높이기 위해 주 정부를 지원하는 새로운 프로그램도 있다. 이러한 프로그램은 학교가 수준 높은 교사를 준비, 교육시키고 채용하기 위한 과학적 연구를 활용할 수 있도록 돕는 데 역점을 두고 있다.

• 「낙오학생방지법」은 안전하고 마약 없는 학교를 만들고자 하는 주 정부와 지역 학군들을 돕기 위한 조항도 포함한다. 주 정부는 위험한 학교에 계속 다녀야 하는 학생들이나 학교 폭력 범죄의 피해를 입은 학생들을 안전한 학교로 전학시켜 주어야 한다.[10]

「낙오학생방지법」의 마지막 부분은 오직 질적으로 우수한 교사만 학교에 남아야 한다는 의무 조항을 다루고 있다. 이 법의 원안은

2005-2006학년도까지 학군들이 "핵심 교과목의 모든 교사는 높은 자질을 갖춰야 한다"는 점을 준수하도록 시한을 정해 두었다. 이는 모든 교사가 해당 교과목에서 "주 정부가 수여하는 인증서나 교사자격증"을 취득해야 함을 의미한다. 초등 교사의 경우, 교육과정 전 분야에 걸친 엄격한 자격시험 통과와 함께 학사 학위를 최소한의 학력 조건으로 규정하고 있다. 중·고등학교 교사는 "자신이 가르치는 과목에 대한 엄격한 시험"[11]을 통과해야 한다. 「낙오학생방지법」의 다른 여러 조항들과 마찬가지로 이 조항 역시 개정되었으며, 교사 자질 증명 확보를 위한 시한도 연장되었다. 학군들은 「낙오학생방지법」의 이 조항을 이행하기 위해 일 년의 시간을 더 쓸 수 있게 되는데, 이는 주 정부가 그때까지 정책의 우선순위를 재정리하고, 교수진 자질 향상을 책임지는 데 필요한 시스템을 구축해 온 바에 따라 허용 여부가 정해질 것이다. 추가로 이 조처는 주 정부가 어떻게 계획을 수행해 나가고 연방 공무원들은 어떻게 그 결과를 면밀히 조사할지에 대한 지침을 밝힐 것도 요구하고 있다.[12]

위 조항들은 수천 페이지에 달하는 법 가운데 단지 핵심적인 부분일 뿐이다. 「낙오학생방지법」의 복잡한 특징에도 불구하고 부시 행정부는 상하원 의회에서 대다수 의원들로부터 법안의 지지를 이끌어 낼 수 있었다. 법이 통과되고 몇 주 동안은 연방 정부의 이 새로운 공교육 개혁안에 대해 대체로 긍정적인 반응이 많았다. 그러나 주 정부와 학군들이 법의 구체적 사항들과 시행을 위한 세부 행정 지침들에 대해 자세히 알게 되자 심각한 반대 여론이 일기 시작했다. 불만의 목소리는 주 정부 관리들뿐 아니라 개별 학군들에서도 나왔다. 2004년 대통령 선거 운동이 한창일 때 케네디 상원의원과 「낙오학생방지법」에 찬성했던 다른 민주당 의원들까지 부시 대통령이 공약한 교육 기금을 조달하지 못한 것에 대해 비판하기 시작했다. 매사추세츠주의 동료 상원의원 존 케리를 위한 선거 운동에서 케네디는 의회가 타이틀I 시행을 위해 185억 달러를 승인해 주기로 이미 합의했으나 부시 대통령은 최종안으로 겨우 123억 5,000만 달러의 예산만을 의회에 제출했다고 진술했다. 그는 계속해서 "부시 대통령은 학교에 충분한 재정을 지원하고 있다고 생각한다. 미국의 많은 학부모와 교사들과 나는 그렇게 생각하지 않는다"라고 말했다.[13]

의회 의원들만 비판한 것은 아니었다. 주 의회, 전미교육협회 같은 교원 노조들, 개별 학군들 역시 「낙오학생방지법」의 조항들에 대해 법적인 이의를 제기했다. 2005년 9월 새 학기가 시작될 무렵, 50개 주 중 47개 주에서 이 법의 일부 시행령을 거부하는 반대 집회가 있었다. 20개 주에서는 「초·중등교육법」 타이틀I에서 지원 가능한 연방 보조금을 포기하는 한이 있더라도 이 법의 일부 혹은 전체 요구 조항을 삭제하자는 제안이 논의되기도 했다. 물론 이 지원금은 「초·중등교육법」 전체를 이행하도록 하려는 연방 교육부의 유인책이었다. 코네티컷주는 연방 정부가 제공하는 지원금이 새로운 법의 요구사항을 시행할 만큼 충분하지 않다며 법적 소송을 제기했다.[14] 이에 유타주 의회도 「낙오학생방지법」이 자신들 주의 교육 정책 및 목표에 상치되기 때문에 이를 시행하지 않을 거라고 연방 교육부에 통보했다. 부시 대통령이 주지사를 역임했던 텍사스주조차 일부 요구 조항 이행을 거부했으며, 법 이행 결과에 대한 자료 보고 마감 시한을 준수하지 못해 44만 달러 이상 벌금을 부과받았다. 텍사스는 특히 「낙오학생방지법」에서 학습 장애 학생들을 평가하도록 요구한 조항을 무시하기로 결정해 문제가 됐다.[15]

2007년 「낙오학생방지법」에 대한 재평가를 놓고 법 시행을 효과적으로 관리하려는 연방 교육부로 인해 갈등이 지속됐다. 계속된 많은 비판에 직면하자 교육부 장관 마거릿 스펠링스Margaret Spellings는 법의 집행과 관련된 여러 쟁점들에 대해 타협안을 내놓았다. 우선 학군들이 질적으로 우수한 교사만 채용해야 한다는 의무 조항을 충족하는 데 필요한 마감 시한을 연장해 주고, 보고 절차—특히 특수교육 아동에 대한—관련 규정들을 수정했다.

연방 정부의 재정 적자가 지속적으로 증가한 탓에, 교육개혁법 시행을 위한 재정을 충분히 마련하는 문제는 부시 행정부를 계속해서 괴롭혔다. 2005년 7월 〈뉴욕 타임스〉는 저소득층 학생들을 위한 연방 교육재정 예산이 줄어들었다는 기사를 발표했다. 기사는 타이틀I에 대한 정부 지출 총액은 증가했지만, 극빈 지역 학군을 위한 교육재정은 다음 해에 3.2%까지 감소할 것이라고 보도했다. 교육 정책 센터에서 실시한 분석은 부시 행정부가 「초·중등교육법」의 목표를 달성하려는 데 진정성이 없다는 비판자들의 주장에 새로운 근거 자료를 제공해 주었다.[16]

「낙오학생방지법」이 통과된 이래로 그 법을 비판한 많은 이들 가운데 스스로를 진보주의 교육자라고 생각하는 사람들이 여럿 있다. 자신을 진보주의 교육자로 소개하는 해럴드 버랙Harold Berlak은 "진보주의 교육자는 학습자와 소통하고, 상상력과 인지적, 예술적 표현을 길러 주며, 사회-정서적, 도덕적 발달을 촉진하는 데 목적을 둔다"고 주장했다. 그에게 진보적 교육은 "학생 중심" 학습이며, "전인적 어린이"에게 관심을 기울이는 것이다. 두말할 필요 없이, 이런 철학은 한 세기 전 듀이가 저술했던 것과 일치한다. 버랙이 「낙오학생방지법」에 따른 교육개혁에서 가장 우려했던 부분은 "읽기(뒤이어 수학도)를 가르치기 위한 모든 교육과정의 자료와 서비스가 과학적 근거에 의해 이미 입증된 것이어야 한다"는 점이었다. 그는 이러한 방식은 "교육과정의 자료들을 검열해 정부의 친기업적, 우파적 교육 의제에 적합하지 않은 교수 방법들을 배제"할 것이라고 주장했다.[17]

버랙은 현재 상황에 대처하기 위해 "진보주의 교육의 정치적, 교육적 근본 가치"를 재천명할 "새로운 통합된 교육운동"을 요청한다. 그에 따르면, 이러한 운동은 상당수의 미국인들이 이미 받아들인 진보주의 교육이 역사적으로 실패하지 않았다는 인식을 대중들에게도 납득시켜야 한다.[18]

많은 미국인이 「낙오학생방지법」에 포함된 개혁들에 혼란스러워하지만 아마도 대부분은 이 법이 기본으로 돌아가자는 전통적 교육 방식을 강조하고 있다는 점은 알고 있을 것이다. 모든 학년의 모든 교과목에 적용되는 특정 교육과정 기준은 고부담 시험과 함께 학부모들에게 시험이 중요하다는 인식을 불러일으켰다. 많은 이들은 교사가 "시험을 위해 가르치는 것"에 중압감을 가지고 있다고 주장한다. 얼 해들리Earl Hadley는 미국의 미래를 위한 연구소the Institute for America's Future 간행물에 「낙오학생방지법」이 실행되고 있는 방식에 대해 기고했다. 해들리는 결국 배움이 아닌 시험에만 집착하도록 부추기게 되므로 연방 정부가 평가 결과에 따라 재정 지원을 유보하고, 시험 성적이 낮은 교사들을 해고하는 식으로 위협적 수단을 사용하는 것에 반대한다. 시험에 치중한 교육은 잘 해봐야 교육과정이 시험 과목들로 축소되는 현상으로 귀결된다. 머지않아 어학 과목들, 수학, 과학을 제외한 과목들은 교육과정에서 소외될 것이다. "가장 심각한 문제는 중압감 때문에 교사들이 학생들의 시험 점수를 올리려고 부정한 속임수를 쓰게 만들 수 있다는 점이다." 다른 이들도 시험이 학생의 학업에 대한 부담을 가중시킬 것이라고 비판한다.[19]

「낙오학생방지법」에 따른 현 교육개혁의 문제점을 지적하고 있는 많은 이들이 진보주의 교육의 접근법을 지지하고 따르는 것은 놀라운 일이 아니다. 그러나 지금까지의 학업성취도 향상에 대한 요구를 감안하면 혹자는 과연 그러한 요구가 주는 압박이 학교에 대한 미국인들의 생각에 또 다른 역사적 전환을 가져올 만큼 충분히 강했는지 의문을 제기할 수도 있을 것이다. 아니면 이렇게 다른 방식으로 물을 수도 있겠다. 미국인들은 정말로 진보주의 교육의 종말을 본 것일까? 새로운 세기를 시작하는 시점에서, 존 듀이와 진보주의 주창자들에 의해 형성된 학교에 「낙오학생방지법」이 결국 어떤 영향을 미칠 것인지를 가늠하란 어렵다. 또한 사람들이 현재 미국의 교육개혁 운동에 환멸을 느끼게 됨으로써 진보주의 교육사상이 다시 갱신될 가능성도 있다.

이 책의 나머지 부분은 이러한 물음들에 답하는 데 할애할 것이다. 이를 위해 먼저 미국에서 계속 번창하고 있는 초기 진보주의 운동의 흔적을 검토할 것이다. 오늘날 많은 부모들은 어린 자녀들을 몬테소리 학교에 보내고 있다. 몬테소리 교육법의 배움에 대한 접근 방식이 인기를 끈다는 것은 미국에서 진보주의 교육이 여전히 강한 시장 경쟁력을 갖추고 있음을 시사한다. 따라서 다음 장에서는 몬테소리 교육운동을 고찰하고 이 교육철학이 21세기에 좀 더 중요한 위치를 차지할 수 있는지에 대해 살펴볼 것이다.

1. David T. Gordon, ed., *A Nation Reformed?*, (Cambridge, MA: Harvard Education Press, 2003), 126-27.
2. L. Dean Webb, *The History of American Education*, (Upper Saddle River, NJ: Pearson, 2006), 360.
3. [옮긴이 주]「낙오학생방지법」은 일반교육과정에서 낙오하는 학생이 없도록 하는 법으로 미국의 각 주에서 정한 성취 기준을 성취도 평가를 통해 만족시켜야 하고, 그 기준을 만족시키지 못한 학교와 교사, 그리고 학생에게 제재를 가하는 법이다. 1990년대, 미국의 연방 정부와 주 정부 당국들은 늘어나는 일반교육과정의 중퇴자와 현저히 낮아진 학생들의 학업성취도에 대해 염려하였다. 이에 따라 2001년, 교육 혁신을 선언하면서 들어선 부시 행정부는 1965년 제정된「초·중등교육법」의 개정을 단행하였다.「초·중등교육법」의 한 부분으로 시작되었던 타이틀I 사업은 여당인 공화당의 전폭적인 지지를 받으며 이듬해인 2002년 국회에서「낙오학생방지법」이라는 이름으로 통과되었다.
4. National Conference of State Legislatures, "No Child Left Behind Act of 2001", http://www.ncsl.org/programs/educ/NCLBHistory.htm (accessed 15 March 2004), 1.
5. [옮긴이 주] AYP(Adequate Yearly Progress)가 언급된 국내 문헌들은 저마다 다른 표현을 사용해 번역하고 있다. 그러나 공통적으로 AYP를 주 정부와 학군들이 달성해야 할 연도별 교육 목표 및 그 진전 상태를 평가하기 위한 성취 기준으로 설명한다는 점에서 의미상의 차이를 보이고 있지는 않다. 이 책에서는 이하 AYP로 표기한다.
6. James A. Johnson, Diann Musial, Gene E. Hall, Donna M. Gollnick, and Victor L. Dupuis, *Foundations of American Education*, (Boston: Pearson, 2005), 137.
7. "No Child Left Behind", *Education Week*, at www.edweek.org/context/topics/issuepage.cfm? id=59 (accessed 14 september 2004), 1-3.
8. Johnson, Musial, Hall, Gollnick, and Dupuis, *Foundations of American Education*, 158.
9. [옮긴이 주] 미국 교육에서는 학년을 지칭하는 방법으로 여러 가지가 있는데, 초등학교 1년부터 고등학교 마지막 해까지 year1, year2…로 부르거나 학년이라는 뜻의 grade를 사용해 1st grade, 2nd grade 등으로 칭하기도 한다. 보통 미국 공립초등학교들이 학교 안에 유치원 과정도 같이 운영하는 경우가 많기 때문에 전체 공교육을 뜻하는 '유치원부터 12학년까지'라는 말로 K-1, K-2… 등으로 부르기도 한다. 따라서 K-1이 유치원 과정이므로 K-3는 초등학교 2학년에 해당하고 나이로는 우리나라 초등학교 1학년생처럼 보통 8살 정도의 아동들이다.
10. U.S. Department of Education, "Executive Summary", January 2001, http://www.ed.gov/nclb/overview/intro/excusumm.html?exp=0 (accessed 19 March 2004), 1.
11. Johnson, Musial, Hall, Gollnick, and Dupuis, *Foundations of American Education*, 157.

12. "States Given Extra Year on Teachers", *Education Week* at http://www.edweek. org/ew/articles/2005/11/02/10reprieve.h25.html?rale=KQE5d7nM%2..., (accessed 4 November 2005), 1.

13. CNN.com, "Bush Makes Money, Touts Education", *Inside Politics*, 6 January 2004, http://www.cnn.com/2004/ALLPOLITICS/01/06/elec04.prezbush.fund raising.ap/ (accessed 6 January 2004), 1-2.

14. "Bush Faces Growing Revolt Over Educational Policy", *Public News Room* at http://www.publicbroadcasting.net/kplu/newsmain?action=article&ARTICLE-ID (accessed 2 September 2005), 1.

15. Kavan Peterson, "No Letup in Unrest Over Bush School Law", *Stateline.org* at http://www.stateline.org/View Page.action?siteNodeId=136&languageId=1&conte ntId=... (accessed 4 August 2005), 1-2.

16. Michael Janofski, "Federal Spending Increases, but More Schools Will Get Less Money for Low-Income Students", *New York Times*, 4 July 2005, A9.

17. Harold Berlak, "Education Policy 1964-2004: The *No Child Left Behind* and the Assault on Progressive Education and Local Control", http://www.pipeline. com/~rougeforum/PolicyandNCLB.htm (accessed 17 March 2005), 1, 5.

18. Berlak, "Education Policy 1964-2004: The *No Child Left Behind* and the Assault on Progressive Education and Local Control", 5-6.

19. Earl Hadley, "A Progressive Educaion", http://www.tompaine.com/articles/2005 0503/a_progressive_education.php (accessed 5 July 2005), 2.

10.

마리아 몬테소리:
유아교육과 특수교육의 새로운 지평

마리아 몬테소리Maria Montessori와 존 듀이John Dewey는 동시대 인물이지만 그들이 살아온 삶은 매우 다르다. 듀이는 시카고 대학교의 실험학교에서 연구했던 시절을 제외하면 대부분을 대학교수와 저자로 살았다. 반면, 마리아 몬테소리는 매우 다른 이력을 지녔다. 여러 가지 측면에서 이들은 서로 이질적이지만 20세기 미국 교육에 끼친 영향력을 고려할 때 두 사람은 진보주의 교육운동사에서 독보적인 위치를 차지하고 있다.

마리아 몬테소리는 이탈리아가 통일되고 10년이 지난 후에 태어났다. 마리아는 매우 전통적이며 보수적인 사회에서 성장했다. 그 당시 이탈리아 여성의 주된 역할은 "가정의 살림을 꾸려 나가는 담당자"였다. 이런 이유로 중산층에 속한 여성들에게조차 교육을 받을 수 있는 기회는 극히 제한되어 있었다. 하지만 이런 가운데서도 마리아는 최소한 초등학교를 마칠 수 있었다. 어릴 때부터 아주 특별한 아이였던 마리아는 초등학교를 마치고 이어서 중등교육을 받길 원했으며, 나중에는 의대에 들어가기로 결심한다. 어린 학생이었을 때도 마리아는 그 당시 학교에 팽배했던 교사 중심 교육 방법에 반대했다. 교사 중심 수업에서 "교사가 질문할 때 아이들은 서서 교과서에 쓰인 그대로 정확하게 답하도록 강요받았다. 그 당시 이탈리아 학교는 특히 교사가 설명한 바를 학생이 한 마디 한 마디 그대로 따라 적고 암기하는 받아쓰기를 중요시했다."[1] 마리아 몬테소리는 성인이 된 후 이러한 교사 중심 교육 방식을 개선하기 위해 새로운 교수학습 방법을 마련하는 데 전 생애를 바쳤다.

중등학교 졸업 후, 마리아 몬테소리는 이탈리아 의과대학에 입학한 최초의 여성이 되었다. 그녀의 아버지는 마리아가 여성에게 "적합하지 않은" 직업을 선택한 것이 마음에 내키지 않았다. 의과대학에서 입학을 승인했다는 것 자체가 남학생들과 동등한 교육 기회를 보장한다는 것은 아니었다. 마리아는 남학생들과 함께 해부를 할 수 없었으며, 과제를 끝내기 위해서는 밤늦게야 실험실에 들어갈 수 있었다. 이러한 어려움 속에서도 그녀는 우수한 성적으로 여러 번 연간 장학금을 받았다. 1896년 의과대학을 졸업하고 마리아는 로마 대학교의 정신과 병동에서 보조 의사로 일하게 되었다. 이곳에서 정신장애아들과 많은 시간을 보냈는데 이때의 경험을 바탕으로 "아이들의 정신지체는 의학적 문제가 아닌 교육의 과제로 다루어져야 한다"는 결론을 내리게 되었다. 자신의 이러한 생각을 검증해 보기 위해 마리아는 "특수 아동들을 전문적으로 교육하는 최초의 정신지체아 학교orthophrenic school[2]를 로마 대학교 안에 세웠다." 특수 아동 교육을 위한 새로운 접근법으로 마리아는 곧 로마시의 지도적인 교육 전문가 중 한 사람이 되었다. 그녀는 교육 전문가로서 그리고 연설가로도 명성을 얻었으며, 로마 대학교에서 교육 방법론을 강의하기도 했다. 이제는 마리아의 아버지도 딸을 자랑스러워했으며, 그녀의 명성도 점차 높아졌다. 서른 번째 생일날 마리아는 아버지로부터 자신의 업적이 실린 200개의 신문기사를 스크랩한 앨범을 선물로 받았다.[3]

마리아의 학생들이 두드러지는 교육 성과를 보이기 시작하면서 그녀의 명성은 계속 높아졌다. 몬테소리 교육을 받은 대다수의 정신지체 학생이 국가 주관 시험[4]에 통과했다는 점은 이러한 사실을 입증해 주었다. 마리아는 특수교육을 받는 아이들에게 자신의 교육 방식이 성공을 거두자 "정상아"에게도 동일한 교육 방식을 사용할 수 있을지에 대해 생각하기 시작했고, 그 결과 1907년 최초의 어린이집Casa dei Bambini[5]을 설립했다. 독특한 교육 방식과 그로 인한 지체 아동들의 성과가 널리 인정받게 되면서 마리아의 교육은 유럽뿐만 아니라 미국에서도 이내 유명해졌다. 1915년까지 미국에 설립된 몬테소리 교육 방식을 따르는 학교들은 수백 곳에 이르렀다. 장 피아제는 스위스 제노바의 "개정 몬테소리 학교"의 교장이었다. 피아제는 그 학교에서 일하는 동안 몬테소리 교육 방식의 성과를 면밀히 관찰했으며, 그의 첫 책『아이들의 언어와 사유Language and Thought of the Child』에서 이를 긍정적으로 옹호했다. 그는 몬테소리 교육법의 실행에 공헌한 결과 스위스 몬테소리협회의 회장이 되었다.[6]

1915년 몬테소리가 미국을 방문했을 무렵 그녀는 더욱 유명해졌다. 몬테소리는 알렉산더 그레이엄 벨, 토머스 에디슨, 그리고 여러 사람의 초청을 받아 카네기 홀에서 강연을 했다. 여행 후 그녀는 샌프란시스코의 파나마-태평양 박람회에서 자신의 교육 방식을 적용한 교실 모델을 선보였다. 박람회에 참석한 많은 이들은 1명의 교사와 21명의 학생들이 수업하는 교실에서 몬테소리 교육 방식이 적용되는 것을 관찰했다.

1차 세계대전 후, 미국에서 몬테소리 교육 방식에 대한 관심은 급격히 감소했다. 그 이유는 "부분적으로나마 자신만이 교육 방식을 교사들에게 훈련시킬 수 있고, 오직 자신만이 교수 자료를 제작하고 배포하는 것을 통제해야만 한다고 몬테소리가 주장했기 때문"이다.[7] 존 듀이의 제자인 윌리엄 허드 킬패트릭이 1914년 발표한 책에서 몬테소리 교육법이 "시대에 뒤떨어졌다"고 비난한 것도 한 가지 이유였다.

1934년 무솔리니 파시스트 정부는 이탈리아의 모든 몬테소리 학교를 폐쇄했다. 파시스트에 반대한 마리아는 이탈리아에서 추방당했다. 그녀는 2차 세계대전 중에 그리고 전쟁 직후 여러 해 동안 자신의 사상을 전 세계에 전파하는 데 전념했다.[8] 특히 인도에서 주로 생활하는 동안 몬테소리는 교육자뿐 아니라 세계평화 운동가로도 유명해졌으며,[9] 세 번이나 노벨평화상 후보로 지명되었다.[10] 1949년이 되어서야 몬테소리는 마침내 환영을 받으며 고국으로 돌아갈 수 있었고, 3년 후 이탈리아에서 숨을 거두었다.[11]

몬테소리 사망 후에도 그녀의 교육 프로그램은 미국을 포함한 여러 나라에 보급됐으며, 1990년 이후 가장 급격히 발전했다.[12] 정확하게 말하긴 어렵지만 현재 미국에는 약 5,000개 이상의 몬테소리 학교가 있을 것으로 추정된다.[13] 몬테소리 교육 프로그램 중 상당수는 공립학교 선택 프로그램의 일환으로 고안되었지만, 몇백 개를 제외하고는 거의 사립학교에서 운영된다. 몬테소리 학교는 주로 3년 단위 연령 그룹(3-6, 6-9, 9-12)으로 학급이 구성되며 이 중 연령이 제일 낮은 아이들의 학급이 가장 인기가 높다. 대부분의 몬테소리 학교는 사립이기 때문에 부모들이 수업료를 지불해야 하며, 수업료는 학교에 따라 연간 최하 1,000달러 미만에서부터 최고 11,000달러 이상까지 책정되어 있다. 한 추정치에 따르면 최하 연령 아이들 학급의 수업료는 평균적으로 일 년에 3,400달러이다.[14]

교사들은 공인된 몬테소리 학교와 교실을 운영하기 위해 특별 교육을 받아야 한다. 물론 누구나 "몬테소리"라는 이름을 사용한 교육 프로그램을 운영할 수 있지만 공인된 몬테소리 교육 방법을 훈련시키는 주요 기관은 국제몬테소리협회와 미국몬테소리협회 두 곳이다. 대부분의 몬테소리 교육센터에 입학하려면 학사 학위를 소지해야 한다. 몬테소리 학교 교사가 되기 위해서 온라인 교육을 받는 것도 가능하지만, 이들 교육 코스를 이수했다고 공인된 몬테소리 학교에 반드시 채용될 수 있는 것은 아니다.[15]

오랫동안 많은 유명인들이 다양한 방식으로 몬테소리 학교와 인연을 맺어 왔다. 줄리아 차일드, 헬렌 켈러, 알렉산더 그레이엄 벨, 토머스 에디슨, 헨리 포드, 마하트마 간디, 지그문트 프로이트, 레프 톨스토이, 달라이라마, 재클린 케네디, 영국 왕실의 윌리엄과 해리 왕자, 빌 클린턴과 힐러리 클린턴 부부, 그리고 요요마가 그들이다. 이 외에도 몬테소리 교육을 신뢰하는 가장 유명하며 성공한 미국의 기업가 세 사람이 있다. 아마존닷컴의 제프 베이조스, 구글 공동 창업자 래리 페이지와 세르게이 브린이다.[16]

마리아의 이론은 20세기 동안 부침을 겪긴 했지만 지금은 미국에서 과거 그 어느 때보다 인기를 누리고 있는 것으로 보인다. 이러한 몬테소리 사상과 다른 진보주의 사상들의 관련성을 이해하기 위해 교사 교육학 교재에 기재된 다음 요약문을 참고해 볼 만하다.

몬테소리는 아이들을 존중하는 것이 모든 교수 방법의 밑바탕이 되는 초석이라고 믿었다. 그녀는 각각의 아이들이 특별하기 때문에 교육은 아이들 개개인을 위해 개별화되어야 한다고 생각했다. 또한 아이들이 어른의 축소판이 아니기에 어른처럼 다루어져서는 안 된다고 보았다. 더 나아가 몬테소리는 아이들이 다른 사람에 의해 교육받는 것이 아니라 오히려 그들 스스로를 교육한다고 확신했다. 몬테소리는 아이들이 자기-교육을 이룰 수 있도록 돕기 위해서 그들 스스로를 위해 무언가를 할 수

있게 하는 준비된 환경을 중시했다. 교사의 역할에 관해서 몬테
소리는 교사가 아이를 배움의 중심에 두고, 준비된 환경에서 아
이에게 부여된 자유를 통해 스스로 배울 수 있도록 격려하는
동시에, 아이들의 학습을 위해 적절한 계획을 세울 수 있는 예
리한 관찰자가 되어야 한다고 생각했다.[17]

앞서 언급한 대로, 듀이의 제자들 중 일부는 몬테소리 교육 방식
의 여러 측면에 비판적이었다. 듀이는 『민주주의와 교육Democracy and
Education』에서 그가 경험과 자료의 "전前 구조화"로 간주하는 문제들을
두고 몬테소리의 교육 방식에 이의를 제기한다. 듀이가 생각할 때, 몬테소
리 교육 방식의 가장 주요한 오류는 "아동들이 시간 낭비 없이 탁월한 지
적 능력을 갖도록 하려는 생각이 강하다 보니, 익숙한 경험 자료를 있는
그대로 접하고 이리저리 다뤄 보는 과정을 도외시하거나 최소한으로 하면
서 이를 학생들에게 곧장 이끌어 가는 경향이 있다"는 점이다. 듀이에 의
하면 적어도 "학습자의 나이나 성숙 수준과 상관없이, 어떤 새로운 대상
을 접하는 첫 단계는 반드시 시행착오를 경험하는 과정이어야 한다".[18]

듀이는 몬테소리 교육 방식이 지닌 문제를 상황에 따른 개개인의 직접
적인 경험과 상관없이 모든 인간을 산수, 지리 등 기성 과목을 바탕으로
가르칠 수 있다고 가정한 데서 찾았다. 다시 말해, 듀이는 학생들이 시행
착오를 통해 배우는 것이 훨씬 더 낫다고 확신했는데, 몬테소리 교실에서
이루어지는 경험은 그가 보기에 지나치게 구조화되어 있었다.

듀이의 이론은 학생들이 문제 상황을 마주하게 될 때 과학적 방법을
활용해 문제를 해결하도록 하는 반면, 몬테소리의 교육 방법론은 이런 상
황에서 학생들을 위한 계획을 미리 마련해 놓는다. 몬테소리는 아이들이

"내재적으로 자기동기화"되어 있기 때문에 교사의 역할은 이 내재된 동기를 일깨우기 위해 아이들의 감각 운동에 적합한 활동을 제공하는 것이라고 믿었다. 몬테소리의 준비된 수업은 이러한 통찰에 근거해 학생들이 자신들의 오감을 모두 이용하면서 다양한 대상들을 다루도록 이끌고자 했다. 예를 들면, 알파벳 수업의 일환으로 만지기 활동을 통해 촉감을 동원하도록 디자인된 모래문자종이sandpaper letters를 활용하는 것이다. 예비학교preschool[19] 과정의 아이들은 "미세 근육 운동과 분석 능력, 비교언어 능력"을 키우는 데 도움이 되는 실린더 블록을 받게 될 것이다. 4학년 아이들은 지리를 배울 때 상호작용 지도interactive map로 학습하게 될 것이다.[20] 또한 일부 수업들은 설거지와 같은 "실제 세계" 체험들을 포함할 수 있다. 그리고 수업에서는 "예절과 존중, 공동체 의식이 강조"된다. 몬테소리식 교실이 어느 정도 구조화돼 있긴 하지만, 학생들이 "주어진 수업들 중에서 자신들의 학업 일과"를 "자발적"으로 선택한다는 점은 몬테소리 교육 방식에 여전히 상당한 유연성이 있음을 의미한다. "교사는 교육 과정을 지도하고 학생이 모든 기본 교과 내용들을 익히도록 챙겨 주어야 하지만, 학습 속도와 시기는 학생 자신이 정한다."[21] 이러한 점에서 몬테소리 사상은 듀이나 다른 진보주의 교육사상가들과 맥을 같이한다.

또한 듀이와 몬테소리는 학교가 아이들의 호기심과 창의력을 촉진시키는 데 최우선 순위를 두어야 한다는 데 동의한다. 두 사람은 모두 "영혼이 없는 암기"식 교육을 비판한다. 그들은 대신 학생들이 "자신감을 가지고 독립적으로 사고하는 사람, 세상에 관심을 가지고 삶에 열정적이기 때문에 배움에 임하는 사람이 되도록" 이끌어 주고자 했다. 두 사람의 사상에서는 학생들이 배움에 큰 흥미를 갖는 것이 좋은 성적을 얻는 것보다 중요했다.[22]

교육 선구자로서 두 사람은 구성원들이 서로 존중하는 학습공동체로 서의 교실을 지지했을 것이다. 또한 듀이와 초기 진보주의 사상가들은 몬테소리 교육 방식의 중요한 부분인 그룹 활동과 프로젝트 방식의 교육을 크게 호평했을지도 모른다. 게다가 학생들이 이동의 자유가 있고 융통성 있게 조정 가능한 시간표가 허용되는 분위기에서 그들 스스로 정보를 찾을 수 있도록 돕는 부분은 몬테소리와 듀이 사상이 가진 공통점이기도 하다. 만일 누군가 진보주의 교육이 이루어지고 있는 어떤 교실을 둘러본다면, 아마도 "화초, 동물, 미술 작품과 음악, 책으로 가득한 밝고 따뜻하고 매력적인" 공간일 거라고 기대할 것이다. 오늘날에는 아이들에게 "강한 호기심을 불러일으키는 학습 자료, 매혹적인 수학적 모형, 지도, 차트, 화석, 역사적 물품, 컴퓨터, 과학 기구, 작은 자연과학 박물관, 그리고 아이들이 기르는 동물들"을 제공하는 다양한 주제별 영역들이 있을 것이다.[23] 시대를 막론하고 진보주의 교육자라면 누구나 몬테소리 교사들에게 가르쳤던 다음의 교육 목표를 반대하지 않을 것이다.

- 아동의 정신을 일깨우고 상상력을 불러일으키도록 할 것.
- 아동의 독립심과 자존감을 위해 그들의 평범한 욕구를 격려할 것.
- 아동이 사회에 공헌할 일원이 되도록 친절함, 예의, 자기 절제를 익히게끔 도울 것.
- 아동이 관찰하고, 질문하고, 독립적으로 아이디어를 탐색하는 방법을 배우게 할 것.[24]

여러 진보주의 교육자들과 마찬가지로 몬테소리 교사들은 "아동 발달의 민감한 시기를 계량화한 차트에 주의를 기울이도록 훈련받았는데 이

는 (언어 발달, 감각 실험과 정교한 추론, 그리고 다양한 수준의 사회적 상호
작용이 이루어지는 결정적 시기를 포함해) 아이들에게 적절한 자극과 동기
를 부여하는 교실 학습에 역점을 두도록 하려는 것"[25]이다. 몬테소리 학
교의 교사는 몬테소리가 "관찰의 과학"으로 명명한 특별 교육을 받아야
한다. 몬테소리는 "자연현상으로서 아동의 정신 발달과 실험적 통제하에
이뤄지는 아동의 정신 발달"을 관찰할 수 있다고 확신했다. 이는 학교가
"인간의 정신발생적 연구에 공헌하는 일종의 과학적 환경"이 됨을 의미한
다.[26] 듀이와 여러 진보주의자들 역시 교육을 과학적 측면에서 생각했다.

몬테소리와 다른 일부 진보주의 교육자들 간의 차이에도 불구하고, 모
든 진보주의 교육가들의 철학과 목표가 교사 중심 학습 체계와 대립하고
있다는 점에는 이론의 여지가 없다. 이 연구의 목적과 관련해서 더 중요
한 점은 미국에서 몬테소리 학교는 진보주의 교육사상의 지속적인 영향
력을 보여 주는 하나의 표본이라는 사실이다. 몬테소리 교육 방식이 미국
전체에 널리 알려져 있긴 하지만, 이 외에도 진보주의 교육사상을 실천하
고 있는 다른 학교도 있다.

루돌프 슈타이너Rudolf Steiner는 1919년 독일 슈투트가르트에 발도르
프 학교Waldorf School를 설립했다. 몬테소리 학교와 마찬가지로 발도르프
의 교육 체계 역시 전 세계 지역사회로 급속히 확산되고 있다. 두 학교의
교육 체계는 다음과 같은 유사점이 있다.

- 두 학교는 어떠한 특정 학문의 교육과정보다도 아동의 영적, 정신적,
  육체적, 심리적 측면을 아우르는 전인적 아동교육을 강조한다.
- 두 학교는 자연환경, 자연과의 접촉, 그리고 자연 자원의 중요성을 강
  조한다.

- 두 학교의 교육 체계는 아동의 필요를 바탕으로 하는데 그렇게 하는 것이 곧 사회 전체의 필요에 부응하는 길로 이어진다고 믿기 때문이다.
- 두 학교는 모든 연령의 아동에게 다양하고 풍부한 미술, 음악, 무용 그리고 연극을 제공한다.[27]

아마도 두 학교의 가장 큰 차이는 "발도르프 학교가 몬테소리 학교보다 아이들에게 학문적 교과를 훨씬 나중에 가르친다는 점"일 것이다. 발도르프 학교에서 어린 학생들은 하루 종일 가장놀이와 미술, 음악을 한다. 읽기, 쓰기, 수학은 7살 정도 되었을 때 시작한다. 이런 수업들은 다양한 연령의 아이들이 함께하는 몬테소리 교육 방식과는 달리 대개 같은 나이 아이들로 학급을 이뤄 진행한다. 발도르프 교육 체계에서 진보주의 학습 방법은 대부분 어린아이들에게 국한되어 있다.[28]

어쨌든 몬테소리 학교와 발도르프 학교에서 추구하고 있는 교육 방식을 통해 초기 진보주의 교육사상의 많은 부분들이 살아남았으며, 적어도 오늘날에는 번창하고 있는 것이 분명하다. 다른 한편에서 생각해 볼 때, 두 진보주의 교육 방안을 시행하는 곳은 대부분 부모가 수업료를 지불해야 하는 사립학교들로 한정돼 있다. 따라서 공적 지원을 받는 미국 내의 백여 개에 불과한 몬테소리 학교들을 제외하면 발도르프식 혹은 몬테소리식 교육을 받는 아이들 대부분은 경제적으로 여유로운 가정의 자녀들이다. 그리고 미국 공립학교에 다니는 유색인 학생 수가 증가하는 것과는 대조적으로 이런 학교에 다니는 학생의 대다수는 백인이라는 점도 사실이다. 그렇다고 마리아 몬테소리와 루돌프 슈타이너의 사상이 헤드 스타트Head Start[29]와 같은 공적 지원 프로그램에 영향을 주지 않았다는 것은 아니다. 사립학교에서 활용한 것과 동일한 교육 방법이 어린아이들을 위해 공교육 프로그램에서 종종 사용되고 있는 것도 분명하다. 가장 큰 영향을 받은 것은 물론 정규 과정 이전 수준의 교육이지만, 많은 공립 초등학교도 마리아 몬테소리가 주장했던 것과 비슷한 교실 환경을 만들기 위해 시도해 왔음을 알 수 있다.

미래에 중요하게 다루어져야 할 사항은 마리아 몬테소리와 여러 진보주의자들의 사상이 「낙오학생방지법」에 의해 어떤 영향을 받게 될 것인지를 규명하는 일일 것이다. 3학년 학생부터 의무적으로 치러야 하는 시험은 교사가 교실에서 어떻게 그리고 무엇을 할 것인지에 분명히 영향을 미칠 것이다. 현재 예비학교와 유치원 프로그램에서 진보주의 교육 방식을 접하고 있는 부모와 아이는 표준화된 시험에 대한 준비를 강조하는 보다 엄격한 교실 환경을 꺼릴 수 있다. 또한 시험 성적을 향상시켜야 한다는 요구 때문에 보다 전통적인 교수법을 적용하고 있는 초등학교의 2학년 교사들이 예비학교와 유치원을 압박할 가능성도 있다. 만일 이러한 일련의 일들이 우연히 일어난다면, 교육의 균형추는 전통적인 교사 중심의 교육 방식을 추구하는 방향으로 훨씬 더 이동하게 될 것이다.

차후 몇 년 동안 미국 학교에서 보수적인 교육을 지향하는 움직임이 빨라질 가능성이 있지만, 이런 현상이 일어나지 않을 것이라고 전망할 만한 근거들도 있다. 그중 하나는 듀이와 몬테소리의 교육사상을 잘 살리고 있는 것이 현재 대부분의 교사양성기관이 운영하는 교육과정이라는 사실이다. 이러한 교육과정에서 우리는 진보주의 교육이 활발히 유지되고 있음을 보여 주는 수많은 사례들을 찾아볼 수 있다. 따라서 이어지는 장에서는 교사교육 프로그램이 실제 미국의 학교 현장에 끼치고 있는 영향력을 살펴볼 것이다.

1. Gerald L. Gutek, *Historical and philosophical Foundations of Education*, (Upper Saddle River, NJ: Pearson, 2005), 355-56.
2. [옮긴이 주] 정신지체아 학교(orthophrenic school)는 마리아 몬테소리가 신체적, 정신적, 장애를 가진 학생들을 위해 당시 설립한 특수 아동을 가르치는 학교를 의미한다.
3. Madonna M. Murphy, *The History and Philosophy of Education*, (Upper Saddle Rivers, NJL Pearson, 2006), 368.
4. [옮긴이 주] 우리나라의 검정고시에 해당하는 국가 공인 초, 중, 고등 학력 인정 시험을 뜻한다.
5. [옮긴이 주] 몬테소리가 이탈리아 로마의 산 로렌초 구역에서 저소득층 가족 자녀들을 위한 학교를 처음 연 것이 1906년이었다. 2세에서 6세 사이 아이들이 다닌 이 학교의 이름은 '어린이의 집'이란 뜻에서 '카사 데이 밤비니(Casa dei Bambini)'로 불렸다. 이 '어린이의 집'에서 몬테소리는 그전에 자신이 정신지체아를 위해 개발해 두었던 교육법을 지적 성장이 정상인 아이들에게 적용했다. 이곳의 교육은 교사가 아이들에게 지식을 전하는 것이 아니었다. 아이들 스스로 삶의 기술을 배울 수 있도록 환경을 조성해 주는 것이 중요했다. 그리고 학급 안의 모든 것을 아이들 중심으로 바꿨다. 무거운 가구도 아이들이 충분히 옮길 수 있도록 가벼운 것으로 바꾸고, 선반이나 가구의 높이도 낮췄다. 그러면서 아이들에게 바닥을 닦고 먼지를 털고 정원을 손질하는 등, 환경과 가까워질 기회를 많이 제공했다. 그랬더니 아이들은 교사가 글을 가르쳐 주지 않았는데도 어느 순간에 글을 쓸 수 있게 되었다. 무엇보다도 자제력을 발휘하는 등 아이들의 사회성이 크게 향상된 것으로 드러났다. 이 학교에서 거둔 성공이 전 세계로 알려지면서 몬테소리 학교는 1909년부터 세계 각지로 퍼져 나갔다.
6. Marsha Familaro Enright and Doris Cox, "Foundation Study Guide: Montessori Education", The Objectivist Center, at http://www.objectivistcenter.org/articles/foundations_montessori-education.asp. (accessed 16 November 2005), 2.
7. "The Montessori Movement", at http://www.everything2.com/index.pl?node_id=1698329 (accessed 30 september 2005), 2.
8. "Dr. Maria Montessori", at http://www.montessori.edu/maria.html (accessed 8 July 2005), 1-2.
9. [옮긴이 주] 1934년 이탈리아 독재자 무솔리니에 의해 몬테소리 교육이 이탈리아 학교에서 금지되자, 그녀는 스페인과 영국, 네덜란드 등지에서 활동했고, 그 후 교사 양성을 위해 인도에 갔다가(1939년, 69세) 2차 세계대전이 일어나면서 유럽으로 돌아오지 못하고 그곳에 머무르게 되었다. 짧은 기간 동안 억류당하기도 했지만 1948년까지 자유로운 강연 여행을 다니며 인도의 지성 타고르와 만나 그의 학교 '평화의 집'과 우정을 쌓는 등 활발한 활동을 했다. 말년의 몬테소리는 네덜란드를 거점으로 전 세계로 강연을 다니며 국제적인 명성을 얻게 되었고, 이와 더불어 세 번이나 노벨 평화상 후보에 올랐지만 스스로 수상자로 지명되기를 사양했다.
10. "The Montessori Movement", 2. [옮긴이 주] 몬테소리는 『교육과 평화*Educazione*

e pace』라는 저서에서 다음과 같은 '평화교육론'을 폈다. ① 모든 평화는 '나'로부터 시작된다. ② 진정한 평화란 사회 속에서 사회적 관계로 연결된다. ③ 평화는 자연 질서와 생태학에 근거한 자연적 평화를 의미한다. ④ 평화는 성인과 어린이들의 수직적인 관계에서 수평적인 관계로의 전환을 의미한다. ⑤ 평화는 평화로운 신념으로 창조된 세계를 의미한다. ⑥ 평화는 폭력적 충동, 즉 전쟁이 없는 간접적 의미를 갖는 교육적 개념을 포함한다. ⑦ 평화는 사회적 교육 문제의 의미를 지닌다. ⑧ 평화의 개념은 현실적으로 세계에 협조할 수 있는 힘으로서의 평화를 강조한다

11. "The Montessori Movement", 2. [옮긴이 주] 몬테소리는 1952년 5월 6일 82세로 세상을 떠났다. 그녀의 묘비에는 "나는 나의 친애하는 모든 어린이가 인류와 세계의 평화를 건설하기 위해서 하나가 되기를 기원합니다"라고 적혀 있다.

12. John D. Pulliam and James J. Van Patten, *History of Education in America*, (Upper Saddle River, NJ: Merrill, 1999), 151.

13. Sierra Montessori Academy, "Montessori Educational Philosophy", at http://www.sierramontessori.org/EducationalPhilosophy.htm (accessed 16 November 2005), 1.

14. "Montessori FAQ's", at http://www.michaelolaf.net/FAQMontessori.html (accessed 16 November 2005), 1.

15. "Montessori FAQ's", 3.

16. "Montessori Supporters", at http://www.michaelolaf.net/google.html (accessed 16 November 2005), 1.

17. George S. Morrison, *Teaching in America*, (Boston: Pearson & AB, 2006), 332.

18. John Dewey, *Democracy and Education*, (New York: The Free Press, 1916), 153-54. [옮긴이 주] 놀이에서나 일에서나 개인은 자기 자신의 충동적 활동을 수행하는 데 있어서 주어진 자료를 가지고 실제로 무슨 일인가를 해 보아야 하며, 그리고 난 뒤에 자신의 에너지와 주어진 자료의 에너지 사이의 상호작용을 주시해야 한다. 아이가 처음에 나무토막을 쌓을 때 하는 일이 바로 이것이며, 과학자가 실험실에서 낯선 물체로 실험을 할 때 하는 일도 마찬가지다. 이것이 듀이의 관점이다.

19. [옮긴이 주] 영미권에서는 여러 가지 형태의 유아 교육기관이 있다. preschool도 그중 하나로 보통 2~5세 초등학교 취학 전 아동들이 다니며, 학교에 따라 유치원(nursery school) 안에 포함된 별도의 코스 형식으로 운영되는 곳도 있다. 호주 학제에서 preschool은 유치원(kindergarten) 이후, 초등학교 입학 이전 1년간의 교육과정을 의미한다. 즉, 아이들은 유치원(1년)을 마치고 정규학교 교육과정(12년)을 시작하기 1년 전에 preschool에서 교육을 받는다. 따라서 정규학교 교육과정 이전의 학교라는 의미를 종합하여 예비 학교로 명명했다.

20. Hobey, "The Montessori Story", Chicago Parent, at http://www.chicagoparent.com/mainasp?SectionID=9&SubSectionID=29&ArticleID=59... (accessed 16 November 2005), 2.

21. Hobey, "The Montessori Story", 3.

22. Sierra Montessori Academy, "Montessori Educational Philosophy", 1.

23. Sierra Montessori Academy, "Montessori Educational Philosophy", 3.

24. Sierra Montessori Academy, "Montessori Educational Philosophy", 6.

25. "Maria montessori", http://en.wikipedia.org/wiki/Maria_Montessori (accessed 8

July 2005), 1.

26. Herman Röhrs, *PROSPECT: The Quarterly Review of Comparative Education*, "Maria Montessori", (Paris: UNESCO, 2000), 174-175.

27. Susan Mayclin Stephenson, "Montessori and Waldorf Schools", http://www. michaelolaf.net/MONTESSORI%20and%20WALDORF.html. (accessed 16 November 2005), 1.

28. Stephenson, "Montessori and Waldorf Schools", 1.

29. [옮긴이 주] 헤드 스타트 정책은 최근까지 실시되었고, 미국의 오바마 대통령 역시 교육을 통한 빈곤 탈출을 목표로 유치원과 초등학교 교육개혁에 많은 관심과 지원을 쏟아부었다. 하지만 미국의 헤드스타트 정책은 그다지 성과를 거두지 못하고 결국 실패로 돌아갔다. 가장 큰 이유는 역시 예산 문제였다. 빈곤 지역의 유치원과 초등학교에 우수한 교사들을 골고루 배치할 만큼의 예산이 확보되지 않았기 때문이다. 미국 교사들의 연봉은 다른 대졸 정규직 노동자들의 70% 정도이다. 상당수 교사들이 부업을 하느라 수업에 지장이 생길 정도이다. 그러니 우수한 교사들이 확보될 리가 없고, 우수한 교사가 없으니 인프라나 프로그램에 돈을 쏟아부어도 효과가 없게 된 것이다.

11.

교사교육 프로그램과
진보주의 교육사상의 영향

지난 세기 전반에 걸쳐 전통적인 교육학자들은 교사 교육과정을 비판해 왔다. 호레이스 만이 최초 설립한 사범학교든, 교사교육을 위해 현재 활용되고 있는 프로그램이든 교사를 양성하기 위해 마련된 교육과정들에 대한 비판은 계속되어 왔다. 이러한 비판들은 전형적으로 케네스 한센Kenneth Hansen의 1956년 저서에 담긴 다음과 같은 정서를 바탕으로 한다.

> 교사교육이 심히 유감스럽다는 오늘날의 일반적인 인식은 대학의 일부 교수진들은 물론이고 자칭 일반 대중의 여론을 대변한다는 사람들에 의해서도 자주 표출됐다. 심지어 교사교육 프로그램에 참여했던 학생들 사이에서, 혹은 수료했던 교사들 사이에서도 교사 "교육" 과정의 지루함, 내용 중복에 반복성, 그리고 교육과정에 대한 비현실적인 모색에 관한 불만은 흔히 들을 수 있는 것이었다. 교육학 교수들과 교육학 교재도 동일한 비판의 대상이다.[1]

특히 대학의 교육학과는 대수롭지 않은 자유주의적 진보주의 교육이론을 퍼뜨려 학생들의 학업성취도를 낮추는 결과를 낳았다는 비난을 자주 받았다. 가령 언론인 로버트 그레이 홀랜드Robert Gray Holland는 1994년 『더 나은 교사 양성을 위해서To Build a Better Teacher』라는 책에서 "상아탑" 안에 있는 교육학과 교수들은 순진하게도 교사가 "지식의 전달자가 아닌 배움의 촉진자"가 되어야 한다고 믿고 있다고 비판했다. 홀랜드는 1997년의 한 연구를 제시하며, 교육학과 교수들이 "아이들이 질서정연하며 품행이 단정한 교실에서 기본 지식과 기술을 익히기"를 희망하는 일반 대중들의 생각과 어긋나 있다고 지적한다. 그가 주장하는 교수들의 이렇듯 괴리된 인식은 교육학과 교수들의 79%가 일반 대중들의 교육관이 "낡고 시대착오적"이라고 확신하는 연구 결과에서 뚜렷이 드러난다.[2]

데이비드 F. 래버리David F. Labaree의 「교원 양성 대학의 문제The Trouble with ED Schools」에 대한 논평에서 네이선 글레이저Nathan Glazer는 1960년대의 제임스 코너James Koerner와 보다 최근에 "미국 학교들의 형편없는 성적"을 만든 원인이라며 교육대학을 비난했던 E. D. 허쉬, 다이앤 래비치, 체스터 핀Chester Finn 같은 이들을 언급한다. 이러한 비판자들이 볼 때 진보주의 교육이론은 교육대학의 문화에 휩쓸리고 있다. 래버리에 의하면, 교육대학의 문제는 존 듀이의 교수법과 교육과정 접근법이 "교사가 무엇을 배워야 하고 교육학 교수가 무엇을 선호하는지"를 형성했다는 데 있다.[3]

교육과정의 일반적인 구성에 대한 합의가 이루어졌지만, 교사 양성을 위한 적절한 교육이 무엇이어야 하는가에 대한 고민은 21세기에도 여전히 계속되고 있다. 대부분의 교사 양성 프로그램에서 모든 교사가 전체 교양과목에 대해 어느 정도 배경지식을 갖춰야 한다는 데 합의가 이루어졌다. 게다가 교사, 특히 중등교육을 담당하게 될 교사는 자신이 가르칠 과목에 대해 우수한 전공 능력을 갖춰야 한다는 압박도 점점 증가되어 왔다. 가령, 영어 교사는 대학에서 문학, 작문, 그 외 의사소통 능력에 관련된 과정들을 많이 공부해야 할 필요가 있다는 것이다. 미래 교사가 될 학생은 교양과 전공과목 공부와 함께 교육학과 수업도 상당수 수강해야만 한다. 이 교육학과 수업에는 아동발달, 교수법, 그리고 학급경영과 같은 과목들이 포함된다. 이런 과목들 혹은 다른 교육학 수업의 일부로서 교육 실습생들은 자신들이 미래에 가르치게 될 수준과 같은 실제 교실을 관찰하고 그 수업에 참여하는 데 더욱 많은 시간을 부여받는다. 여기서 문제는 교양, 전공, 교육학 세 과목의 교육과정을 균형 있게 맞추는 일이다. 극단적인 한 예로, 교사교육 프로그램의 최우선 목표를 교직과 교수법에 관해 배우는 것이라고 느끼는 사람이 있는 반면, 교육학 수업의 효용성을 크게 생각하지 않는 이들도 있다. 후자의 생각을 가진 교수들은 교사 양성 교육의 가장 큰 문제가 장차 교사가 될 학생들에게 교양과목과 전공과목을 적절히 준비시키지 못하고 있는 것이라 판단한다.

반세기 동안 지속적으로 논의되어 온 이와 관련된 문제들 중 하나는 교사가 되기 위해 전공과목의 학사 학위를 마쳐 교양 교육을 받고 난 뒤에 교육학 석사과정을 진학해야 하는지의 여부이다. 제임스 B. 코넌트 James B. Conant는 1963년에 쓴 『미국의 교사교육 The Education of American Teachers』에서 이러한 방식을 권했다.[4] 많은 종합대학이 이런 견해에 따라 타 전공의 학사 학위자를 위해 교사교육 대학원 과정을 개설했다. 사실, 현재 이런 "경력 전환" 교사교육 프로그램은 교직에 들어서는 많은 이들의 교육을 담당하고 있다. 이 프로그램에 들어오는 사람들 다수는 여러 다른 전공에서 학위를 취득했으며, 오랫동안 다른 직종에서 일했던 이들이다. 그들은 직장을 잃어서, 혹은 더 보람을 얻을 수 있는 직업이라고 생각해서 교직에 입문하기로 선택했다. 교직을 선택하는 또 다른 부류는 대학 졸업 후 한동안 자신의 아이를 기르느라 시간을 보내고 이제 사회생활의 경력을 시작해 보려고 하는 부모들이다. 하지만 대학원의 교사 양성 프로그램을 통해 교직을 준비하는 사람들이 꾸준히 증가하는 와중에도 여전히 대다수는 교직 전문 과정에서 학사 학위를 취득한 후 교사가 되고 있다.

여러 교직 전문 학사과정 중에는 주요한 두 가지 형태가 있다. 일부 대학은 입학 첫 2년 동안 학생들에게 교양교육을 받도록 하고 있다. 학생들은 정식으로 교육학 및 교사 자격을 위한 수업으로 들어가기 전에 이 과정을 이수하게 된다. 또 다른 방식은 학생들이 대학에 입학한 첫해에 교양교육을 교육학 수업과 함께 받도록 설계된 것이다. 이러한 형태의 교육 과정에서 학생들은 학사 학위 과정 전반에 걸쳐 초등 교실과 중등 교실을 실제로 경험할 수 있게 된다. 이러한 경험을 통해 학생들은 교직이 자신에게 적합한지 그렇지 않은지를 현실적으로 더 잘 결정할 수 있게 된다. 어쨌든, 모든 교사교육 프로그램에서 교실 관찰과 참여 기회가 중요하다는 중론이 점차 커지고 있는 게 사실이다. 주 정부와 교사자격 인증기관들이 교사 교육과정에서 교실 관찰과 참여 시간을 의무적으로 규정하는 추세도 이 같은 믿음을 강화하고 있다. 대학이 어떠한 방식을 취하든, 교사 교육과정의 말미에도 몇 주에 걸친 교생 실습이나 교직 인턴 경험이 주어지게 되어 있다. 교양, 전공, 교육학 과목들을 어떻게 적절하게 구성할 것인지 모든 대학에서 논란이 계속되고 있지만, 교원 양성 과정의 강좌가 진보 교육이론의 안식처인지의 문제는 아직도 답을 구하지 못하고 있다.

교사 양성 프로그램들이 진보주의 교육이론을 계속 이어갈 수 있게 할 수 있을지 답하기 위해서는 해당 프로그램에서 사용되는 교재와 강의 계획서들을 분석해 볼 필요가 있다. 학부든 대학원 과정에서든 교사가 되려는 거의 대부분의 학생은 '교육학의 기초'나 '교육학 입문'이라는 이름의 강의를 듣게 될 것이다. 보통 이러한 강의는 교원 양성 과정 프로그램에서 이루어지는 첫 수업으로 교육과 관련된 다양한 주제의 연구들을 다룬다. 그리고 이러한 강의 교재에 거의 항상 포함되어 있는 주제 중 하나는 교육사다. 예외 없이, 교육의 역사에 관해 설명하는 이 부분들은 진보주의 교육사상가들과 그들의 교육이론을 다루고 있는데, 특히 가장 중요하게 다루어지는 부분은 존 듀이, 마리아 몬테소리와 여타 진보주의 교육가들의 영향에 관한 서술이다. 따라서 교원 양성 과정의 학생들은 첫해에 진보주의 교육의 주요 원리에 대한 개요와 진보 교육사상의 역사적 영향력에 대해 배우게 될 것이 틀림없다.

아래 인용된 교과서의 일부분은 존 듀이를 과거의 유물이 아닌 미국 교육에 지속적으로 영향을 미치는 인물로 언급하고 있다. '교육학의 기초' 과목에서 널리 쓰이는 교재 중 하나에 실려 있는 전형적인 문구를 보자.

오늘날, 듀이의 저작과 사상들은 계속해서 교육자들에게 동기를 불어넣고 그들의 호기심을 자극한다. 또한 다양한 학교와 직업 전문 기관들에서 여전히 듀이는 교육의 기념비적 인물로 존재한다. … 듀이의 철학은 학교가 혁신에 문을 열도록 그리고 교육이 외부 세계와 소통하도록 만드는 데 도움을 주고 있다.[5]

또한 교육의 역사와 더불어 이런 교재들은 교육철학과 이론에 대한 부분도 포함하고 있다. 이 부분에서 다시 한번 미국 진보주의 교육사상가들의 저작이 비중 있게 다루어진다. 예를 들어, 앨런 C. 오른스테인Allan C. Ornstein과 대니얼 U. 레빈Daniel U. Levine이 쓴 『교육학의 기초Foundations of Education』 제9판의 교육철학을 다룬 장에서 저자들은 실용주의를 설명하고, 존 듀이의 사상을 다음과 같이 요약한다.

> 듀이는 문제 해결 과정을 강조했다. 듀이에게, 학습은 인간이 문제 해결 과정에 직접 참여할 때 일어난다. 이러한 경험적 인식론에 의하면, 개인으로서 혹은 한 집단의 구성원으로서 학습자는 개인적이며 사회적인 모든 문제를 해결하기 위해 과학적 방법을 사용한다. 듀이에 따르면, 문제 해결 방법은 하나의 습관으로 발전할 수 있고 이 습관은 다양한 상황으로 전이된다.[6]

역사와 철학에 관한 부분에 더하여, 많은 교육학 입문 교재들은 진보주의 교육사상가들의 저작에서 강조하고 있는 주제들과 연관된 부분들도 다수 포함하고 있다. 학습자의 다양성에 관한 장에서는 학습 형태의 다양화, 다중 지능과 감성 지능, 특수교육과 영재교육 같은 개념들을 강조한다. 교재의 이런 부분들은 예외 없이 예비 교사인 학생들이 다양한 교실 환경의 필요에 부응할 수 있도록 여러 가지 교수 기술들을 활용하도록 촉구한다. 첫 교육학 수업에서조차 예비 교사들은 프로젝트 교수법, 협동학습, 모의실험 그리고 학생 토론에 관해서 듣게 된다.

교육학 입문 수업에 이어서, 초등 교사가 되려고 교육을 받는 학생들은 교수법을 주제로 한 다양한 과정들을 접하게 된다. 여기에는 각 전공과목별로 별도의 방법론 수업이 포함될 수 있다. 가령, 초등 교사교육을 받는 학생들이 언어, 수학, 과학, 그리고 사회 탐구 영역에서 개별 수업들을 선택해 수강한다고 하자. 그러다 보면 과목의 중요성 때문에 같은 학생이 하나 이상의 읽기교육 수업을 수강하는 경우가 생기게 된다. 중등교사 희망자들은 특정 교과목을 가르치는 방법에 관한 전공 수업을 반드시 듣게 될 것인데, 이 교육 방법론 수업에서 광범위하고 다양한 교수법이 수강자들에게 소개된다. 이때 소개되는 교수법들 중 다수는 전통적 교육자들이 수업에 활용하려고 고려하는 수단들의 범위를 훨씬 넘어선다. 그러므로 교육 방법론 교재의 저자들 대부분은 호레이스 만이 여러 해 전에 쓴 다음 문구에 동의할 것 같다. 만이 생각하기에 교사들은,

> 무한하고 다양한 교육 방법과 교육과정들을 알아야 한다. 가르치는 데 능한 사람은 평범한 정신을 가르치는 평범한 방식뿐만 아니라, 독특한 성격과 기질을 지닌 학생을 위한 독특한 방식도 알고 있다. 그리고 이들은 다양한 상황 속에서 나타나는 차이에 따라 자신의 계획을 융통성 있게 변경할 수 있을 만큼 모든 교육 방법의 원리에 능통하다.[7]

만일 교사를 지식의 전달자로 보는 전통적 사고의 교수법에만 집중했다면 교수법 교재에서 다룰 내용은 별로 없었을 것이다. 교사 교육을 받는 학생에게 다양한 교수법을 소개하게 되면, 그들은 부분적으로라도 진보주의 교육가들의 이론을 따르게 되는 것이 사실이다.

교사 교육과정 초반에는 특수교육 영역에 관해서도 접하게 된다. 1975년 「장애인교육법Disabilities Education Act」이 통과된 이후, 미국 학교는 의무적으로 모든 아동에게 적합한 교육을 제공하도록 되어 있다. 특별히 학

습에 장애가 있는 학생들은 개별 교육 계획individual education plan/IEP[8] 에 따라 교육받을 자격이 있다. 또한 학생들이 가진 문제가 무엇이든 간에, 특수교육이 필요한 아이들은 "최소한으로 제한된 환경"에 놓여야 한다. 이는 현재 미국에서 특수교육을 필요로 하는 약 11%의 아동들 가운데 높은 비율의 아동들이 일반 교실에서 교육받게 될 것이라는 뜻이다. 결과적으로, 교사들은 이전에는 별도의 특수교육 교실에서 수업을 받았던 학생들과 함께할 준비를 해야만 한다. 정신적, 육체적, 정서적으로 장애를 가진 아이들이 그렇지 않은 아이들과 한 교실에서 수업을 받고 있다. 이런 상황이라면 한 학급에서 교사가 IQ 70 미만인 학생과 그 옆에 앉은 IQ 140인 아이를 같이 지도할지도 모른다. 소위 이 같은 "통합" 교실이라는 곳에서 교사들은 저마다 다른 학생들의 필요에 맞는 다양한 교육 방법을 찾아낼 것을 요구받는다. 특히 초등교육 수준에서 학교들은 특수교육에 관한 훈련을 폭넓게 받은 교사 지원자를 찾고 있다. 이런 학교들은 초등교육과 특수교육 분야에서 이중 자격을 가진 지원자를 매우 선호한다. 따라서 교육대학의 수업들은 일반교육보다 특수교육 과정에서 학급이 아닌 개인별 교수의 중요성을 훨씬 더 강조하고 있다.

다른 한편으로, 교사교육 프로그램은 영재교육에도 역점을 두고 있다. 영재교육의 목적 역시 다른 학우보다 지적으로 우수하다고 판단된 학생에게 특별 교육 기회를 부여하는 것이다. 평균 지능을 가진 아이에게 맞춰진 전통적 교수법은 영재 학생에게 지루하게 느껴지거나 실망감을 안겨 줄 수 있다. 따라서 많은 학교는 영재 학생이 지적으로 도전할 수 있을 만큼 훨씬 더 깊이 있는 학습 경험을 제시할 수 있는 방법을 모색했다. 이런 학생을 책임지고 있는 교사는 영재 아동들에게 흥미를 일으키고 그들의 교육을 질적으로 풍부하게 만들어 줄 수 있는 특별 과제를 자주 부여한다. 이러한 교육 방식은 확실히 진보주의 교육가들의 이론과 일관된 면을 보여 준다.

오늘날 다문화 교육으로 알려진 개념 또한 교육 프로그램들에서 다양성을 요구하고 있다. 다문화 교육 개념의 일부로, 학습 방식이 학습자의 문화적 환경으로부터 영향을 받는다는 이론이 있다. 그러므로 이 이론에 따라 미래의 교사는 아프리카계 미국인 학생을 가르칠 때 그들의 언어와 문화를 고려해서 수업 계획을 세워야 한다는 점을 배우게 된다. 또한 학생들의 성별도 수업 계획을 세울 때 무시될 수 없는 요소다. 여러 교재들이 여학생의 학습 형태가 남학생과 다르다는 것을 보여 주는 연구 결과들을 언급하고 있기 때문이다.

미래의 교사는 학생들이 지닌 이런 많은 차이들을 고려해야 하는 것은 물론이고, 학급을 잘 관리하고 운영하기 위한 수단으로 학생들과 교섭하고 그들의 관심을 끌어들이는 것의 중요성도 배우게 된다. 학급관리 기술에 관한 어떤 책이나 이를 가르치는 어느 교수자라도 예비 교사에게 규율과 통제 상실의 문제에 빠지지 않으려면 학생들을 수업에 능동적으로 참여시키고 그들의 주의를 집중시킬 수 있는 활동을 제공해야 한다고 강조할 것이다. 매일 텔레비전과 컴퓨터 게임에 빠져 지내는 아이들이 급속히 증가하고 있는 이 시대에, 학생들을 장시간 학습에 참여시키는 일은 만만치 않은 일이다. 물론 학생은 수업 내용에 흥미가 없을 때 좋지 않은 행동을 하기 쉽다. 최근에는 일반적 수업보다 긴 기간으로 구성하게 마련인 블록수업block scheduling[9]의 유행 추세로 인해, 학생들의 흥미와 참여를 계속 유지하는 문제는 더욱 어려운 일이 되고 있다. 교육학 교수들은 특히 수업 기간이 길수록 각각의 수업 시간에 다양한 활동들을 포함시키라고 강력히 권유한다. 따라서 이런 조언에 따른 전형적인 수업 계획안을 보면 대개 교사가 강의하는 수업에 이어 일종의 조별 활동이나 개별 연구 조사 프로젝트 발표들을 하게 된다.

초등교육 수준에서, 일부 교사는 주제 중심 영역subject matter centers이라고 불리는 방식으로 하루 수업 시간을 짜기도 한다. 즉, 학생들은 교실 안에서 사회, 영어, 수학, 과학 등으로 구획된 각 영역들 사이를 오가며 공부하는데 각 영역에는 아이들을 위한 특별 활동들이 마련되어 있다. 예를 들면, 지질학 단원을 공부하는 그룹을 위해 과학 영역에는 학생들이 조사하고 구분하게 될 암석 표본들이 준비되어 있을 것이다. 다른 무리의 학생들이 사회과목 영역에서 지도를 그리고 있는 동안, 독서 영역에 있을 시간인 아이들은 비치된 학급문고와 편안한 의자를 활용해 개인적인 독서를 즐길 수도 있다. 수학 영역에서는 아이들이 주판과 같은 특정한 도구들을 두고 고민 중인지도 모른다. 초등교사 과정 학생들은 교육 방법론 수업에서 이런 학습 영역을 스스로 고안해 볼 기회를 갖게 된다. 교수-학습에 대한 이 같은 접근 방식은 분명 진보주의 교육자들이 옹호하는 이론과 관련이 있다.

마지막으로, 교사교육을 받는 거의 모든 학생은 교육심리학 과정을 이수해야 한다. 이 수업은 아동 발달 단계와 학생의 삶에서 각 단계가 학습에 어떠한 영향을 주는지에 초점을 두고 있다. 이런 교육심리학 과정에 포함된 이론들 중에는 구성주의가 있다. 구성주의constructivism란 "실천과 활동에 기반한 교수-학습을 강조하는 교육이론"이라고 어느 교재에는 설명되어 있다.[10] 교육심리학자들이 모여 있는 주요 전문 단체인 미국심리학회American Psychological Association는 구성주의 이론에 바탕을 두고 교육에 대해 다음과 같이 권고하고 있다.

가르침에 대한 사고방식을 재고하려는 교사들에게: 미국심리학회는 학생들은 자신의 사고 범주를 스스로 발달시킬 기회를 부여받아야 하는 능동적인 학습자라는 사실을 주장하고자 한다. 따라서 교수법은 학생들이 중요한 문제에 대해 그들 스스로 마음껏 답을 추론하고 발견할 수 있도록 다양한 학습 활동을 포함해야 한다. 교사들은 일방적인 강의보다 이런 학습 상황들을 설계하는 데 더 많은 시간을 할애할 필요가 있다. 학습이란 교사나 다른 누군가에 의해 주어진 의미가 아닌 자기 나름의 의미를 학습자가 능동적으로 만들어 나가는 것이다.[11]

두말할 여지없이, 교육심리학 수업에서 자주 다루는 주제인 이러한 관점은 진보주의 교육에서 계승되어 온 사상들과 일치한다.

거의 모든 교육학 수업에서, 학생들은 진보주의 교육이론의 몇 가지 사항에 대해 듣게 될 것이다. 동시에 교육학 이외의 수업에서 학생들은 아마도 교사 중심 강의에 주로 사용되고 있는 전통적 교수법도 배우게 될 것이다. 이런 경우에도, 교사 중심 수업은 이제 주로 파워포인트 같은 시각적 자극을 주는 부수적인 교육 방법들을 포함하며, 더 작은 규모의 학급에서는 교사와 학생 간의 대화도 가능하게 될 것이다. 교사교육학과 이외의 대학 교원들 대부분은 교육학 수업을 거의 받지 않으며, 대안적 교수법에 대한 지식이 별로 없거나 아예 거기에 관심이 없을 것이다. 그렇지만 이런 경우에도 그들 중 많은 이는 학생들의 흥미를 끌거나 학과목에 대한 열의를 불어넣을 줄 아는 유능한 교사들이다. 교원 양성 교사들과 마찬가지로, 이러한 교수들은 미래 교사들에게 귀감이 되며, 그들의 영향력은 교사교육 과정의 교수들보다도 훨씬 더 지대할 수 있다. 사실, 일부 교육학과는 협동학습이나 학생 프로젝트 시행 같은 교육 방법에 관해 가르칠 때조차 여전히 강의 중심의 교수법을 사용하고 있다. 존 듀이 역시 대학에서 강의 방식으로만 수업을 했다는 점에서는 비판받을 여지가 있다. 이와 함께 불행히도 교육학 이외 분야의 일부 교수는 대학 안에서 교육학과를 폄하하고, 심지어 자신의 전공과목 학생들에게 교육학 과정의 모든 수업을 수강할 생각을 하지 말라고 설득하려고 한다.

일부 단과대학과 종합대학들의 경우, 학교 운영비의 많은 부분은 황금알을 낳는 거위인 교사교육학과로부터 벌어들인 수입으로 충당했다. 존 메로우John Merrow의 말에 따르면, 이러한 대학들은 "교육학과의 수업료를 법학, 의학, 공학, 그리고 간호학 과정 운영을 위해 전용하고 있다"고 한다. 유명한 교사교육 전문가 린다 달링 해먼드Linda Darling Hammond는 "만일 교사가 되려고 한다면, 당신은 자신이 낸 수업료의 절반만이 당신의 교육에 지원될 거라는 점을 알아야만 할 것이다"라고 했다.[12] 이러한 대학들에서 교사교육학과는 비상근 교수나 시간제 교수를 더 활용하고 교수들에게 다른 학과보다 낮은 보수를 지급하도록 압박을 받기 십상이다. 계속해서 메로우는 "교사 양성 대학이 종합대학의 부속 단과대들 가운데 가장 서열이 낮다는 것은 누구나 아는 사실"이라고 말했다. 교사 양성 대학 내에서도 계층 사다리의 가장 밑에 있는 이들은 실제로 교사들을 가르치는 사람들이다.[13]

대학 교수들의 월급을 살펴보면, 2002년에 실시한 조사는 최하위 임금 수급자로 다섯 개 그룹을 명시하고 있다. 영작문 교사들이 가장 낮은 월급을 받았으며, 그 뒤를 이어 회화 및 연설 교사, 건강 및 체육 교육 교수 순으로 낮은 월급을 받았다. 목록에서 네 번째는 일반 교사교육학과 교원들이다.[14]

만일 교사교육학 교수들과 교육과정이 대학 내에서 중요하게 인식되지 못하고 있다면, 누군가는 학생들이 교사교육과정에 대해 부정적인 인식을 가지고 있는 것이 아니냐고 물을지도 모른다. 일부의 경우에 교육학 교수들은 그들이 주장하는 바를 실천하지 않는다고 학생들에게 비난받기도 한다. 존 듀이가 그랬던 것처럼, 이런 교수들은 학생의 수업 참여 필요성에 대해 강의하지만 이를 자신들의 수업에 적용하지는 않는다. 예를 들면, 한 교수자가 수업에서 협동학습에 관해 이야기하기는 하지만 결코 자신의 학생들이 그룹으로 나뉘어 학습하는 것을 허용하지는 않을 수 있다. 교사교육 과정의 수업들 중 중복되는 내용이 상당하다는 것도 자주 지적받는 부분이다. 물론 이 같은 문제들에도 불구하고 아직도 많은 대학에서 미래의 교사들이 교육학 과정을 즐기고 그 수업을 기대하고 있다는 점 또한 사실이다.

그러나 학생이 교육학 수업을 통해 얻는 효과는 흔히 이전에 그들이 경험한 교육에 의해 약화되기도 한다. 대부분의 교사교육과정 학생은 대학에 입학하기 전 학교 성적이 꽤 우수했던 이들이다. 그들은 전통적인 교육 방식의 수업에서 좋은 점수를 받을 수 있었던 학생이다. 그들 중 다수는 전통적 교육 방식의 수업에 대해 긍정적인 기억을 가지고 있고, 특히 그들이 과거에 훌륭하다고 생각하는 교사들을 만났었다면 그런 성향은 더 강할 것이다. 당연히 이런 학생들은 과거 기억 속의 그 좋은 교사들을 자기 교수 방식의 모델로 삼을 가능성이 높다.

대학에서 교육현장 실습을 나갔을 때도 전통적 교수법을 고수하지만 이례적으로 우수한 여러 교사들을 만날 수 있다. 교육 실습생들은 학생들을 가르치게 될 때 진보주의 교육 방법에 별 관심을 보이지 않는 교사들과 함께할 수도 있으며, 특히 오늘날의 고등학교에서는 "교과 내용을 다루는 것"에 우선 목표를 두는 많은 선임 교사들과 마주하게 될 것이다. 「낙오학생방지법」에 따라 시험 성적 결과에 의한 압박감이 증가할수록, 미래의 교사는 그들의 교생 실습 기간 동안 진보주의 교육 방식의 수업을 보게 될 기회를 갖지 못할 가능성이 크다. 따라서 교육 실습생은 대학의 교육학 수업에서 다양한 교수법에 대해 배우긴 했지만 이를 교육 실습 중에 활용할 수는 없을 것이다. 그들이 정식 교사가 됐을 때도, 부임한 첫해에는 동료 교사들의 교수법으로부터 영향을 받게 될지 모른다. 초임 교사의 멘토 교사가 교수 방식에 대해 보수적인 사람일 가능성도 높다. 만일 "시험을 위해 가르치는 것"이 교육에 대한 그 학교의 주된 접근 방식이라면, 신임 교사는 혁신적인 교육 전략을 시험해 보기가 극히 어렵다는 것을 알게 될 것이다.

위와 같은 모든 요인이 대학의 교사교육 프로그램의 장기적 영향력 또한 최소화시킬 수 있다. 동시에, 고무적인 교사교육학 교수들이 여전히 학생들에게 중요한 영향을 미칠 수 있다는 것도 분명한 사실이다. 이들 교수들은 미래의 교사들이 아이들을 개별적으로 대하고 다양한 교수법을 활용하도록 끊임없이 강조한다. 비록 교사교육 프로그램의 장기적인 효과를 확인하는 것은 어렵다 할지라도, 진보주의 교육사상이 교사교육 프로그램의 중심에 놓여 있는 한 진보주의 교육은 사라지지 않을 것이다. 이러한 교육 프로그램의 영향과 더불어 미국 학교에서 진보주의 교육사상이 계속 유지되도록 하는 몇 가지 다른 요소들이 있다. 지난 50년간 보인 그러한 경향 중 하나는 중학교에서 진보주의 사상에 대한 관심이 점차 고조되고 있었다는 점이다.

1. Kenneth H. Hansen, *Public Education in American Society*, (Englewood Cliffs, NJ: Prentice-Hall, Inc., 1956), 304.
2. Robert Gray Holland, *To Build a Better Teacher*, (Westport, CT: Praeger, 2004), xvii-xviii.
3. Nathan Glazer, "The Trouble with Ed Schools", *Education Next at* http://www.educationnext.org/20053/82.html (accessed 28 september 2005), 2.
4. George R. Cressman and Harold W. Benda, *Public Education in America*, (New York: Appleton-Century-Crofts, 1966), 157-58.
5. Myra Pollack Sadker and David Miller Sadker, *Teachers, Schools, and Society*, (Boston: McGraw Hill, 2005), 315.
6. Allan C. Ornstein and Daniel U. Levine, *Foundations of Education*, (Boston: Houghton Mifflin, 2006), 103.
7. "Motivational Quotes for Teachers", at http://www.pitt.edu/~poole/ARCHIVE#.HTML (accessed 14 March 2005), 2.
8. [옮긴이 주] 개별 교육 계획은 특수교육에 등록된 모든 학생들을 위해서 학생별로 개별화된 학습과정을 강화해 주려는 목적으로 구상됐다. 개별 교육 계획을 위한 특별지원은 평등한 교육 기회라는 법적 요구를 실현하기 위한 도구이며, 이 지원을 받을 경우 지원을 위한 평가진술서가 요구된다.
9. [옮긴이 주] 블록수업(block scheduling)은 교과 내용과 특성에 따른 과목 간 통합 운영을 말한다. 예를 들어 헤밍웨이의 소설『무기여 잘 있거라*A Farewell to Arms*』를 배운다면 이 소설의 배경이 되는 1차 세계대전을 이해하기 위한 일련의 역사 수업시간과 헤밍웨이에 관한 문학 수업시간을 통합해 하나의 블록수업으로 운영하는 식이다.
10. James A. Johnson, Victor L. Dupuis, Dianne Musial, Gene E. Hall, and Donna M. Gollnick, *Introduction to the Foundations of Education*, (Boston: Allyn and Bacon, 1996), 400.
11. Johnson, Dupuis, Musial, Hall, and Gollnick, *Introduction to the Foundations of Education*, 400.
12. John Merrow, *Choosing Excellence*, (Boston: Scarecrow Press, Inc., 2001), 88.
13. Merrow, *Choosing Excellence*, 85-86.
14. Sharon Walsh, "Law Professors Again Get Top Pay, Faculty-Salary Survey Finds", *The Chronicle of Higher Education*, 12 August 2002, at http://chronicle.com/daily/2002/08/2002081201n.htm (accessed 12 August 2001).

12.

중학교:
학제의 변화와
진보주의 교육운동의 영향

미국의 학군들이 중학교를 설립하기 시작한 것은 1950년대 초였다. 20세기 말까지 "중학교 혹은 그에 해당하는 편성 조직(예를 들어 5-8학년이나 6-8학년)을 가진 학교 수는 1971년 23%에서 2000년 69%로" 증가했다. 3년 전 K-8 학교들[1]에 관한 한 전국여론조사에서는 응답자의 84%가 중학교 연령대의 아이들을 위한 이상적인 편제는 '분리된 중학교'라고 생각한다고 밝혔다.[2] 20세기가 저물 무렵 미국에 있는 중학교 수는 1만 2,000개가 넘었다.[3] 학교의 성적 책임 의무가 포함된 「낙오학생방지법」통과 이후 중학교와, 분리된 중학교를 지지하는 이론이 공격의 대상이 된 것은 사실이다. 그럼에도 불구하고 중학교는 여전히 인기 있는 학교조직 형태로 남아 있다.

학년에 따라 학교를 조직하는 방식은 미국 역사에서 많은 변화를 겪어왔다. 1830년대 중반까지 대부분의 학교는 학부모로부터 수업료를 받아 재정을 사적으로 관리했다. 전부는 아닐지라도 이 학교들은 대개 모든 연령대의 아이들을 수용하는 하나의 학급을 가진 단실학교의 형태로 운영되었다. 대부분의 지역에서 초기 학교들은 기독교 종파가 설립하고 운영했다. 1830년대 중반으로 접어들면서 매사추세츠의 호레이스 만과 공립학교를 지지한 여러 인사들의 주도 하에 세금으로 지원되는 초등학교나

보통학교들이 건립되었다. 나중에는 사립 학원이나 고등학교들이 점차 공립 고등학교로 전환되었다.[4]

1909년 오하이오주 콜럼버스의 교육위원회가 "초급 고등학교junior high school"라고 불리는 3년제 중등과정 학교를 열었고, 이듬해 같은 형태의 두 번째 학교가 캘리포니아의 버클리에서 개교했다. 1930년까지 7-9학년을 교육하는 초급 고등학교 조직 유형이 미국 전역에 생겨났는데, 이런 현상은 특히 중간 규모나 큰 학군에서 두드러졌다. 일부 작은 지역에서는 여전히 한 건물 안에 유치원부터 전 학년(K-12)을 수용하거나, 학생들을 6학년 이하와 7-12학년의 둘로 나눠 각각 분리된 학교로 운영하고 있었다. 새롭게 건립된 초급 고등학교는 대개 해당 학군 내의 고등학교를 본떠 만들어졌는데, 학생들은 수업시간에 따라 교실에서 교실로 이동했고 과목마다 담당 교사가 따로 있었다. 초급 고등학교의 교육과정은 학교마다 약간씩 차이가 있었지만 보통 남학생들에게는 공작실습shop, 여학생들을 위해서는 가정교과home economics가 필수수업으로 배정되었고 음악과 미술수업 수강이 요구되는 경우도 많았다. 7-12학년 학교에서는 나이 어린 학생들이 고등학교 고학년들과 같은 행사에 참여하고 같은 일과표를 따르며 같은 통학버스를 탔다. 같은 건물에서 매점과 체육관, 화장실도 공유했다. 만약 화장실에서 담배를 피우는 12학년생들이 있다면, 7학년생들도 흡연 습관을 배우게 될 수 있었다. 심지어 분리된 건물의 초급 고등학교에서도 재학생들은 마치 '고등학교'에 있는 것처럼 취급받는 일도 흔했다.

결국 20세기 중반을 지나면서 아이들에게 더 나은 상급 학교로의 전이 환경을 제공해야 한다는 다량의 글들이 교육 학술지에 실리기 시작했다. 아이들은 분리돼 있고 안전한 초등학교 교실에서 한 명의 교사와 지내다가 개별적 친분이 없는 다수의 교사들이 수업하는 초급 고등학교나 중고과정 통합 고등학교(7-12학년)로 진학하면 혼란을 겪기 때문이다. 변화의 필요성을 제기하는 이론은 초등학생과 고등학생들 간 발달상의 차이에 그 근거를 두고 있었다. 5-8학년 학생들이 심리적, 교육적으로 필요로 하는 것은 초등학생이나 고등학생들과 다르다는 게 이 주장의 요지다. 이 연령대를 위한 별도의 학교가 아이들의 나이에 맞는 학습 환경을 제공할 많은 조치들을 시행할 수 있고, 중도 탈락이나 10대 임신, 마약과 알코올 남용 같은 문제들에도 더 잘 대처할 수 있으리라 기대한 것이다.[5]

많은 중학교가 초등학교에서 사용하는 것과 같은 교육과정 유형을 개발했는데, 적어도 이론적으로는 많은 이들이 다음과 같이 생각했다.

중학교 교육과정은 초기 청소년들의 심리발달에 초점을 맞추고, 건강과 사회적 책임감, 기본적 의사소통과 인간관계에 관련된 문제들을 다루어야 한다. 보다 복잡한 사고기술의 발달을 주요하게 다뤄야 하는데, 많은 전기前期 청소년 아동들이 발달학적으로 이제 막 피아제의 형식적 조작기―즉, 가설적 사고가 강조되는 단계―에 들어가고 있기 때문이다. 학교의 교과는 과목별로 구분되어서는 안 되고 생활의 흥미, 또래 관계, 사회적 정체성 등을 거론하는 사회-개인적 문제 탐구를 목표로 해야 한다. 그리고 탐구학습은 전기 청소년 아동들에게 세상을 향한 문을 열어 주고, 다양한 새로운 생각과 주제에 일찍 흥미를 키워 나가는 방식으로 인식되어야 한다.[6]

전미초등학교교장협의회National Association of Elementary School Principals

가 발표한 어느 논문은 중학교에 대해 진보주의 교육자들의 사상과 일치하는 다음과 같은 부가적인 특성도 고려해야 한다고 주장했다. 이 글에 따르면 효과적인 중학교는 다음과 같아야 한다.

- 모든 학생들이 적절하고 도전적이며 통합적이고 탐색적인 교육과정 환경에 참여하도록 한다. 이 환경은 학생, 학교, 가정 그리고 지역사회 사이에 상호 존중하고 지지하는 관계를 촉진한다.
- 한 번의 시험 결과를 넘어서는 폭넓은 자료들을 토대로 학습과 관련된 결정을 내린다.
- 모든 학생의 교육 기회를 확장하고 강화하도록 학교와 지역사회가 연계한다.
- 다양한 교수법과 학습법을 사용한다.
- 유연한 조직구조를 제공한다.
- 건강과 안녕, 안전을 촉진하는 프로그램들을 제공한다.[7]

진보주의 교육자들의 목표와 어느 정도 연관된 또 다른 경향은 학생 수가 많은 과밀학교를 "학교 내 학교들"로 분할하는 사례가 증가한 것이다. 이런 접근 방식의 목적은 보다 "아동-중심적인" 환경을 만들고 아이들을 위해 더욱 편안한 "학습공동체"를 발전시키는 것이다. 이처럼 더욱 친밀한 학교 환경 안에서 교사들은 수월하게 통합적 교과운영과 팀티칭에 참여하게 된다. 많은 초급 고등학교와 달리 이 학교의 학생들은 흔히 능력별로 그룹을 구성하는 전통적 방식이 아닌 혼합된 그룹에 속하게 된다. 교사들의 일과 중에는 수업 계획을 위한 시간도 주어진다. 학생 지도와 상담은 학교가 제공하는 중요한 서비스로 인식된다. 독립된 중학교의

필요성을 주장하는 이론에 따르면 학부모의 참여 또한 매우 장려되는 사항이다.[8]

중학교 구상안에 내포된 이러한 목표들을 실행함에서 이 프로그램들은,

> 문제 해결 능력, 반성적 사고과정, 개인별 특화된 학습프로그램을 강조해야 한다. 교육과정의 내용은 쉽게 통합되어야 하며, 학교 교육은 교사가 지식의 분배자가 아니라 학습의 개별적 안내자이자 촉진자라는 사고를 중심에 두어야 한다. … 교과 내용과 경쟁의 강조는 초급 고등학교와 고등학교에서 공통적으로 감소하는 추세다.[9]

실제로 독립된 중학교를 지지하는 진보주의 이론을 성실히 따르는 학교들이 있다. 뉴욕주 롱아일랜드에 위치한 쇼어렘-웨이딩Shoreham-Wading 중학교는 인기 있는 교육학 교재에 사례로 소개된 학교 중 하나다. 이 교재는 자신의 학교를 다음과 같이 소개한 열세 살짜리 어느 학생의 말을 인용하고 있다. "6학년이 되어 여기로 왔을 때 너무나 놀랐어요. 이전 학교는 꼭 감옥 같았는데, 이 학교는 정말 편안해서 집에 있는 기분이에요. 선생님들은 학생들 개개인을 잘 알고 있고, 이곳엔 우리를 항상 바쁘게 만들어 줄 일들이 가득합니다. 난 진짜 여기가 좋아요."[10] 전 〈뉴욕 타임스〉 기자이자 현재 카네기 재단의 교육 발전 선임연구원인 진 매로프 Gene I. Maeroff는 이 학교를 방문하는 동안 다음과 같은 점을 목격했다고 한다.

- 팀티칭
- 광범위한 실험학습
- 협동 혹은 그룹학습
- 교사들의 잦은 공동 계획 수립
- 매일 학생들과 함께 점심을 먹는 교사들
- 교육과정의 일부인 지역사회 봉사활동
- 학교 소유의 작은 농장에서 일하는 학생들
- 진로 탐색을 위한 잦은 현장학습
- 거의 모든 학급에서 혼합 그룹 운영
- 또래들 간의 다툼 해결을 위해 일부 학생들은 갈등 조절 훈련 수강
- 학교 심리상담사가 15년 근무하는 동안 심각한 마약 복용 사례는 단 3건 발생
- 학교는 "모두가 참여한다고 느끼는 기회를 가질 때 공동체 의식—듀이가 전체 그룹을 움직이는 정신이라고 불렀던 것—이 질서로 이어진다"라고 한 존 듀이의 주장을 실증하고 있음[11]

이러한 진보주의적 학교 모델은 분명 모든 중학교에서 발견되지는 않는다. 헤이스 미젤M. Hayes Mizell은 중등교육자들을 대상으로 한 연설에서 '중등과정 개혁 촉진을 위한 전미 포럼'이 조사한 바에 따르면 "6, 7, 8학년을 교육하는 학교들에게 기대되는 양질의 기준을 만족시킨 중학교들을 찾아보기 어려웠다"고 말했다. 포럼의 조사는 "학문적 우수성"을 분명하게 보여 주어 '발달학적 측면에서도 요구에 부응'하고 '사회적으로도 온당한' 학교들을 찾고 있었다.[12] 미젤을 비롯한 비평가들은 중학교들이 일반적으로 그와 같은 기대에 부응하지 못한다고 결론 내리면서, 다음의 요인

들을 지적했다.

- 많은 학교 운영위원회와 행정가, 교사들이 중학교 이론을 제대로 이해하지 못했다. 따라서 그들의 학교는 중학교라고 불리긴 하지만, 실제로는 전통적인 초급 고등학교와 별반 다르지 않다.
- 일부 중학교는 학생들의 발달적 요구에 부응하기 위해 학업적인 부분을 너무 희생시켰다. "이들 학교의 어젠다는 학습이 아니라 학생들에 대한 공감으로 설정되어 있다." 그 결과 일부 중학교에서는 교육과정과 학업성취의 기준이 낮아졌다.[13]
- 너무 많은 중학교 교사들이 담당한 과목을 가르칠 수 있는 학문적 준비가 되어 있지 않았다.[14]

이 같은 비판이 일정 부분 타당하기는 하지만, 중학교 교육 안에서 변화가 일어나고 있다는 점을 생각하면 더욱 희망적인 전망을 가져 볼 만하다. 현재 많은 주가 중학교 교사에게 별도의 자격증을 요구하고 있다. 중학교 교사자격증을 획득하기 위해서 예비교사들은 '아동 및 청소년 발달', '중학교 교수법'이나 '중학교 이론'과 같은 과목들을 이수해야 한다. 전미중학교협회가 창립됐고, 현재 협회는 중학교 교육과 관련된 정보와 아이디어를 보급하기 위해 영향력 있는 저널을 출간하고 있다. 이러한 활동과 여타 조직들, 중학교 교육을 주제로 한 많은 저서들 덕분에, 독립된 중학교의 필요성에 대한 철학적 정당화는 이뤄졌다고 볼 수 있다.

1990년까지 미국의 전문교육자들 사이에서 중학교 나이의 아동들에게 맞는 별도의 교육적 요구가 있다는 데 합의가 이뤄지기 시작했다. 1989년 카네기 재단은 「전환점: 21세기를 위해 미국 청소년들을 준비시키기

Turning Points: Preparing American Youth for the 21st Century」라는 제목의 보고서를 발표했는데, 여기에는 다음과 같은 언급이 들어 있다.

청소년들이 인생의 초년인 이 시기에 지속적인 자존감, 유연하고 탐구적인 정신, 믿음직하고 상대적으로 친밀한 인간관계, 가치 있는 집단에 대한 소속 의식, 자아를 넘어서는 유용성에 대한 인식을 획득하도록 도와주어야 할 필요가 있다. 그들은 내면의 호기심과 탐구적 에너지를 건설적으로 표출하는 법을 발견해야 한다. 또한 정보에 근거해 자기 의사에 따른 결정—특히 교육적 미래나 약물 복용처럼 크나큰 결과를 가져올 수 있는 문제들에 관한—을 내리기 위한 기반을 필요로 한다.[15]

이러한 목표를 뒷받침하기 위해 중학교들은 다음과 같은 사항을 실행해야 한다고 제안한다.

- 학생의 문제와 관심사를 교육과정에 통합
- 통합교과적인 팀 조직
- 협력 학습 활동을 포함한 확장된 범위의 교수 전략
- 블록수업을 포함한 유연한 시간표 운영
- 탐구활동 및 과정[16]

21세기에 들어서면서 효과적인 중학교 교육에 필요한 적절한 목표와 방법들에 대한 합의가 이루어진 듯하다. 이 합의는 상당히 많은 진보주의 교육의 신조를 유지하고 있다. 중학교 운동의 실체가 중학교 이론에 내재된 변화에 대한 기대를 반드시 반영하는 것은 아니다. 1990년대에 발행된 한 보고서는 "초기 청소년들을 수용하는 학교의 압도적인 다수가, 특히 도시 지역인 경우, 그들이 개혁할 대상으로 인식되는 초급 고등학교들과 닮아 있다"고 결론 내렸다.[17]

중학교 운동의 목표를 향한 전진은 또한 최근 들어 새로운 큰 장애물에 직면했다. "고부담 시험"의 출현과 함께, 특히 이제 「낙오학생방지법」이 3-8학년에도 적용되면서 중학생들의 학력 성취도는 면밀한 조사의 대상이 되었다. 2005-2006학년도에 법에 따라 규정된 시험들이 도입되었기 때문에, 성적에 대한 우려는 의심의 여지 없이 고조될 것이다.

2005년 6월에 우수한 교육을 위한 연맹Alliance for Excellent Education은 고부담 시험과 관련해 다음과 같이 경고했다. 2005년 9월 새 학년도에 9학년으로 진급하는 학생들 중 28%가 필수 읽기 능력을 갖추지 않았기 때문에 많은 부분에서 낙제할 위험에 놓여 있다. 또한 연맹은 9학년에 올라가는 이들 학생 중 단 34%만이 4년 안에 대학 입학에 요구되는 지식을 갖추고 고등학교를 졸업할 것이라고 보았다.[18]

부시 대통령은 그러한 통계에 주목하고 2005년 연두교서에서 「낙오학생방지법」의 필수시험 제도가 중등학교 수준으로도 확대되어야 한다는 의견을 피력했다. 이 제안이 실행된다면, 학생들에게 시험 준비를 시키는 일이 추가적으로 강조되면서 중학교에 보다 많은 압력이 가해질 것이다.[19] 연방의회가 현재는 필수시험의 확대를 거의 지지하지 않음에도 불구하고 논쟁은 가라앉지 않고 있다.

표준화 운동, 고부담 시험, 학교 성적 책임제의 결과는 이미 중학교에 영향을 미치고 있음이 분명하다. 현행 시험이 단지 언어와 수학에만 시행되고 있기 때문에 다른 과목에는 수업시간이 덜 주어진다고 보고되고 있다. 이 두 과목 시험과 그 결과 그리고 학생들의 점수에 부여된 중요성은 "학교 관리자들에게, 특히 시험 성적이 좋지 않은 학교일수록, 교육과정을 크게 바꾸도록" 강압하는 것으로 보인다. 문제는 이렇게 새로운 시험에 적합하게 만들어진 많은 교육과정상의 변화들이 신중하게 검토되지 않았고, 그 결과 교육과정의 질은 향상되지 않았다는 지적이 제기됐다는 점이다.[20]

새로운 시험을 근거로 교육과정의 변화를 강요하는 것은 사회적으로 합의된 중학교의 취지에 반대되는 결과를 가져왔다. 중학교 제도 지지자들의 우려에는 다음과 같은 것들이 있다.

- 학생의 학업성취도를 판단하기 위해 단일한 지표(지필평가)를 사용하는 것은 공정하지 않다. 대안적인 평가 방법들도 허용되어야 한다.
- 학교에 대한 압박은 학교로 하여금 귀중한 교육시간을 시험 기술을 가르치는 데 사용하도록 강요한다.
- 교육과정 내용의 범위가 시험에 나올 만한 것들로 좁혀지고 있다.[21]

동시에, 「낙오학생방지법」의 조항들은 중학교 단계에서 학문적 교육을 향상시킬 잠재적인 가능성도 있다. 학교가 '높은 자격을 갖춘 교사들'을 갖춰야 한다는 요건이 강제된다면 이는 중학교에 도움이 될 것이다. 자신이 담당한 학과의 교수 자격을 갖추지 못한 교사들의 비율은 초등, 고등학교에 비해 중학교에서 더 높다. 매우 가난한 지역의 중학교들에서는 "수업의 반 이상을 관련 교과를 전공하지 않은 교사들이 가르치고 있다"는 문제가 제기되기도 했다.[22]

자신의 교과에 더 잘 준비된 새로운 교사 집단이 중학교 운동의 교육철학을 수용할 것인지, 혹은 수용할 수 있을지 여부도 아직 확실한 답을 찾지 못한 채 남아 있다. 시험을 강조하는 것이 교사들로 하여금 "점수 매기기 쉬운 표준화된 시험에서 '객관적으로' 측정할 수 있는 것"만 가르치게 만들 수 있다고 우려하는 사람들도 있다. 이 같은 비판을 제기하는 사람들은 이러한 유형의 시험이 교사와 학생들에게 "이미 확정되어 논란의 여지가 없는, 오직 하나의 정답을 요구하는 지식과 기능만을 숙달"하게 한다고 믿는다. 그 결과, 이 주장에 따르면 시험-평가 중심의 중학 교육에서는 "학생들에게 모호하고 불확실하며 불가사의한 세상의 의문들을 탐구하는 것이 허락되지 않는다". 표준화된 시험에 대한 비판은 시험에 의존하는 교육 방식이 "미래의 고용주가 직원들에게 가장 요구하는 혁신, 주도적 태도, 융통성 같은 자질들을 아이들로부터 말살시킨다"고 본다.[23] 한때 칭송받던 일본의 교육시스템이 오늘날 "오랫동안 유지되어 온 국가 단일 교육과정과 주쿠Juku라 불리는 입시학원들의 과외수업에 의존하던 관행을 개혁하는 과정에 있음"도 지적했다. 이제 일본인들은 "이러한 접근 방식이 창의력, 혁신, 독립적 사고를 질식시키고 일본 경제의 침체를 가져왔다"고 생각하는 듯하다.[24]

다른 이들은 미국 사회에서 중학교 지도자들이 처한 난처한 입장에 대해 말하기도 한다. 개인적으로 그들은 학교생활에서 시험 결과 외의 다른 요소들이 동등하게 중요하다고 믿고 있음에도 불구하고 시험 점수에 집중해야 한다는 압박을 받는다. 교사와 학교관리자들의 도덕 수준이 낮다고 말해 주는 학교위원회의 조사도 있었다.[25] 미국 내 중학교 운동의 문제는 초등학교에서 중학교 이행기에 있는 학생들을 도와주기 위해 어느 정도 연령대에 적합한 학교 환경을 제공해야 한다는 우선적인 목표를 지키는 것이다. 그 환경은 분명 진보주의 교육자들이 요청한 많은 목적과 목표를 내포한다. 학교가 진보주의적 교육 방식을 사용할지라도, 이들 학교가 기본적인 학습기술을 가르치는 일을 잘 수행하는 것은 여전히 중요하다. 양쪽 모두를 잘 해내는 것은 만만치 않은 일인데, 이를 위해 학교는 노력하고 있다.

앞서 언급한 보고서 「전환점: 21세기를 위해 미국 청소년들을 준비시키기」를 읽은 후 미시간주 도심에 있는 한 학교는 진보주의 교육 방식을 사용하여 기초적인 능력을 가르치고자 했다. 학부모 단체, 관리자, 지역사회 구성원들은 '진보주의 모델을 사용하여 가르치게 될 기준에 기초한 교육과정'을 개발했다. 그렇게 만들어진 주제 구성 단위는 학생과 교사 양자에 의해 잘 수용되었던 교육과정 안으로 예술을 통합시킨다. 그와 같은 교육과정 개발에 착수하면서 그들은 다음과 같은 자신들의 중학교 목표에 동의했다.

- 현행 중등-수준의 교육 연구와 이론을 실천으로 전환한다.
- 지역사회와 협력관계를 형성한다.
- 통합적 주제 구성 단위를 사용한다.
- 프로그램 계획 및 실행을 위한 팀을 만든다.
- 갖가지 적절한 교수 모델에서 선택한다.[26]

이러한 목표를 이행하면서 학교는 학생들에게 '인간의 창의성을 발산' 하도록 하는 기술을 사용하게 한다. 이 학교에서 나타난 최초의 결과는 모든 이해당사자를 고무시키는 것이었다. 시험 점수는 읽기에서 15%, 수학에서 18% 향상되었고, 아이들을 이 학교에 보내고자 하는 학부모 대기자 명단이 늘어났다.[27]

시험 점수가 향상되는 동안 다른 주와 개별 학구에서도 중학교론의 진보주의적 요소를 유지하기 위한 방법을 모색했다. 뉴욕주에서는 '주 교육과정 요구회의'에서 일부 중학교에 유연성을 부여했는데, 이들 학교가 목표를 달성하는 것은 물론 시험 성적도 향상시킬 수 있는 유일한 방법을 찾도록 하기 위해서였다. 다른 학구는 형편없는 시험 점수 때문에 사실상 중학교 모델을 포기하기도 했다. 몇몇 주요 도시는 K-8 디자인 혹은 7-12학년 조직으로 그들의 학교를 재편성했다. "어린 청소년을 돌보는 사람들 사이에는 청소년의 요구와 그 요구를 충족시키는 최상의 방법에 대한 폭넓고 광범위한 철학적 공유"가 여전히 남아 있는 듯하다. 따라서 현행 중학교가 필요로 하는 변화를 이루고, 그래서 그 학교들이 「낙오학생방지법」의 도전에 성공적으로 직면할 수 있게끔 해야 한다. 지금까지의 연구 사례들은 교육연구부에서 발행한 『광범위한 학교 개혁 안내서An Educator's Guide to School-wide Reform』에서 찾아볼 수 있다. 이 기관은 다음과 같은 세 개의 다른 안내서도 제작했다.

1. 학교의 성공을 위한 청사진: 새로운 미국 학교를 디자인하는 안내서.
2. 학교 발전을 위한 종합 모델: 적합한 조합을 찾아 제대로 작동시켜라.
3. 학업성취 향상을 위한 핸드북.[28]

「낙오학생방지법」에 의한 저항에 중학교론을 맞추고자 하는 노력들에도 불구하고, 중학교 단계에서 전통적 교수법을 사용하도록 학교를 압박하는 일은 점점 증가할 것이다. 다른 학년에서처럼, 교사들은 내용을 "다루고", "시험에 대비해서 가르쳐야" 할 필요를 인지하게 될 것이다. 한편 진보주의적 교육 방법을 지지한 미국의 중학교론 역사는 거의 50년이 되었다. 하나의 사회로서 우리는 학생을 학교 시험에 도전하도록 준비시키면서도, 그들의 창의력을 향상시키고 교실에서의 경험을 통합할 줄 아는 문제 해결자가 되도록 그들을 돕는 문제는 여전히 남아 있다. 이에 대한 해답은 진보주의 교육의 미래에 영향을 미칠 것이고, 어느 쪽이 되었든 21세기 젊은이들을 가르치는 방법의 주요한 요소가 될 것이다. 진보주의 교육의 미래에 틀림없이 영향을 미치게 될 또 다른 이슈는 학교선택의 개념이다. 이러한 생각이 전국적으로 확산된 결과를 알아보는 것은 향후 수년간 미국 교육 프로그램의 성격을 규정하는 데 도움이 될 것이다.

1. [옮긴이 주] K-8 schools. 유치원부터(K grade) 초등학교(1-5/6학년에 해당), 중학교 (6/7-8학년에 해당) 과정까지 갖춘 학교를 말한다.
2. "Research in Support of Middle Level Grade Configuration" at http://www.nmsa. org/portals/0/pdf/research/Research_Briefs/grade_configuration.pdf (accessed 20 January 2006), 1.
3. James A. Johnson, Victor L. Dupuis, Dianne Musial, Gene E. Hall, and Donna M. Gollnick, *Introduction to the Foundations of Education*, (Boston: Allyn and Bacon, 1996), 444.
4. Myra Pollack Sadker and David Miller Sadker, *Teachers, Schools, and Society*, (Boston: McGraw Hill, 2005), 297.
5. Robert F. McNergney and Joanne M. Herbert, *Foundations of Education*, (Boston: Allyn and Bacon, 1995), 182.
6. Peter S. Hlebowitsh, *Foundations of American Education*, (Belmont, CA: Wadsworth/Thompson Learning, 2001), 340-341.
7. Sue Swain, "What Middle Schools Should and Can Be?", at http://naesp.org/ ContentLoad.do?contentId=537&action=print (accessed 20 January 2006), 1.
8. "What is a Middle School?" *Arlington Heights School District 25,* at http://www. ahsd25.k12.il.us/Curriculum%20Info/middle.html (accessed 16 November 2005), 1-3.
9. Johnson, Dupuis, Musial, Hall, and Gollnick, *Introduction to the Foundations of Education*, 444.
10. McNergney and Herbert, *Foundations of Education*, 183.
11. McNergney and Herbert, *Foundations of Education*, 183.
12. M. Hayes Mizell, "Thirty and Counting", at http://www.middleweb.com/ HMsouth.html (accessed 16 November 2005), 1-2.
13. Mizell, "Thirty and Counting", 2.
14. Mizell, "Thirty and Counting", 5.
15. *"Turning Points: Preparing American Youth for the 21st Century"*, Report of the Task Force on Education of Young Adolescents, Carnegie Council on Adolescent Development (New York: Carnegie Corporation of New York, 1989), 12.
16. Kevin and James M. Cooper, *Those Who Can Teach*, (Boston: Houghton Mifflin Company, 1995), 169.
17. Larry Cuban, "What Happens to Reforms That Last? The Case of the Junior High School", *The American Educational Research Journal*, 29, no. 2 (Summer 1992): 246.
18. "28% of America's 8th Graders at Risk of Not Graduating High School, According to Alliance for Excellent Education", *Alliance for Excellent Education*,

at http://www.all4ed.org/press/pr_060205.html (accessed 14 January 2006), 1.

19. "President Recognizes Needs of Middle and High School Students in State of the Union Address", *Alliance for Excellent Education*, at http://www.all4ed.org/press/pr_012104.html (accessed 14 January 2006), 1.

20. Kenneth E. Vogler, "An Integrated Curriculum Using State Standards in a High-Stakes Testing Environment", *Middle School Journal*, at http://www.nmsa.org/Publications/MiddleSchoolJournal/March2003/Article1/tabid/145/Default.aspx (accessed 14 January 2006), 1.

21. Vogler, "An Integrated Curriculum Using State Standards in a High-Stakes Testing Environment", 2.

22. "Alliance for Excellent Education Releases Report on NCLB & Middle Schools", *Alliance for Excellent Education*, at http://www.educationnews.org/alliance_for_excellent_education.html (accessed 20 January 2006), 1.

23. Barbara Klein, John D. McNeil, and Lynn A. Stout, "The Achievement Trap", *Education Week*, at http://edweek.org/ew/article/2005/11/16/12klein.h25.html (accessed 18 November 2005), 1.

24. Klein, McNeil, and Stout, "The Achievement Trap", 2. [옮긴이 주] 주쿠(Juku)는 일본어 學習塾(gakushu juku, 학습숙)의 약칭으로 우리나라의 입시학원이나 과외교습소 같은 사설 교육기관을 말한다.

25. Jean Johnson, "It's Time to Address the Human Factor in Education Reform", *Public Agenda*, at http://publicagenda.org/aboutpa/aboutpa_articles_detail.cfm?list=25 (accessed 18 November 2005), 1.

26. Karen Bolak, Donna Bialach, and Maureen Dumphy, "Standards-Based, Thematic Units Integrate the Arts and Energize Students and Teachers", *Middle School Journal*, at http://www.nmsa.org/Publications/MiddleSchoolJournal/May2005/Article2/tabid/122/Default.aspx (accessed 14 January 2006), 3.

27. Bolak, Bialach, and Dunphy, "Standards-Based, Thematic Units Integrate the Arts and Energize Students and Teachers", 7.

28. M. Hayes Mizzel, "Middle School Reform: Where Are We Now?" at http://www.middleweb.com/HMFndMidS.html (accessed 16 November 2005), 4.

13.

학교선택

이 장의 목적은 학부모의 선택 프로그램이 현재와 미래에 진보주의 교육에 미칠 영향을 살펴보는 것이다. 학부모에게 자녀의 학교를 선택할 기회를 주자고 하는 사람들은 이것이 결국 학교들의 혁신적인 프로그램 도입을 촉진할 것이라고 주장했다. 대부분의 공립학교들이 계속 전통적인 교육과정과 교수법에 치중한다 하더라도, 학교선택권은 이런 전통적 교육 방법의 독점을 막아 주고, 적어도 일부 부모들에게 진보주의적 학교 환경을 선택할 수 있도록 해 줄 것이다. 따라서 이론적으로 학교선택권은 미국 내 진보주의 교육의 성장을 촉진할 수 있으리라는 논리다.

미국에서 학교선택권은 몇 가지 형태로 항상 존재해 왔던 것이 사실이다. 심지어 19세기 공립학교 운동의 발전 이후에도 선택이 가능한 사립학교들은 언제나 있었다. 이런 사립학교들에는 종교기관이 운영하는 학교와 일반 학교가 모두 포함된다. 물론 사립 교육기관들은 수업료에 의존하기 때문에, 많은 가정들이 실질적으로 선택권을 활용할 수는 없었다. 21세기 초 미국 학생의 최소 90%가 무상 공립학교에 다니고 있는 것은 이 때문이다.

1955년 경제학자 밀턴 프리드먼Milton Friedman[1]은 학부모가 공립학교나 사립학교에서 자녀들의 교육비로 지불할 수 있는 정부 지원의 바우처

voucher 지급을 도입하자는 아이디어를 내놓았다. 그는 이 바우처 제도의 대상이 될 학교들은 영리단체, 기부금에 의해 설립된 비영리재단, 종교단체, 정부기관 등으로부터 다양한 지원을 받아 운영될 것이라고 했다.[2] 저명한 경제학자인 프리드먼은 바우처 제도가 교육현장에서 건강한 경쟁을 만들 것이라고 믿었다. 그의 논리는 이렇다. 사립학교는 오직 수업료를 지불할 수 있는 사람들에게만 가능한 선택이기 때문에 공립학교가 학령기 학생들의 대부분을 사실상 독점해 왔다. 공립학교는 동등한 경쟁력 없이 그들의 교육을 향상시키려는 동기를 거의 갖지 못한다. 바우처 제도로 인해 재능 있지만 가난한 학생들이 실질적으로 사립학교를 선택할 수 있게 되면, 공립학교들은 사립학교와 실력 있는 학생을 데려오기 위한 경쟁에 놓이게 된다. 자본주의 경제 속의 경쟁이 효율성과 상품 및 서비스의 질을 향상시키는 것처럼 교육현장에서의 경쟁도 동일한 결과를 가져올 것이다.

이런 프리드먼의 생각은 미국인들이 공립학교의 취약점을 더욱 엄중히 인식하는 계기가 된 러시아의 스푸트니크호 발사 2년 전에 도입되었다. 그러나 1950년대에는 여전히 학교선택을 가능하게 하려는 시도 혹은 정책이 거의 없거나 아예 없었다. 1960년대에 이 아이디어는 바우처 제도라는 다소 급진적인 방안이 아닌, 마그넷스쿨magnet schools[3]이라 알려진 보다 온건한 개혁의 형태로 다시 출현하게 되었다. 마그넷스쿨이 학군 내에서 일정 부분 경쟁을 산출하긴 했지만, 많은 교육위원회의 우선적 동기는 경쟁을 통한 질적 향상의 추구가 아니라 교육현장에서 인종적 통합을 이룰 방법을 찾는 데 있었다. 특히 집에서 가까운 학교로 진학한다는 구상이 이미 인종별로 분리된 학교 시스템을 만들어 내고 있던 다수의 도시 지역에서는 더욱 그랬다.[4] 마그넷스쿨은 '학군 내 전역에서 학생들을 유치할 수 있도록 고안된 특별하고 독자적인 프로그램을 제공하는 학교'을 말한다. 21세기로 넘어갈 무렵까지 미국 전체에서 33개 주에 총 1,372개의 마그넷스쿨이 있었다.[5]

이러한 마그넷스쿨은 흔히 예술, 과학 혹은 직업교육의 분야에 초점을 맞췄다. 어떤 학군은 학업 능력이 뛰어난 학생들을 위한 고등학교 특별과정honors을 마그넷스쿨에 부여했고, 몇몇 학군은 진보주의적 교육사상을 강조하는 학교들을 발전시켰다. 마그넷스쿨은 우선적으로 고등학교 수준에서 운영됐으나 초등이나 중학교 단계에서 선택할 수 있는 곳들도 있었다.

중요한 사실은 마그넷스쿨이 철저히 학군의 교육위원회와 행정관청의 통제하에서 유지되었다는 것이다. 따라서 마그넷스쿨도 주가 제정한 교육과정을 가르칠 것과 주 및 지역의 모든 교육 정책 지침을 준수하도록 요구받는다. 여기에는 학군 내 다른 학교들과 같이 동일한 표준화된 시험을 치러야 하는 것도 포함된다. 유일한 차이라면 마그넷스쿨은 특별한 과목 혹은 특화된 교육적 접근법에 의식적으로 중점을 둘 수 있다는 사실이다. 예술학교는 음악과 예술에 대한 매우 다양한 선택과목을 제공한다. 음악 프로그램은 다방면에 걸친 공연 실기 그룹을 운영한다. 여타의 도시 고등학교들이 현악 프로그램이나 학교 오케스트라를 가지고 있지 않은데 반해, 예술 특화 마그넷스쿨은 학생들에게 그런 기회를 제공한다. 이와 같은 학교는 다른 분야 마그넷스쿨과 달리 음악 특기 학생들을 위한 오디션이나 미술 특기 지원자를 위한 포트폴리오 제출 같은 입학요건을 갖는다. 학군이 고등학교 특별과정을 설립한 곳에서는 이 과정에 입학하려면 학생들은 일정한 평균 학점에 도달해야만 하고, 전임 교사로부터 추천을 받아야만 했다. 직업교육을 하는 마그넷스쿨과 같은 또 다른 형태의 선택은 사실상 매우 드물었다.

인종이 분리된 인근 종합고등학교에 다닐 수밖에 없었던 흑인 학생들이 마그넷스쿨과 같은 대안을 통해 도시를 가로질러 좀 더 인종적으로 통합된 예술학교에 다닐 수 있을 것으로 기대됐다. 명확히 규정하긴 어렵겠지만, 마그넷스쿨은 어느 정도 부가적인 인종 통합을 창출하는 데 기여한 것으로 보인다. 백인의 수가 계속해서 감소하고 있기 때문에 미국 내 인종 분리를 반영한, 제대로 인종적으로 통합된 학교의 구성은 불가능하게 되었다. 단지 백인 아이들이 도시에서 대부분의 지역에 분포할 만큼 충분하지 않았기 때문이다.

아무튼 중요한 것은 이런 학교들은 학생들에게 일종의 진정한 선택권을 부여한다는 점이다. 이 장의 목적을 위해 다음의 질문으로 돌아가 보자. 마그넷스쿨들이 어떤 식으로 진보주의 교육이론과 방법의 지속 및 성장을 촉진하는가? 이 질문에 답하기 전에 이 학교들이 다른 공립학교와 동일한 교육과정을 가르치도록 되어 있다는 사실을 먼저 인식해야 한다. 재학생들은 공립학교 학생과 똑같이 고부담 시험을 치러야 하며, 학교는 이 시험 결과를 일반에게 공개하고 설명할 수 있어야 한다. 대부분의 마그넷스쿨이 진보주의 교육 등 우선시되는 교육이론의 논리보다 학문적 영역에 집중한 것도 사실이다. 과학 분야 마그넷 고등학교는 대부분의 경우 아마 전통적인 교사-중심 교수법에 의해 지배되는 학교일 것이다.

그렇지만 특별한 교육이론에 집중하는 마그넷스쿨들도 있다. 몬테소리 수업을 마그넷스쿨을 위한 하나의 선택지로 허용하는 학군들이 그 사례가 될 수 있다. 뉴욕주의 로체스터에는 진보주의 전통에 기반을 둔 프로그램들을 많이 적용하는 마그넷스쿨이 여럿 있다. 그런 학교 중 하나가 퀘스트 초등학교Quest Elementary School다. 이 학교는 뉴욕주 로체스터

Rochester 교외의 작은 구인 힐턴 센트럴Hilton Central 학군에 소속된 세 개의 초등학교 중 하나로, 1994년부터 성공적으로 운영되고 있는 선택 학교다. 비록 이 학군 내에서 이 학교에 다른 두 초등학교와 동등한 비율로 특수과정 학생들이 배정되었음에 불구하고, 퀘스트 재학생들의 시험 점수는 학군 내에서 가장 높았다. 물론, 3-8학년에게 새롭게 요구된 시험이 2006년 처음으로 시행되었기 때문에 이 학교가 모든 학년의 시험 결과에서 선두를 유지할 수 있을지는 두고 봐야 한다. 이 시험 결과들은 특히 흥미로울 텐데, 이 학교의 교사들은 "어떤 시험을 위해 가르치지"않았다고 단호히 주장하기 때문이다. 퀘스트 초등학교가 운영되는 것을 실제로 관찰해 보면, 누구도 이 학교가 전통 초등학교들과 다른 교수-학습법을 가지고 있음을 부인할 수 없게 된다.

퀘스트 초등학교를 독특하게 만들어 준 것은 학생들의 조직화이다. 그들은 전통적인 학년별 학급에 따라 배치되지 않는다. 대신 학년 등급이 구분되지 않은 환경 속에서 통상 1-3학년이 한 그룹으로 함께 공부한다. 4-6학년 아이들도 동일한 방식으로 구성된 교실에서 공부한다. 힐턴 센트럴 학군의 간행물은 그 학교가 어떻게 서로 나이가 다른 아동들이 한 그룹에서 함께 공부하는 환경으로 조직됐는지 설명하고 있다. 학생들은 "하나의 학습 공동체 안에서 발달상으로 적합한 속도로 개별적으로 성장하고" 있다. 간행물에는 이 학교 교장의 말도 실려 있다. "학생들은 자신들의 발견을 즐기며 배움에 주인의식을 갖고, 스스로의 성공을 자랑스러워한다." 학교의 또 다른 목표는 학생들이 타인과 협력하며 학습자로 자기 자신을 이해하기 위해 "다양한 전략들"을 사용하는 법을 배우도록 하는 것이다. 퀘스트의 교사들은 "상호 존중을 촉진하면서 모두의 의견이 경청되는 민주적인 환경을 확립할 것"이라고 한다. 그 어떤 세대의 진보

교육자라도 힐턴 센트럴 학군의 강령에 박수를 보낼 것이다. 이 강령은 학군 내 학교들의 목표가 학생들이 "비판적이고 창의적으로 생각하며, 배려심과 책임감이 있고 생산적인 시민으로서 기능하는 자기주도적 평생학습자가 되도록 도와주는 것"임을 명시하고 있기 때문이다.[6]

힐턴 학군의 「지역사회 안내서」에서 저자들은 장 피아제를 인용해 이렇게 말한다.

> 무언가를 이해하기 위해서 아동은 스스로 그것을 구성해야 한다. … 우리가 아동에게 무엇을 가르칠 때마다 실은 아동이 스스로 그것을 재-창조하지 못하게 막는 것과 다름없다. … 아이가 스스로의 힘으로 발견한 것은 그의 삶 내내 뚜렷하게 남게 될 것이다.[7]

이처럼 마그넷스쿨이 진보주의의 전통 안에서 기능하고자 한다는 것은 분명하다. 그리고 퀘스트는 로체스터에 있는 그런 학교들 가운데 단 하나일 뿐이다. 또 다른 사례는 로체스터 시내에 위치한 중등학교로 '벽 없는 학교'라고 불리는 곳이다. 이 학교의 웹사이트는 자신들의 고등학교에 대해 이렇게 설명하고 있다. '벽 없는 학교'는,

- 학습자 중심의 통합교과적 교육철학을 실천한다. 이에 따라 학생의 요구와 흥미는 물론 사회의 요구를 토대로 교육과정을 구성한다.
- 비판적 사고와 책임 있는 시민의식을 강조하고, 모든 학생의 학습 방식을 존중한다.
- 학생이 자신의 학습에 책임지기를 기대한다.

- 학생에게 매주 두 시간 반 동안의 자원봉사를 통해 공동체에 봉사할 것을 요구한다.
- 모든 학생에게 학교 운영과 학교의 중요한 이슈에 대한 의사결정 및 문제 해결에 참여할 수 있는 기회를 제공한다.[8]

이런 철학을 실현하면서 이 학교는 졸업생의 85%를 대학에 보낼 수 있었다. 이는 시내의 다른 고등학교들에 비해 눈에 띄게 높은 비율이다. 동시에 학군에서 가장 높은 출석률과 가장 낮은 정학률을 유지한 학교 중 하나였다. 아마도 가장 인상적인 부분은 "낙제 위험에 처한" 학생들을 데리고 가장 높은 성공률을 보였다는 점일 것이다.[9] 위에 말한 학교들이 마그넷스쿨의 다수를 대표하지는 않지만, 이 학교들이 진보주의적 교육이론과 방법을 사용하고 있다는 사실은 선택이 진보주의 교육 전통의 명맥을 유지하도록 도와준다는 결론을 내리게 한다.

최근 더욱 인기 있는 형태의 선택은 근래 들어 발달한 차터스쿨이다. 이 학교는 오래된 마그넷스쿨 개념과 유사하지만, 중요한 차이점들이 있다. 잘 알려진 어느 교육학 교재는 "주 정부의 재정 지원을 받지만 많은 규제로부터 자유로운 독립된 공립학교로서, 자신들이 적합하다고 생각하는 대로 예산을 책정하고 직원을 고용하거나 해고할 수 있는 권한을 가진 개인들이 운영하는 학교"로 차터스쿨을 정의한다.[10] 미국교사연맹의 전 의장 앨버트 생커가 처음 제안한 차터스쿨은 마그넷스쿨과는 달리 대부분의 주 및 지역 당국의 규제로부터 자유롭다. 이 학교들은 적절하다고 생각하는 대로 고유한 교육 프로그램을 고안하고 그것을 실행하는 데에서도 자유롭다.

일단 주 정부가 차터스쿨 설립을 승인하면 지원 절차가 시작되고, 학교 설립을 원하는 개인이나 단체는 지원서를 제출할 수 있다. 설립 희망자들은 지원서에 자신들의 교육 계획과 함께 학생들의 학습을 평가할 수용 가능한 절차를 상세히 설명해야 한다. 또한 지원자들은 학교 운영에 적합한 충분한 공간을 확보하고 있어야 한다. 차터스쿨은 공적으로 재정을 지원받기 때문에 특정한 종교적 지향점을 가져서는 안 된다. 대부분의 주는 학교가 학부모의 비중 있는 참여를 독려할 계획도 수립하도록 요구한다. 이 학교는 자격증을 갖지 않은 교사들을 어느 정도 자유롭게 고용할 수 있고, 또한 학군 내 여타 공립학교와는 다른 연간 학사일정 및 수업시수를 고안해 운영할 수 있다. 그러므로 차터스쿨이 추가적인 수업시간을 갖는 것은 드문 일이 아니다. 마그넷스쿨과 같이 차터스쿨은 교육 프로그램에서 학교 나름의 특별한 강조점을 둘 수 있다. 일부는 "기본으로 돌아가기" 접근법을 홍보하기도 하고, 다른 학교들은 진보주의 전통에 토대를 둔 교육을 시도할 수도 있다.

주 정부가 하나의 차터스쿨을 허가한다는 것은 대개 5년 정도 특정한 기간 동안의 한시적인 허용을 의미한다. 협약 마지막 해에 학교는 재학생들이 인정할 만한 학문적 진전을 이루었음을 증명해야 한다. 그 후 주 정부와 자치구가 그 학교의 재인가 여부를 결정한다. 자녀를 차터스쿨에 보내고자 하는 학부모들은 먼저 등록 절차를 거쳐야 한다. 학교의 수용인원보다 진학 희망자의 수가 많을 경우 일종의 추첨 제도가 시행된다. 대부분의 경우 차터스쿨은 특별한 입학 요구 조건이 없다. 여러 주에서 차터스쿨이 다양한 방식으로 발전하고 있지만, 사설 영리기업의 차터스쿨 설립 추진이 점차 늘어 가는 추세다. 이는 종종 학군의 아이들을 위해 대안 교육 선택을 모색하는 지역사회 내 개인들의 요청으로 이루어지고 있다.

지금까지 설립된 3,600개의 차터스쿨 대부분은 대도시나 도시 교외 학군들에 있다. 전국적으로 교원단체는 물론이고 학교 행정가들과 교육위원회를 대표하는 그룹들은 차터스쿨의 확산에 그다지 열성적이지 않다. 이들은 주로 이 새로운 형태의 학교가 학군의 전통적 학교들로부터 학생과 재정을 빼앗아 갈까 봐 우려하는 것으로 보인다. 대부분의 주 정부는 동등한 학년 대를 교육하는 학군 내의 다른 공립학교와 똑같은 학생 1인당 보조금을 차터스쿨에 지급한다. 따라서 만약 어떤 학군이 초등학교 수준에 학생당 9,000달러를 지불한다면, 새로운 초등과정 차터스쿨은 재학생 1인당 동일한 금액을 받게 된다. 그러나 다른 학교들과 달리, 차터스쿨은 학부모 위원회와 학교 행정가, 교사들이 각 재정 영역에 따라 어떻게 예산을 사용할지를 결정한다. 차터스쿨의 교사들은 교원단체에 소속돼 있지 않고 주 규정에 의거한 정년제의 적용 대상이 아니기 때문에, 차터스쿨들의 학교위원회는 월급이나 부가 혜택, 여타 지출을 결정하는 데 훨씬 자유롭다. 학교가 이윤추구 기업에 의해 운영될 경우 이러한 많은 결정들은 대개 기업의 임원들이 한다.

일찍이 1995년 보스턴 시에서 열 개의 시범 차터스쿨 설립이 합의됐다. 이후의 차터스쿨과 달리 이 시범학교들은 보스턴 교사단체의 지지를 받았는데, "열 개 학교 대부분이 듀이식 의미에서 진보적"이었기 때문이다. 이 학교들은 여전히 시내에서 운영되고 있지만, 지난 십 년간 진보주의 교육 방식을 선택한 학교의 수는 늘지 않았다.[11] 또 다른 흥미로운 실험은 현재 뉴욕시에서 일어나고 있다. 교원단체가 직접 학교를 운영하기 위해 차터를 승인받은 것이다. 일부에서는 "교사단체들이 그러한 학교에 대해 양면적인 감정을 가지고 있는 상태에서 이 학교의 성패 여부가 차터스쿨들을 노조에 가입한 교사들이 있는 곳으로 만들려는 시도에 영향을 줄

수 있을 것"이라고 논평했다.[12]

주 정부들이 계속해서 차터스쿨 신설을 추가로 승인하는 반면, 이러한 경향이 진보적 교육이론과 방법을 사용하는 학교들의 발전을 촉진할 것인지 저해할 것인지를 예측하기는 쉽지 않다. 교육 성과를 입증하는 데 주어지는 시간이 상대적으로 짧기 때문에 이들 학교는 그 기간 동안 학문적 향상을 증명해야 한다는 상당한 압박을 받는다. 성공 여부가 통상 시험 성적에 기초하는 관계로 대부분의 차터스쿨은 지식 전수와 연관이 있는 전통적인 수업 모델을 채택하는 방향으로 기울게 된다. 만약 그 시험들이 학생들의 창의적인 문제 해결 능력을 보지 않고 차터스쿨이 얼마나 잘 사실적 지식의 전수를 강조하는가를 측정한다면, 시험 대비를 강조하지 않는 프로그램을 구상하기란 어려운 일이다. 그러나 여전히 혁신에 전념하는 교사와 학부모들이 충분히 많으므로 기존 학교와는 진정으로 다른 차터스쿨들은 계속 존재할 것이다.

학부모들에게 선택권을 제공하는 또 다른 형태의 조직은 개방형 등록제이다. 대형 학군이 학생을 집 근처 학교로 배정하는 전통 방식을 기꺼이 포기하면 학부모에게 학군 내 다른 구역에 위치한 공립학교에 아이를 보낼 수 있는 선택권이 주어질 수 있다. 통학 문제가 없는 건 아니지만, 이런 상황은 자녀를 기꺼이 인접 구역 밖으로 통학시킬 용의가 있는 가족들에게 진보 교육 학교를 선택할 기회를 제공하게 된다. 이런 유형의 제도는 전통 교육 프로그램이 아닌 특별한 것을 지지하는 사람들에게도 다른 형태의 학교선택을 장려할 수 있다.

전반적으로 마그넷스쿨, 차터스쿨, 개방형 등록제는 공립학교 안에서 진보주의 교육의 생존을 방해하지 않는 것으로 보인다. 오히려 이런 유형의 학교선택이 진보주의적 교육 대안을 건설하는 데 긍정적인 영향을 미친다고 주장할 수 있을지 모른다. 『차터스쿨Charter Schools』이라는 책에서 저자들은 "듀이와 듀보이스[13]의 전통 안에서" 현대의 진보주의 교육자들은 선택을 지지한다고 말한다. 그들은 데버라 마이어를 인용하는데, 그녀에 따르면, "차터스쿨은 공장제 학교와 공장제 교육을 해체할 기회를 제공"한다. 또한 메이어는 차터스쿨에 반대하는 다른 진보주의 교육자들을 이렇게 비판한다.

> 진보주의적인 정책 입안자나 입법자들은 대체로 공정성을 우려해 '학교선택'을 본질적으로 엘리트주의라며 공격해 왔다. … 하지만 내 생각에 이는 심각한 오판이다. 사립학교 바우처와 달리 학교선택에 대한 논쟁은 진보주의에 일종의 기회를 제공한다. 무엇보다도, 진보주의 교육자들이 대개 대안학교라고 불렸던 선택 학교를 열렬하게 지지했던 것은 그리 오래전이 아니다. 이 대안학교들은 절대 다수의 공립학교들이 별 탈 없이 잘 굴러가고 있을 때도 항상 우리 눈에 띄지 않는 주변부에 있었다. 우리는 이제 그와 같은 대안학교들을 주류―단지 "부적응아"나 "세상물정 모르는 괴짜들" 혹은 "위험한 환경에 놓인 아이들"만을 위한 전위적 공간이 아닌―로 만들 수 있는 기회를 잡은 것이다.[14]

다수의 다른 진보주의 교육자들은 "차터스쿨은 단지 특권층 엘리트를 고립시킬 뿐"이라고 주장한 퓰리처상 수상자 조너선 코졸에 동의할 것이다. 이들이 보기에,

차터스쿨 제도의 발상과 학교선택 그 자체는, 모든 시민을 위한 공통의 학교가 가능하다는 것을 거부하는 현대적, 포스트모던적 현상을 대표할 뿐이다. 결론적으로 그들은 차터스쿨 사상이 사회와 그 교육적 요구 사이의 관계를 개인적인 흥미와 경쟁적인 자기 편의에 기초한 상업적인 거래로 바꾸게 할 위험이 있다고 주장한다.[15]

진보주의 교육이 학교선택에 미친 영향에 관한 토론은 계속될 것이다. 학교선택 제도를 지지하는 이들은 실험이 장려될 것이고, 효과를 입증한 여러 실천 방안들이 전통적인 공립학교로도 전이될 거라고 일관되게 주장해 왔다. 성공적인 선택 학교들은 일반 학교들이 진정으로 진보적인 이론을 포용하도록 해 주는 일종의 실험실로 간주될 수 있다. 브라이언 하셀Bryan C. Hassel은 저서 『차터스쿨의 도전The Charter School Challenge』에서 이러한 '실험실 명제'에 반론을 제기했다. 이 문제를 연구한 후 그는 "차터스쿨은 학교 수준에서 '좋은 아이디어'를 위한 실험실로 기능하여 공교육을 변화시킬 가능성이 없다"고 결론 내렸다.[16] 그는 "대부분의 학군들은 이미 그들의 차터스쿨들이 실행하고 있는 아이디어들을 잘 알고 있지만, 이들을 도입하지 않는 편을 선택하고 있다"고 판단한다.[17]

오늘날 진보주의 교육자들은 마그넷스쿨과 차터스쿨의 영향력에 대해 의견을 달리하는 데 반해, 학교 바우처 제도에 대해서는 보다 일치된 반대 입장을 취하고 있다. 학교 바우처 제도를 시행하는 방법은 매우 다양하다. 그중 가장 공통적인 것들을 요약하면 다음과 같다.

1. 일반 바우처는 정부가 확보해 둔 교육 재정에서 공립이든 사립이든

종교계열이든 상관없이 학부모가 지정하는 학교로 자녀의 몫만큼을 지급하는 방식이다.[18] 요컨대 이는 교육에 대한 정부의 재정 지급과 정부의 학교 운영을 분리시키는 것이다.

2. 수입 증명 바우처는 소득과 자격 요건을 충족하는 가정들이 통상 제한된 횟수 안에서, 정부로부터 할당된 교육 자금을 선택한 공립, 사립, 혹은 종교계열 학교에 자녀의 수업료로 지급할 수 있게 한 것이다. 예: 클리블랜드주, 밀워키주.

3. 낙제학교 바우처는 부적합으로 판정된 공립학교에 자녀를 보내는 학부모들이 정부로부터 할당되는 자녀 교육 자금을 그들이 새로 선택한 더 나은 학교—공립, 사립, 종교계열 상관없이—로 지급할 수 있게 한다. 학부모의 수입에 따른 자격 요건은 없으며, 적격 여부는 오직 자녀가 현재 다니는 공립학교의 평가 성적에 근거한다. 예: 플로리다주.[19]

가장 격렬한 논쟁은 일반 바우처 형태로 이 제안이 결정되었을 때 나타났다. 이 제도에 대한 찬반 논쟁을 모두 소개하는 대신, 여기서는 이 장의 목적에 맞게 바우처 제도가 미국의 진보주의 교육에 미칠 수 있는 영향력을 고찰하기로 한다. 도시나 주 혹은 심지어 국가 전체가 일반 바우처 제도를 시작한다면 가장 큰 수혜자는 사립학교들로 보일 것이다. 바우처가 영리 학교들, 엘리트 사립학교들, 종교단체의 후원을 받는 학교들에서도 사용될 수 있기 때문에 비싼 수업료를 지불할 여력이 없는 학부모들도 이제 자녀를 위해 이런 학교들을 고려할 수 있게 된 것이 사실이다. 현재 미국 내 사립학교들 중에는 종교 집단의 후원을 받는 곳들이 가장 많다. 종교단체가 운영하는 학교 중 가장 큰 비율을 차지하는 것이 로

마가톨릭 계열이다. 최근 수년간 보수주의 혹은 근본주의 종교 집단에 의
해 설립된 소위 "기독교 학교"는 점차 증가하는 추세이다. 로마가톨릭이
든 개신교든 간에 종교계열 학교는 진보주의적 교육 접근법과 거리가 멀
다. 훈육과 질서가 수시로 강조되고 전통적 교수법이 매우 일상적이다. 지
나친 고정관념이라고 말할 수도 있겠지만, 종교단체의 후원을 받는 학교
들이 진보적 교육법으로 잘 알려져 있는 경우는 거의 없다. 이 같은 논리
는 좀 더 엘리트적인 사립 예비학교prep schools에도 적용될 수 있다. 바우
처 제도 아래에서 몬테소리 전통을 유지하는 일부 선택 학교가 진보적으
로 간주되긴 하지만, 바우처 제도가 진보주의적 교육이론과 실천에 대단
히 유리하다고 보기는 힘들다.

미래를 조망해 보자면, 미국 사회가 바우처 스쿨이란 제도를 포용할지
예측하기는 어렵다. 최근의 주민투표들과 법원 판결은 항상 이를 지지하
지는 않았다. 그러나 도시의 소수 집단 사이에서 아이들 교육비 지불에
바우처를 사용할 수 있는 이 제도에 대한 관심이 늘어나는 것으로 보인
다. 공화당은 바우처 스쿨 방안에 꾸준히 지지를 보내고 있지만, 민주당
원들은 차터스쿨은 수용하는 반면 바우처에 대해서는 찬성하지 않는다.
분명 민주당의 반대 요인에는 교원노조 및 학교와 연계된 다른 이익단체
들로부터의 압박도 있었을 것이다. 결론적으로 말하면 현시점에서 전국적
인 바우처 제도의 시행을 예상할 만한 근거를 찾기는 어렵다.

미국에서 꾸준히 증가하고 있는 또 다른 형태의 교육 선택도 있다. 자
녀들을 집에서 가르치는 가정의 숫자가 계속해서 늘어 가는 것이다. 정
확히 추산하기는 어렵지만, 전미 홈스쿨 연구소National Home Education
Research Institute는 현재 이런 아이들의 수가 200만 명에 가깝다고 추정한
다. 지난 4년간, 홈스쿨링은 30%가량 증가했고, 매년 15%씩 늘어날 것으

로 전망된다. 이 연구소는 홈스쿨링을 선택하는 부모들의 사회 경제적 배경의 다양성도 마찬가지로 늘어나게 될 것이라고 예측했다.[20]

홈스쿨링이 진보주의 교육에 미치는 영향을 규정하기 위해 자녀들을 집에서 교육하기로 선택한 가정들에 대해 몇 가지 알아 두는 게 도움이 될 것이다. 1999년의 한 조사는 다음과 같은 사실을 보여 준다.

- 홈스쿨을 하는 아동들의 50%가 K-6학년(초등학교 과정)이고 22%가 중학교(6-8학년), 28%가 고등학교(9-12학년)에 해당되는 연령이다.
- 64%가 연간 수입 5만 달러 이하의 가정 출신이다.
- 75%가 백인이다.
- 52%는 부모가 둘 다 있지만 외벌이 가정이다.[21]

부모들이 자녀를 위해 홈스쿨을 선택하는 데는 수많은 이유가 있다. 홈스쿨 법적 변호 기금Home School Legal Defense Fund에서 시행한 조사는 그 이유를 이렇게 분석했다.

- 종교적 신념: 49%
- 긍정적 사회 환경: 15%
- 학문적 우수성: 14%
- 아동의 특수한 요구: 12%
- 교육과정 선택: 5%
- 유연성: 5%[22]

또 다른 연구자는 홈스쿨링을 선택한 가정들을 두 개의 기본 범주로 구분했다. 이론가들로 불리는 한 그룹은 이렇게 말한다. "그들의 가치를 전하는 데 중점을 두고 있으며 가정을 학교로 간주한다. 즉 그들에게 가정은 가족 구성원들이 교육과정을 선택하고, 규칙을 정하며, 일정을 집행하는 장소다." 다른 그룹의 구성원들—연구자 반 갈렌Van Galen은 이들을 교육가pedagogues라고 부른다—은 "보다 인본주의적인 교육의 목적에 의해 동기부여를 받는다. 그들은 학습의 결과만큼이나 과정에도 관심을 가지며, 다양한 교육전략에 보다 개방적인 태도를 보이는 것으로 인식된다. 교육자는 내재적 동기부여와 실험적 활동을 강조한다"[23]고 본다. 이 두 그룹의 동기는 매우 다르지만, 공립학교에 만족하지 못한다는 점에서는 일치한다.

진보주의 교육의 일정 부분에 대해 개방적인 태도를 취하며 지지하는 소수의 홈스쿨 부모들도 분명 있다. 반 갈렌이 이론가라고 부른 이들은 자녀들의 교육 기회를 확장시키는 데 확실히 관심이 있다. 홈스쿨을 하는 한 부모는 인터넷에 쓴 글에서 교육에 대한 자신의 의견에 듀이가 미친 영향을 언급했다. 그에 따르면 적어도,

> 홈스쿨링을 진행하면서 그에게 가장 강한 인상을 남긴 것은 아동의 경험에 대한 듀이의 강조와 경험 안에서 교과의 역할과 조직화를 이해해야 한다는 듀이의 요청이다. 아이들을 관찰해 보면, 세상에 대한 그들의 경험이 어떻게 내용을 풍성하게 하고 이를 내면에서 점진적으로 구성하는지 이해하게 된다.[24]

일부 부모들이 몇 가지 진보주의 이론을 받아들이긴 하지만, 그들 대부분은 교사로 훈련받은 사람들이 아니다. 따라서 교원 양성 과정의 학

생들과 달리 그들은 듀이나 다른 진보주의 교육자들의 이론을 접하지 못했을 것이다. 많은 교원 양성 과정 이수자들과 같이 그들은 대부분 자신들의 옛 교사들이 쓰던 교수법으로 되돌아갔을 것이다. 이는 자녀들에게 빈번히 "연습문제지"와 다른 "잡무"를 주었을 것이라는 뜻이다. 최근에는 더 많은 부모들이 컴퓨터 기반 수업을 주된 교육 도구로 사용하면서 이러한 전통적 교수법이 어느 정도 변화하고 있다.

어떤 방법을 사용하든 간에, 홈스쿨은 흔히 "일대일 수업"이라는 점에서 상당한 이점이 있다. 그래서 홈스쿨 교사가 학생들이 자기 속도에 맞춰 학습을 진행하도록 이끌어 주기가 쉽다. 이러한 점이 아마도 "홈스쿨을 받은 학생들이 일반적으로 표준화된 시험에서 평균 65점에서 90점 사이의 매우 좋은 점수를 받는" 이유를 설명해 줄 것이다.[25]

홈스쿨링을 걱정하는 일부 진보주의 교육자들은 대부분 아동들이 부모의 세계관을 주입받아 제한된 쪽으로 교육되거나 나쁘게 교육될 수 있는 가능성을 우려한다. 주로 우려하는 것은 매우 많은 부모들이 종교적인 이유로 홈스쿨을 선택한다는 점에 기인한다. 다른 우려들은 홈스쿨 아동들이 다양한 그룹의 아이들과 상호작용할 기회가 너무 부족하다는 사실과 관련돼 있다. 이 아동들의 사회적 접촉은 흔히 같은 종교단체에 속한 구성원들이나 다른 홈스쿨 가정들과 이루어지는 게 대부분이다. 이런 형태의 사회적 분리는 대부분의 진보주의 교육자들의 민주적 이상에 부합하지 않는다.

교육적 선택의 증가에도 불구하고, 홈스쿨링은 진보주의 교육의 운명을 결정하는 데 지배적인 힘이 될 수는 없을 듯하다. 그러나 홈스쿨이 전통적 공립학교에 대한 대안을 여전히 찾고 있는 일부 계층을 위해 하나의 선택지로 지속될 것이라는 전망은 가능하다.

이 장에서 논의한 모든 선택 제도는 나름의 방법으로 미국 진보주의 교육의 미래에 영향을 줄 수 있다. 정도는 다르겠지만 각각은 진보주의 사상의 명맥을 유지시키는 한 가지 방법이 될 수 있다. 그렇지만 우리 시대에는 '기본으로 돌아가기' 운동, 교육과정 표준화, 고부담 시험, 학교 성적 책임제가 교육의 지배적인 추세로 지속되고 있다. 이러한 추세가 진보주의 교육자들의 강력한 헌신에 의해 보완될 수 없다면, 우리는 지난 세기에 겪었던 진보주의 교육의 부침이 재현되는 것을 정말로 목격하게 될지도 모른다. 이 문제에 대한 결정을 내리기에 앞서 그 결과에 영향을 미칠 수 있는 몇 가지 다른 요소들을 살펴보자. 그중 하나는 학생의 창의력과 문제 해결력을 촉진하는 것과 관련된 분야, 바로 영재교육 및 재능교육이라고 알려진 분야다.

주석 ―――――――――――――――――――――――――――――

1. [옮긴이 주] 신자유주의자의 원조라고 불리는 경제학자 밀턴 프리드먼(1912~2006)은 1970년대와 1980년대 교육의 국가 '독점'보다는 시장 기반 해법으로 '민영화'를 옹호하였고, 이를 교육에도 적용해야 한다고 주장했다. 정부의 감독보다는 자유시장이야말로 경쟁을 촉진하고, 효율성을 증진할 수 있으며, 나아가 질 높은 상품과 서비스를 제공할 수 있다는 것을 이론화했다. 이것이 '신자유주의'의 핵심 논리이다.
2. Robert F. McNergy and Joanne M. Herbert, *Foundations of Education*, (Boston: Allyn and Bacon, 1995), 249.
3. [옮긴이 주] 마그넷스쿨은 1970년대 미국에서 전통주의 교육 방식을 개혁하자는 움직임에 따라 나온 일종의 대안학교라고 할 수 있다. 과학, 외국어, 예술 등 특성화된 교육과정에 관심 있는 학생들을 '자석(magnet)'처럼 끌어당기는, 학군 경계에 크게 제약받지 않는 학교이다.
4. [옮긴이 주] 빈민층 지역은 흑인이나 히스패닉 이민자들이 인구의 다수인 경우가 많으므로 아이들을 거주지에서 가까운 학교로 진학시킨다는 원칙을 고수하면 이들 지역 학교들은 유색인종 학생들이 대부분을 차지하게 되는 현상이 나타나게 된다.
5. Education Commission of the States, "Magnet Schools: Quick Facts", 2004, at www.ecs.org/html/IssueSection.asp?isseuid=80&s=Quick+Facts (accessed 7 March 2004), 1.
6. "QUEST Elementary School", at www.hilton.k12.ny.us (accessed 30 January 2006), 1.
7. "Hilton Central School Community Handbook" 2005-2006, 4.
8. Rochester City School District, "School Without Walls", http://www.rcsdk12.org/schools/secondary/sww.htm (accessed 23 January 2006), 1.
9. "School Without Walls", http://www.rcsdk12.org/schools/secondary/sww.htm 1-2.
10. McNergney and Herbert, *Foundations of Education*, 547.
11. Ronald S. Brandt, editor, *Education in a New Era*, (Alexandria, VA: Association for Supervision and Curriculum Development, 2000), 219.
12. "Union-Run Charter School Draws Scrutiny", CNN.com, http://www.cnn.com/206/EDUCATION/01/26/union.charter.school.ap/index.html (accessed 26 January 2006), 1.
13. [옮긴이 주] 윌리엄 듀보이스(William Edward Burghardt Du Bois, 1868~1963): 미국의 사회학자, 인권운동가, 교육자, 시인, 역사가. 20세기 전반 미국 최고의 흑인 지식인으로 손꼽히는 인물로 하버드에서 철학 박사 학위를 받은(1894) 첫 흑인이기도 하다. 평생 미국 사회의 완전한 인종적 평등과 흑인 인권 향상을 위해 왕성한 연구, 저술, 교육 활동과 사회 운동을 벌였다. 말년에는 여전히 계속되는 미국 사회의 인종차별과 갈등, 불평등에 환멸을 느껴 스스로 미국 국적을 포기하고 가나로 귀화했다.
14. Danny Weil, *Charter Schools*, (Santa Barbara, CA: ABC-CLIO Inc., 2000), 123.

15. Weil, *Charter Schools*, 122.

16. Bryan C. Hassel, *The Charter School Challenge*, (Washington DC: Brookings Institution Press, 1999), 133.

17. Hassel, *The Charter School Challenge*, 131.

18. [옮긴이 주] 원문에서 앞서 설명했듯이 미국 주 정부는 학생 1인당 동등한 금액의 교육 지원 예산을 편성한다. 예를 들어 A씨 부부가 딸을 B학교에 입학시키고 이 학교를 수급자로 지정하면, 정부는 B학교에 이 예산에서 A씨 딸 몫만큼을 지급한다. B학교가 재학생에게 청구하는 교육비 총액이 정부에서 지급한 금액보다 많다면 그 차액은 학부모 A씨 부부가 전적으로 책임지는 방식이 바우처 제도다. 기본은 동일하나 수입 증명 바우처는 제도 이용이 가능한 학부모와 이용 횟수에 제한을 둔 것이고, 낙제 학교 바우처는 교육 수준 미달로 판정된 학교의 학부모들이 자녀를 다른 학교로 옮길 때만 이용할 수 있도록 한 것이다.

19. "Vouchers", *Milton & Rose D. Friedman Foundation*, at www.friedmanfoundation. org/schoolchoice/index.html (accessed 7 March 2004), 1.

20. Barbara Martin, "Home Education: The Movement and Methods", at http:// www.thehomeschoolmagazine.com/how-to-homeschool/articles/articles.php? aid=197 (accessed 27 January 2006), 2.

21. Myra Pollack Sadker and David Miller Sadker, *Teachers, Schools, and Society*, (Boston: McGraw Hill, 2005), 157.

22. Joel Spring, *American Education*, (New York: McGraw Hill, 2006), 160.

23. Sadker and Sadker, *Teachers, Schools, and Society*, 156-157.

24. Lisa Rivero, "The Unschool Mambo", at http://www.unschooling.com/library/ index.shtml (accessed 27 January 2006), 3.

25. Sadker and Sadker, *Teachers, Schools, and Society*, 167.

14.

영재교육, 재능교육 프로그램의
발전과 진보주의 교육운동

학교가 형성된 이래로 교육자들은 특별한 재능을 지닌 학생들을 위해 교사가 교육 프로그램을 조정할 필요가 있다는 생각을 꾸준히 제기해 왔다. 학생들의 능력을 측정하기 위해 적어도 1916년부터 지능검사나 IQ점수를 사용해 온 것도 사실이다.[1] 그러나 1950년대에 이르러서야 학교들은 영재이거나 재능이 있다고 공식적으로 확인된 학생들을 위한 특수교육 프로그램을 개발하려고 진지하게 고민하기 시작했다. 이러한 구상은 좀 더 우수한 과학자와 공학자를 양성할 필요가 있다는 인식에서 기인한 바가 컸다. 특히 스푸트니크가 발사되고 냉전체제가 시작된 이래 미국의 가장 유능한 학생들을 더 잘 교육시켜야 한다는 생각이 널리 호응을 얻었다. 미국이 소련보다 경쟁에서 앞서 나가려면 영재교육이 반드시 이루어져야 한다고 본 것이다. 1950년대와 1960년대 초반 진보주의 교육을 공격했던 개혁가들은 이러한 필요성을 강조했다. 아서 베스터, 제롬 브루너Jerome Bruner, 제임스 코넌트, 존 가드너John Gardner, 그리고 하이먼 리코버가 그들이다.[2]

이 시기에 영재교육을 활성화시키려는 몇 가지 계획들이 이루어졌으나, 1960년대 후반 다른 문제들이 더 크게 부상하면서 영재교육을 위한 개혁 논의를 잠재워 버렸다. 의회에서 「영재교육법the Gifted and Talented

Children's Act」이 통과된 1978년에 이르러서야 이 문제는 다시 전면으로 부상했다. 「영재교육법」은 "국가의 당면 과제를 해결하기 위한 가장 우수한 자원은 영재성과 재능을 가진 아이라는 점"을 전제로 하고 있다.[3] 10년 후, 의회는 「제이컵 재비츠 영재 및 특기자 교육법the Jacob K. Javits Gifted and Talented Act」을 통과시켰다. 2001년 개정된 이 법은 영재 또는 재능을 가진 학생을 "지적, 창의적, 예술적 영역과 리더십 영역에서 혹은 특정 학문 분야에서 고도의 수행 능력을 보여 주고, 그러한 능력을 충분히 발달시키기 위해 학교에서 제공하는 일반적 수준 이상의 지원과 활동을 필요로 하는" 아동으로 기술하고 있다.[4] 이 같은 정의는 영재로 분류되는 아동과 특정한 재능을 가진 아동의 차이를 분명히 설명하고 있다. 영재성을 가진 학생은 "평균 이상의 지적 능력"을 지니고 있는 반면, 재능을 가진 학생은 "연기, 미술, 음악, 운동 또는 리더십에서 탁월성"을 보여 준다. 일부 학생은 이 중 오직 하나에만 해당되지만 영재와 재능을 가진 학생의 두 가지 범주를 모두 충족하는 학생들도 있다.[5] 미국 학생들의 10~20%가 영재 또는 재능이 있는 아동으로 분류돼 특수교육 프로그램을 받을 자격이 있을 것으로 추정된다. 이러한 사항들이 연방법에 명시되어 있긴 하지만, 주 정부는 물론 각 학군도 특별한 교육이 필요한 뛰어난 학생에 대해 자체적으로 고유한 정의를 내리고 있다.

영재교육과 재능교육 분야의 문제 중 하나는 교육자가 특수교육 프로그램을 받을 학생들을 선발하는 데 어려움을 겪고 있다는 점이다. 흔히 전통적인 IQ검사가 선별과정의 주된 평가 요소였지만 학생에 관한 다른 정보들도 고려될 수 있었다. 가령 학교는 특정 학년의 평균 평점GPA 기준을 설정하거나 교사들의 추천을 요구했을 수 있다. 이 분야의 중요한 인물 중 한 사람인 조셉 랜줄리Joseph Ranzulli는 1978년 영재교육과 재능

교육 프로그램에 적합한 학생인지 아닌지를 측정할 수 있는 기준으로 세 가지 요소를 꼽았다. 그 세 가지 요소란 학생의 "일반 능력(반드시 '우월' 할 필요는 없는)과 … 과제수행 능력(동기 요소), 그리고 창의성"이다.[6] 최근 이 문제는 하워드 가드너의 다중지능이론이 소개되면서 훨씬 더 복잡해졌다. 전통적인 IQ검사는 학생이 특정 형태의 문제를 논리적으로 푸는 능력을 측정하는 것이지만, 가드너와 다른 학자들은 인간의 지능이 여러 가지 다양한 기술과 능력을 지니고 있다고 생각한다. 만일 누군가의 지적 능력을 판단하는 것이 어렵다면, 마찬가지로 특별한 재능을 지닌 학생을 선발하는 것도 힘든 일이 될 수 있다. 보통 음악을 하는 학생은 특별한 오디션에 참가해야 할 것이다. 그리고 미술을 하는 학생이라면 자신의 작품 포트폴리오를 제출해야만 할 것이다. 이와 같은 것을 평가할 때조차 선발 과정에서의 객관성 논란을 완전히 피할 수는 없다. 자녀에게 기대를 거는 많은 학부모는 어떤 선발 과정에 대해서든 비판적인 태도를 취하게 된다. 왜냐하면 몇몇 사람들에게 영재교육과 재능교육 프로그램의 대상이 되는 것은 일종의 사회적 신분을 상징하는 부분이기 때문이다.

이렇듯 선발 과정의 어려움에도 불구하고 영재와 재능 있는 학생들에게 특수교육을 받을 수 있는 기회를 부여해야 한다고 강하게 주장하는 이들은 많다. 1996년에 이루어진 한 연구는 다음과 같이 결론 내리고 있다.

> 영재와 재능이 있는 학생은 평균 또는 평균 이하의 학습자들보다 훨씬 더 복잡한 교육적 요구를 필요로 한다. … 만일 이러한 필요가 충족되지 않는다면, 그들의 능력은 유지될 수 없다는 걸 우리는 안다. 실제로, 여러 두뇌 연구들은 적절한 특수교육이 뒷받침되지 않으면 그러한 능력이 상실될 거라는 점을 보여

주고 있다. … 이러한 그룹에 속한 학습자들에게 유용한 특수교
육 프로그램을 없애는 것은, 훌륭한 재원들을 제대로 길러 내지
못하게 되므로 이들 학생뿐 아니라 사회 전체에도 재능을 낭비
하는 일이다.[7]

특수교육 프로그램에 대한 또 다른 논의는 학교 중퇴와 관련된 연구
에서 확인할 수 있다. 1962년에서 1997년 사이에 이루어진 한 연구는
15~20%의 영재 학생들이 학교를 중퇴했다는 결과를 제시했다. 이처럼 영
재 학생의 중도탈락률이 높게 나타난 이유는 "지루함, 여러 가지 마음의
상처, 그리고 임신 때문이었다." 이들은 모두 그들의 지역사회와 어쩌면
국가에 긍정적으로 공헌할 잠재력을 지닌 학생들이었을 것이다. 특수교육
프로그램 지지자들은 영재 학생을 위한 도전 의식을 북돋우는 교육적 대
안의 부재가 국가의 재원들을 허비하고 있다고 주장한다.[8]

또한 학급에서 지루해하고 좌절감을 느끼는 학생은 훈육 문제를 야기
할 수 있다. 아울러, 이러한 학생의 교육적 요구를 충족시켜 주지 않는 것
은 그들을 내성적, 폐쇄적이 되게 하거나 우울증에 빠지게 하는 원인이
될 수도 있다. 결과적으로, 이러한 학생은 술과 마약에 의지하거나 자살
과 같은 훨씬 더 극단적인 선택을 할 가능성도 높아진다. 아마도 가장 자
주 듣게 되는 주장은 특수교육과 교정 프로그램에 수십억 달러를 쓰고
있지만 정작 다음 세대의 미래 지도자들을 위한 교육을 향상시키는 데
별 효과를 거두지 못하고 있다는 논리다. 이 같은 주장은 일견 설득력 있
게 들리지만, 사실 미국은 영재나 특기를 가진 아이들을 위한 교육 프로
그램을 마련하는 일에 크게 힘을 기울여 오지 않았다. 이런 아이들의 부
모들이 흔히 성공을 거두고 지역사회에서 적극적으로 발언하는 이들이라

는 점을 감안하면, 이는 다소 놀랍다.

지역사회에 교육 예산이 부족한 경우, 체육과 음악을 후원하는 단체는 보통 영재와 특기 아동을 위한 교육 프로그램을 시작하거나 유지하려는 학부모들보다 훨씬 큰 영향력을 발휘한다. 재정 지원의 우선순위를 정할 때도 많은 학군들이 특수교육special education과 교정 프로그램remedial program은 지원이 꼭 필요하다고 여기는 반면, 대부분의 영재-특기 학생들은 부가적인 지원이 없어도 자체적으로 해결할 수 있다고 결론내려 왔다.

사실, 외부 지원금이 많이 부족할 때도 학교는 영재교육과 재능교육을 강화하기 위한 대안을 찾으려 노력해 왔다. 아마도 가장 오래되고 일반적인 방안은 "월반acceleration"일 것이다. 19세기에 학년 개념이 학교에 도입된 이래, 일부 학생들은 한 학년을 건너뛸 수 있었다. 오늘날, 많은 주에서는 학교들이 더 많은 영재 학생에게 특정 학년에서 일부 개별 수업들을 건너뛰고 상위 단계를 수강할 수 있도록 허용하길 권장하고 있다. 예를 들면, 8학년으로 올라온 한 아이에게 8학년 수준의 수학이나 과학 수업을 생략하고 대신 같은 과목의 9학년 수업을 듣도록 허용해 주는 것이다. 일부 주에서는 주의 요구사항에 맞춰 11학년과 12학년 학생들의 대학 교육과정 이수가 인정되기도 한다. 이런 선행 수강(대학 수준의 교육과정)을 하기 위해 등록하는 학생들은 매년 증가하고 있다. 월반은 음악과 체육 과목의 특정한 조건 아래에서도 이루어지고 있다. 학교들은 더 유능한 학생에게 이러한 교육 방식을 적용할 때마다 항상 그 사회적 영향을 고려해야 한다. 월반한 학생이 상위 학급의 나이 많은 학생들과 실질적으로 잘 지내는 것이 중요하다. 학생이 자신의 학습 속도에 맞는 학급으로 이동하는 것을 허용하는 일은 완전학습 방식mastery approach을 채택한 학교에서도 가능하다. 완전학습 체계에서 학급의 교육과정은 단원별로 구분되는데, 교육과정의 특정 부분에 대해 숙달했음(높은 수준의 이해력)을 증명한 학생들은 급우들이 여전히 이전 단원을 공부하고 있다고 해도 다음 단원으로 넘어갈 수 있다.

완전학습이든 좀 더 전통적 접근 방식의 월반이든, 이 영재 학생들이 여전히 상당 부분 전통적인 교수법을 통해 학습하고 있는 게 사실이다. 만일 월반이 영재와 특기 아동의 필요에 부응하는 유일한 교육 방식이라면, 이는 미래의 진보주의 교육에 실질적으로 영향을 미치지 않을 것이다.

일부 학군에서 채택하고 있는 두 번째 방법은 진보주의 교육 방식을 필요로 한다. "강화enrichment"라 불리는 이 교육 방식은 영재 학생들이, 어쩌면 영재가 아닌 다른 학생들도, 교육과정에 대한 이해를 높일 수 있는 심화된 경험에 참여하게 할 방법을 찾아내려는 의도에서 나왔다. 이 교육 방법에 따라 주어지는 활동과 수행과제는 학생들이 문제 해결 능력을 기르고 창의적으로 생각할 수 있도록 유도하는 것들로 짜여 있다. 한동안 강화 학습의 가장 일반적인 방식은 학교가 교사를 채용하면 이 교사가 초등학교나 중학교에서 영재 학생들을 데리고 나와 같은 학년 수준의 다른 영재들과 함께 별도의 교실에서 공부시키는 것이었다. 이렇게 모아 놓은 영재아들의 작은 그룹은 지적으로 도전할 만한 개인별 혹은 그룹별 수행과제를 부여받게 된다.

영재교육을 담당하는 이 교사는 별도의 교실에 모은 영재 학생들에게 그들의 학교에 있는 다른 평범한 급우들이 하는 동일한 수준의 숙제를 더 많이 주는 건 물론이고, 그 이상의 것도 내주어야 한다. 이렇게 하는 목적은 학생들에게 "쓸모없이 바쁘게 만드는 일"을 주려는 게 아니라 영재 학생이 다른 영재들과 모여 함께 수업하는 시간이 더 흥미진진하고 도전 의욕을 자극하는 일과가 되도록 하려는 데 있다. 아쉽게도 이런 풀 아웃 프로그램pull out program[9]은 대부분 이를 충분히 지원할 여유가 있는 교외의 부유한 학군에서 쉽게 찾아볼 수 있다. 게다가 이 프로그램은 주 정부나 연방 정부에서 지시한 것이 아니기 때문에, 학군들이 영재교육 담당교사를 채용할 수 있을 때조차도 예산 삭감의 대상으로 고려되기 십상이다. 어쨌든 대부분의 미국 학교는 이 풀 아웃 프로그램의 시행이 부족한 실정이다. 일부 지역사회에서는 풀 아웃 프로그램을 "엘리트주의"교육으로 보고 있기 때문에, 해당 학군들은 대신 모든 학생을 대상으로 한 수업을 보다 흥미롭고 풍부한 내용으로 편성할 "강화학습 교사"를 채용하는 편을 택한다. 이렇게 되면 학군의 모든 학생이 보다 흥미롭고 창의적인 수행과제에 참여할 수 있다는 이점이 있다. 대부분의 월반제도 사례와 달리, 영재 대상 풀 아웃 프로그램과 강화학습 교사 활용은 교사와 학교가 직접적으로 진보적 교수 기법을 활용하도록 장려한다.

마지막 방법으로, 학교들이 영재 학생에게 학교 밖 활동을 통해서 특별한 교육 기회를 제공하려는 것을 들 수 있다. 이러한 방식은 음악과 미술에 재능이 있는 일부 학생들을 위해 오랫동안 활용되어 왔다. 성악가와 악기 연주자는 독주 경연이나 다른 지역 혹은 주의 음악 앙상블에서 실력을 겨루도록 장려된다. 미술 대전은 재능 있는 학생들이 자신의 작품을 전시하고 다른 학생과 경쟁하는 장이 되기도 한다. 학문적으로 재능 있는 학생들을 대상으로 하는 다양한 경연들도 흔히 찾아볼 수 있다. 하지만 안타깝게도 이들 중 일부는 하찮은 게임이나 텔레비전 퀴즈 쇼와 비슷하다. 보통 이런 학력 경연대회에서 학생 팀은 여러 과목에서 출제된 문제들에 답하는 식으로 경쟁 학교와 겨룬다. 이러한 대회의 특성상, 출제되는 문제는 학생들이 주로 학교에서 배운 내용이거나 학교 밖에서 읽은 것에서 뽑아낸 사실을 기억해 내 답할 수 있는 게 대부분이다. 영재 학생은 이 같은 경연을 통해 그들의 폭넓은 지식과 빠른 두뇌회전을 인정받게 되긴 하지만 이런 방식은 진보주의 교육의 목적과는 별 상관이 없다.

진보주의 교육이론과 밀접한 관련이 있는 학교 밖 활동들 중 하나는 창의력 올림피아드Odyssey of the Mind program이다. 대학교수인 새뮤얼 미클러스Samuel Micklus 박사가 1978년에 이 대회를 시작했는데,[10] 오늘날 전 세계 수백만 명의 학생들이 여기에 참여하고 있다. 국제 창의력 올림피아드 조직위는 매년 대회 참가에 관심 있는 학교 팀들에게 특정한 문제를 제공한다. "그 문제는 학생들에게 명확한 지침에 따라 체계를 세우도록 요구하는 것일 수 있다. … 또 문제에 따라서는 학생들이 그 해결책을 찾아 작성하고 이를 직접 시연하도록 요구하기도 한다." 모든 팀에게는 동일한 문제가 제시된다. 하지만 참여 학생은 그들만의 혁신적인 방법에 근거해서 다양한 해결 방안을 제안한다.[11] 이는 "모든 사람은 창의적이다"라는 국제 창의력 올림피아드의 표어에도 부합한다.[12] 흔히 교사나 지역사회의 어느 학부모가 대회에 참가하려는 학생 팀에게 조언자 역할을 해 주기도 한다. 이 조언자들은 그들 지역 학교의 팀이 다른 지역 학교의 팀들과 치르는 지역 예선을 돕기 위해 몇 주 동안 팀의 학생들과 함께 준비할 것이다. 우승한 팀은 상위 지역과 주에서 치러지는 단계별 예선 대회에 계속해서 참여할 수 있게 된다. 소수의 운 좋은 팀들은 전국 대회와 국제 대회까지 올라가게 된다. 가장 최근에 메릴랜드 대학교에서 치러진 결선 국제 대회에는 700개 팀이 참가했고, 1만 5,000명의 관람객을 끌어모았다.[13]

진보주의 교육이론이 미래 영재교육에 중요한 역할을 할지의 여부는 여러 가지 변수에 의해 좌우될 것이다. 「낙오학생방지법」은 주로 학력 부진을 개선하려는 데 역점을 두고 있는 걸로 보인다. 현재 연방 정부와 주정부들은 학업이 가장 부진한 학생들의 시험 성적을 향상시키는 데 막대한 재정을 지출하고 있다. 동시에, 대통령과 의회 모두 미국의 많은 아이들이 미래의 과학자와 공학자가 될 수 있도록 신속히 준비시켜야 한다는 요구에 지대한 관심을 보이고 있다. 〈뉴욕 타임스〉 칼럼니스트 토머스 L. 프리드먼Thomas L. Friedman은 베스트셀러 『세계는 평평하다The World is Flat』에서 몇 가지 우려스러운 통계를 제시하고 있다. 프리드먼은 세계화의 영향을 설명하면서 미국이 이미 다른 나라와의 경쟁을 통해 많은 제조업과 비숙련, 반숙련 직종을 잃었다고 강조한다. 그가 볼 때 미국이 세계경제에서 경쟁을 지속할 수 있는 유일한 방법은 세계경제에서 성공을 거두기 위해 필수적인 새 아이디어들의 주된 원천이 되는 것이다. 이를 위해 미국은 기술과 과학 분야에서 창의적인 인재들을 풍부하게 보유해야 한다. 이는 미국의 학교, 단과대학, 그리고 종합대학들이 좀 더 질적으로 우수한 과학자와 공학자를 육성해야 한다는 뜻이다.

프리드먼은 이 책에서 인텔의 크레이그 배럿Craig Barrett 회장이 "오늘날, 대학원 수준에서 그리고 대학 기반 연구에서 미국의 과학과 공학 교육은 여전히 탁월하다"라고 한 말을 인용했다. 물론 이들 분야에서 미국이 앞서 있는 건 사실이겠지만, 현재 중국과 인도는 기술적으로 훈련받은 인력을 더 많이 배출해 내고 있다. 프리드먼은 지금 속도대로라면 중국은 10년 내에 미국을 따라잡을 거라고 믿고 있다. 그는 인텔 회장의 말을 계속 인용하여 "미국은 대학원 졸업생을 충분히 배출하지 못하고 있고 사회 기간시설에서도 우위를 점하고 있지 않다. 미국은 새로운 아이디어 창출도 완전히 장악하고 있지 않다. 또한 미국은 물리학 분야에 대한 투자에 있어서 현상 유지에 그치고 있거나 실질적으로 투자 금액을 줄이고 있다"고 주장했다.[14] 이미 많은 기업들은 외국에서 훈련받은 과학자들로 다른 국가의 실험실에서 연구와 개발을 진행하고 있다. 스푸트니크와 「위기의 국가」 보고서를 되짚어 보며, 프리드먼은 12학년까지 미국의 학생들은 여전히 "국제 수학 경시대회에서 하위에 머물러 있다"고 지적한다. 많은 다른 비판자들과 같이, 그는 "제대로 교육받지 않아서 아이들의 흥미를 이끌어 내지 못하는" 교사를 비난한다.[15] 많은 이들은 미국 학생들이 과학과 공학을 진로로 선택하지 않는다는 사실에 대해 전적으로 학교 탓이라며 비난하고 있다.

문제는 인도와 중국보다 대학을 졸업한 미국의 과학자나 공학자 수가 훨씬 적다는 것뿐만 아니라 주요 저널에 게재되는 미국 연구자의 과학 논문 비율도 점차 감소하고 있다는 것이다. 예를 들면, "최상위 수준의 물리학 저널인 〈물리학 리뷰Physical Review〉에 게재된 미국의 연구 논문 비율은 1983년 이래로 61%에서 29%로 떨어졌다." 또한, 미국 정부의 "물리학, 수학, 공학에 대한 GDP 대비 연구 지원금은 1970년에서 2004년 사이에 37%까지 감소했다."[16]

이러한 자료들은 워싱턴의 정부 관료들이 뭔가 조치를 취하도록 만들 만큼 충격적이었다. 대통령과 의회 모두 학생들의 과학에 대한 흥미와 성취를 증대시킬 수 있도록 자극할 방법을 모색했다. 학생들을 위한 장학금의 증액, 미래 과학 교사를 위한 우대 정책, 혹은 연구에 대한 더 많은 지원금의 할당 등 그 어느 방법이 됐든, 국가 교육의 초점은 다시 더 많은 공학자와 과학자를 양성할 필요성에 맞춰졌다. 이런 추세는 특히 수학, 과학에 관련된 영재교육 분야에서 학교가 더 많은 역할을 하도록 영향을 끼치게 될 것이다.

이러한 노력들이 목표를 이루기 위해 진보주의 교육이론을 활용할지의 여부는 아직 답할 수 없다. 이 문제는 사실 교육과정 기준과 평가 프로그램을 강조하는 현재 추세와 밀접하게 연관되어 있다. 학생들이 창의적인 방법으로 문제를 푸는 데 자신의 수학과 과학 지식을 활용하도록 유도하는 방식으로 가르치는 건 분명 가능하다. 학생들이 과학 시간에 교실 수업에서 배운 내용을 준비된 실험을 통해 단순히 확인하기 위해 실험 실습을 계획할 수 있다. 반면, 다른 방식의 새로운 접근은 학생들 스스로 과학 문제를 풀 그들만의 방법을 찾도록 이끌어 주는 실험 실습 경험을 만들어 낼 수 있다. 과학 수업 그리고 과학과 수학에 관련된 교과 외 활동들은 학생들을 지식을 묻는 시험 문제에 답하도록 준비시키기보다 과학적인 방법을 활용해 창의적으로 문제를 해결하도록 할 수 있다. 만일 과학 교육에 대한 후자의 접근법이 시험 내용이나 다른 평가 방법은 물론 교육과정에도 통합된다면, 시험 출제자와 교사들은 학생들에게 교과서나 그들이 배운 내용을 "앵무새처럼 그대로 따라"하는 것 이상을 하게 만들 필요가 있다. 진보주의 교육 지지자들은 학생들을 문제를 해결할 줄 아는 사람으로 기르는 일이 그 어느 때보다 더 중요해졌다고 주장할 것이다. 이는 특히 미래에 과학자가 될 영재 학생들에게 더욱 절실하다. 이런 측면에서 진보주의 교육 지지자들은 프리드먼이 "평평한 세계"라고 부르는 곳에서 성공적으로 경쟁하기 위해서는 문제 해결 능력이 꼭 필요하다고 했던 주장에 동의할 것이다.

많은 사람들은 교육과정 표준화와 고부담 시험, 학교 성적 책임제에 우선순위를 두는 현재의 정책 방향을 변경할 필요성이 있다고 말한다. 여러 학군, 주 의회 그리고 워싱턴 중앙 정부에서 현 교육개혁의 주안점이 과

연 효율적인지를 두고 국가적 논쟁이 이루어지고 있다. 「낙오학생방지법」이 구현하는 교육 방식을 반대하는 이들은 정기간행물, 도서, 심지어 법정을 통해서도 그들의 주장을 알리고 있다. 현대의 주요 진보주의 교육자들 중에 미국 학교의 다른 미래상을 그리고 있는 이들이 있다. 이제 우리 시대의 비판자들로 관점을 돌려 이 부류에 속하는 진보주의 교육자들이 미국 학교의 더 나은 전망을 위해 무엇을 그리고 있는지를 살펴보고, 그들의 생각이 진보주의 교육 사례를 발전시키는 데 줄 수 있는 영향을 평가해 보려고 한다.

주석 ───

1. Sally M. Reis, "Reflection on the Education of Gifted and Talented Students in the Twentieth Century: Milestones in the Development of Talent and Gifts in Young People", at http://www.gifted.uconn.edu/faculty/reis/publications/Reflections_on_Major_Issues.htm (accessed 30 January 2006), 2.
2. Allan C. Ornstein, *Pushing the Envelope*, (Upper Saddle River, NJ: Merrill Prentice Hall, 2003), 258.
3. Peter H. Martorella, Candy M. Beal, and Cheryl Mason Bolick, *Teaching Social Studies in Middle and Secondary Schools*, (Upper Saddle River, NJ: Pearson, 2005), 373.
4. George S. Morrison, *Teaching in America*, (Boston: Pearson, 2006), 165-66.
5. Morrison, *Teaching in America*, 166.
6. Johanna K. Lemlech, *Curriculum and Instructional Methods for Elementary and Middle School*, (Upper Saddle River, NJ: Merrill, 1998), 14.
7. Jack L. Nelson, Stuart B. Palonsky, and Mary Rose McCarthy, *Critical Issues Education*, (New York: McGraw-Hill, 2004), 458.
8. Allan C. Ornstein, *Teaching and Schooling in America*, (Boston: Pearson Education Group, Inc., 2003), 349.
9. [옮긴이 주] 풀 아웃 프로그램(pull out program)은 영재 학생들을 일반학급의 학생들이 아닌 그들과 유사한 다른 영재 학생들과 함께 공부할 수 있도록 하는 교육 방식이다. 이런 프로그램에서 영재들의 별도 수업은 보통 일주일에 1~2시간 이루어지며, 이때 영재 학생들은 정규 교육과정에서 다루어지는 것 이상의 심화된 내용을 학습한다.
10. Sarah Ives, "Odyssey of the Mind's 'Wacky' World Finals", *National Geographic. com Kids* at http://news.nationalgeographic.com/Kids/2004/05/odysseyofmind.html (accessed 4 February 2006), 2.
11. "Extracurricular Activities", at http://www.mohonasen.org/03mohonhs/hsextracurricular.htm (accessed 4 February 2006), 2.
12. "Odyssey of the Mind's 'Wacky' World Finals", 2.
13. "Odyssey of the Mind's 'Wacky' World Finals", 3.
14. Thomas L. Friedman, *The World is Flat*, (New York: Farrar, Strauss Giroux, 2005), 271.
15. Friedman, *The World is Flat*, 273.
16. Friedman, *The World is Flat*, 268-69.

15.
오늘날의 진보주의 교육

기초 교과를 가르치기 위한 전통적 교수법의 강조, 국가 표준 교육과정, 고부담 시험, 학교의 성적 책임제 등의 교육 중점 정책들이 만연하는 상황에도 불구하고, 진보주의 교육이론을 옹호하는 목소리들은 아직 남아 있다. 또한 진보 교육 전통의 실천에 헌신해 온 학교들도 미국 전역에 여전히 많다. 그러한 개인과 개별 학교들을 모두 조명하는 일은 불가능하지만, 그 이념만큼은 미국 교육 현실의 일부분으로서 남아 있다는 사실을 인식하는 것이 중요하다. 많은 진보 교육자들이 교육계 내에는 알려져 있지만 일반 대중들은 그들의 이름이나 사상의 대부분을 거의 알지 못한다. 아마도 현시점에서 그나마 잘 알려진 교육 비평가들 가운데 한 사람이 시어도어 사이저일 것이다.

사이저는 필립 앤도버 학교의 교장을 역임했고, 하버드 대학교 교육대학원장이었는데, 그의 책 『호레이스의 타협』[1]은 「위기의 국가」가 발표되던 해에 출간되었다. 보수 역사학자인 다이앤 래비치는 사이저를 가리켜 "미국 진보주의를 선도하는 목소리"라고 규정했지만 사실 그의 사상을 급진적이라 보기는 어렵다. 사이저는 여전히 미국의 학교들에 대해 상당히 비판적이며, 그들이 보여 주는 "별 볼 일 없는 유사성"에 대해 계속 지적해 왔다. 사이저가 존 듀이 사상에서 많은 부분을 받아들였을지라도, 래비치의 표현을 따르자면, 그는 "아동의 흥미를 맹목적으로 숭배하거나 기초 학업 능력의 중요성을 폄하하지 않았다."[2] 대부분의 진보주의자들처럼 그는 "교육의 목적은 교사의 머리에 담긴 정보를 학생들의 머리로 옮기는 것이 아니라 학생들로 하여금 생각하도록 만드는 것이며 … 학습은 일차적으로 학생의 책임"이라고 확신했다.[3] 사이저는 자신의 생각을 글로 남겼을 뿐만 아니라 '본질적 학교 연합Coalition of Essential Schools'이라는 조직을 설립했다. 2000년도까지 사이저의 연합에 가입한 학교는 1,200개를 넘는다. 이 연합은 "학습의 개별화"라는 진보주의 교육의 목표에 근거를 두고 각 학교마다 자체적인 교육개혁안을 개발해 나가도록 장려한다.[4]

현시대의 또 다른 진보주의 학교 옹호자들 중 한 사람은 데버라 마이어[7]다. 그녀는 시어도어 사이저의 본질적 학교 연합 가운데 한 축을 이루는 학교들을 이끌어 왔다. 현재 70대 중반에 이르렀지만 마이어는 아직도 교육개혁 운동에서 활발하게 활동을 지속하고 있다. 그녀는 담임교사, 학교 행정가, 교사 양성 대학의 교수, 대중 연설가, 저자로서 다양하고 오랜 경력을 쌓아 왔다. 아마도 그녀의 가장 잘 알려진 교육적 공헌은 이스트 할렘 지역에 소재한 여러 학교에서 행정가로 수행했던 일들일 것이다. 지금은 뉴욕시에서 보스턴으로 옮겨 와 교장으로 일하고 있다. 이렇듯 어려운 자리에 있으면서도, 데버라 마이어는 법정 교육 기준과 고부담 시험 정책에 반대한다는 뜻을 지속적으로 밝히고 있다.[5] 듀이가 그랬듯이 그녀가 볼 때 학교의 필수적인 역할은 "지각 있는 시민들"을 배출하는 것이다. 이를 위해 학생들은 다섯 가지 "마음의 습관"을 계발해야 한다고 마이어는 기술했다. 이들 "마음의 습관"은 다음과 같은 질문을 제기하는 잘 교육받은 시민을 만들어 낸다.

- 지금 당신이 알고 있는 것을 어떻게 알게 됐는가?(증거)

- 그 지식은 누구의 시각에서 제시된 것인가?(관점)
- 이 사건 또는 작업은 다른 것들과 어떻게 연관되어 있는가?(연계)
- 상황이 다르다면 어떨까?(가정)
- 왜 이것이 중요한가?(적절성)[6]

데버라 마이어는 소규모, 자치학교self-governing schools의 옹호자이기도 하다. 그녀는 "모든 학교에게 자신들의 특색을 설정하고 선택할 권한과 책임이 주어져야 한다"라고 서술했다.[8] 마이어에 따르면, 「낙오학생방지법」 제정으로 요구되는 것처럼 "위에서 아래로" 부과되는 개혁은 실패하기 마련이다. 뉴욕과 보스턴에서 일하면서 마이어는 교장이 "교사 대표"인 작은 학교들을 설립했다. 이 학교들은 학교 내에서 "가족과 같은" 분위기를 형성할 수 있게 만드는 교사들의 창조적 아이디어에 기반을 두고 운영된다.

아마도 사이저나 마이어보다 더 명확하게 진보주의 전통에 속한 인물은 과거 전국 올해의 교사상 수상자였던 데니스 리트키Dennis Littky일 것이다. 그는 현장 교사로 오랜 기간 일하다가 나중에 학교 행정가가 되었고, 지금은 '로드아일랜드 진로 및 기술 센터'를 이끌고 있다. 메트The Met라는 이름으로 널리 알려진 학교의 공동 설립자로서, 리트키는 진정으로 진보적인 기획들을 이 학교에 도입해 왔다. 메트는 여섯 동의 건물로 구성되는데, 각 동마다 담당하는 교장이 따로 있고 100명 정도의 학생이 한동에 소속돼 있다. 이 개별 동들은 수업, 시험, 학년 제도의 구애를 받지 않은 채로 운영된다. "한 번에 한 학생을"이란 슬로건이 이 학교의 목표인데, 그 프로그램은 다음과 같이 운영된다.

개별 학생은 자신의 흥미에 따라서 맞춤형으로 개발된 교육과정을 수행하기 위해 한 명의 담임교사와 함께 공부한다. 메트에서는 이 교사를 "조언자advisor"[9]라고 부른다. 표준화된 수업과정은 거의 없다. 학생들은 독립적으로 수행하는 프로젝트를 고안하며, 그들의 학습 진전 상황은 한 학기 내내 조언자, 동료, 부모, 그리고 인턴십[10] 수행을 돕는 멘토들이 면밀하게 살펴본다.

각 조언자는 대략 15명 정도의 학생들과 작업하며, 고등학교 4년 내내 동일한 학생들을 맡는다. 이 말은 곧 교사진이 특정한 교과 영역에만 전문화되어 있지 않다는 것을 의미하는데, 이런 방식은 학생과 교사 사이의 유대를 증진시킨다. 이는 일반 공립 고등학교에서 대단히 드문 일이나 메트에서는 교육철학의 중요한 일부분을 구성한다.[11]

진보주의적 전통이라면 학교가 "학생들의 개인적 관심, 호기심, 탐구활동과 의사소통 기술"에 초점을 두어야 한다고 리트키는 믿고 있다.[12] 메트 스쿨Met School[13]은 전교생의 65퍼센트가 연방 정부의 무료 급식 지원 대상자인 도심지 취약 지역에 자리하고 있음에도 불구하고, 이 학교의 학업성취도는 기대 수준보다 매우 높게 나타난다. 수업 참여율과 졸업 비율은 모두 94퍼센트 정도를 유지하는데, 이는 메트의 학생들이 이 부문 통계에서 전국 최상위에 포함되어 있다는 뜻이다. 이 학교 학생들은 시카고 대학교나 브라운 대학교 같은 유명 대학교에 합격하기도 하고, 전문대까지 포함하면 졸업생의 100퍼센트가 대학에 합격해 온 것으로 알려져 있다. 로드아일랜드의 프로비던스에서 일군 그의 성공 덕분에 리트키는 '빌 앤 멜린다 게이츠 재단Bill and Melinda Gates Foundation'의 재원을 지원받아 전국에 걸쳐 메트와 비슷한 학교들을 문 열 수 있게 됐다. 2006년 2월 현재 리트키의 모델에 근거한 학교 24개가 설립 운영 중이다. 가까운 장래에 이들 학교 수를 54개로 늘리는 것이 목표이다.[14]

데니스 리트키의 새로운 학교는 진보주의 교육운동이 시작된 이래로 계속 존재해 온 비슷한 교육기관들의 숫자에 단지 몇 학교를 더 보탠 것일지도 모른다. 그런 오래된 진보 교육기관 중 하나가 바로 유기적 교육 학교The School of Organic Education인데, 매리에타 존슨Marietta Johnson이 1907년에 설립했다.

> 존슨의 교육철학은 아동이 성장하는 유기체이며, 성장이란 강제로 일으킬 수 있는 게 아니라 유기체 자체로부터 자연스럽게 발현되도록 해야 하는 것이라는 전제를 바탕으로 하고 있었다. 그러므로 학교는 아동이 신체적, 정신적, 정서적 건강을 위한 자양분을 공급받아 자랄 수 있도록 가장 최상의 이상적 환경을 제공해야만 한다. 외부에서 성취 기준을 부과하면 학생들은 남의 이목을 과잉 의식하게 되며, 자연스러운 학습과정을 저해한다고 그녀는 믿었다.[15]

앨라배마 주의 페어호프에 자리 잡은 이 학교는 "놀이는 아동의 일"이라는 가정에 바탕을 두고 운영된다. 그리하여 "구조화되어 있지 않은 이 학교의 분위기 속에서 아이들은 창조적이고 의욕적인 학습자들이 된다."[16]

유기적 교육 학교와 비슷한 곳으로 샌프란시스코에 자리한 프레시디오 힐 스쿨the Presidio Hill School이 있다. 1918년에 개교한 이 학교는 지금까지도 진보주의 교육이론을 실행하고 있는 본보기로 손꼽힌다. "그 어떤 어린이도 같은 방법으로 배우지 않는다"는 믿음을 바탕으로, 유치원부터 중학교 과정을 아우르는 프레시디오 학교의 프로그램은 학생들의 연구과제 수행, 교과목을 넘나드는 학습활동, 봉사를 통한 학습, 현장 학습, 미술, 음악, 연극, 시 교육을 강조하고 있다.[17]

프레시디오 힐과 같은 해에 설립된 펜실베이니아주 필라델피아의 카슨 밸리 스쿨the Carson Valley School은 고아 소녀들을 위한 카슨 칼리지Carson College for Orphan Girls로 긴 역사를 시작했다. 이 학교의 초대 교장인 엘사 율런드Elsa Ueland는 존 듀이와 마리아 몬테소리의 제자이기도 했다. '필라델피아의 진보주의 고아원'이라는 학교사를 소개한 글에서 저자 데이비드 콘토스타David Contosta는 이 학교가 "진보주의 교육기관의 전형"이라고 진술했다. 고아 소녀들을 위한 보육 시설로 시작한 이 학교는 현재 무시험 입학제를 유지하고 있다. 이 학교의 초기 역사는 진보주의 교육운동과 진보주의의 사회적, 정치적 명분 사이의 연관성을 분명하게 보여 주고 있는데, 이는 20세기 초반 미국에서 두드러진 현상이었다.[18]

또한 펜실베이니아의 로즈 밸리에는 아름다운 숲속 캠퍼스에 자리한 학교가 하나 있다. 1929년에 개교한 이 초등학교는 유치원 프로그램도 포함하고 있는데, "체험 및 아동 중심 교육"을 추구한다고 홍보하고 있다. 이 학교의 목표는 학생들의 "문제 해결 기술"과 "독립적 사고, 협력을 통한 작업, 효과적인 의사소통" 능력을 발달시키는 것이다. 이 학교가 진보주의 교육의 전통을 전파하는 일에 아직도 선도적 역할을 하고 있다는 사실은 2004-2005년 1년 동안 진행됐던 진보 교육자들을 위한 심포지엄을 후원했다는 점에서 잘 드러난다. 이 심포지엄의 일환인 봄 학술대회에서 기조연설자는 알피 콘이었다.[19]

콘의 1999년 저서 『우리 아이들이 다닐 만한 가치가 있는 학교』[20]는 "전통적 교실과 더 어려워진 학업성취 기준을 넘어서"라는 부제를 달고 있다. 이 책에 대해 조너선 코졸은 이렇게 평가했다. 콘은 "여러 인물들 가운데 듀이, 브루너, 홀트의 업적을 언급하며 풍부한 전통을 활용하고 있으나 이제 그 자신이 이들 사상가들과 동일한 반열에 오를만한 경지에 이르렀다. 한마디로 말해 이 책은 진보주의 교육 분야에서 고전이 되어야 할 만큼 놀라운 저작이다." 시어도어 사이저는 같은 책에 대해 "생생하고, 도발적이며, 탄탄한 연구를 기반으로 한 이 책에서 알피 콘은 현재의 공식적인 교육 정책이 만들어 내는 부작용에 대항해 꼭 필요한 해독제를 제공하고 있다"고 말했다.[21] 콘은 여러 전선에 나서서 거침없이 진보 교육을 옹호하는 인물이다. 〈워싱턴 포스트〉에 실린 칼럼에서 그는 이렇게 발언했다.

가장 훌륭한 가르침은 사람들이 능동적인 학습자라는 사실을 이해하는 것에서 시작된다. 이런 이해를 바탕으로 교육이 이뤄지는 교실에서 학생들은 끊임없이 자주적으로 결정을 내리고, 그들 자신의 교육에 참여자가 된다. 학생 개개인은 학습자 공동체의 일원이 되고, 다른 구성원들과 서로 도우며 자기 내면으로부터 나오는 발상을 이해하기에 이른다. 그들은 사실과 기술을 습득하게 되겠지만 이는 어떤 구체적 맥락 안에서, 그리고 특정한 목적을 위해 이뤄지는 과정의 결과다. 학생들의 질문이 교육과정을 만드는 동력이다. 과학자나 역사가처럼 생각하는 법을 배우는 것이 개념의 의미들과 특정 날짜들의 목록을 외우는 것보다 훨씬 중요하다.[22]

콘에게 "배움이란 발견, 탐험, 호기심이라는 단어들을 무수히 만나게 되는 과정"이다. 교사의 역할은 학생들에게 배움을 장려하고 그들이 "심층적인 이해"에 도달하도록 돕는 것이라고 그는 믿는다. 듀이와 마찬가지로 콘은 학생들이 실수할 수 있도록 허용되어야 한다고 믿었다. "실수란 학생들이 어떻게 생각하고 있는지를 알려주는 매우 가치 있는 단서인 데다가, 실수를 용인함으로써 궁극적으로 더 성공적인 학습을 증진시키는 환경을 만들 수 있기 때문"이다. 그는 학생들이 배움의 과정에서 혼란을 느끼거나 심지어 철저한 실패를 경험하는 것도 괜찮다고 생각한다. 그의 이런 사고는 "학생들은 지식으로 꽉 채워야 할 그릇, 혹은 틀에 넣어 찍어 내는 찰흙이 아니다"라는 인식에서 출발한다. "우리 모두가 그렇듯이 아이들은 능동적으로 의미를 만들어 가는 존재들이다." 교사의 역할은 "전통적 교육의 규범이 아니라 학생들을 염두에 두고 교육과정을 개발하는 것이다." 교육과정은 부분적으로 학생들의 관심사에 의해 형성되어야 하며, 학생들이 "자신의 의문에 대한 해답"을 찾을 수 있게 해 주어야 한다.[23]

진보주의 전통에 서 있는 우리 시대의 또 다른 영향력 있는 작가는 허버트 콜Herbert Kohl[25]이다. 일선 교사로 직업적 삶을 살았던 콜은, 오랜 세월 자신의 교실에서 교육에 접근하는 최상의 방법을 탐색해 온 한 사람으로서 이야기한다. 1960년대 이래로 40권이 넘는 저서를 내놓으며 콜은 교육 분야에서 영향력 있는 작가의 한 사람이 됐다. "열린 학교 운동the Open School Movement의 창시자로" 알려진 그는 "전통적 교육 체계의 전면 혁신을 제안하는 데 전혀 주저함이 없었다". 그는 대범하게도 학교가 기초 학업 기술basic skills을 가르쳐야 한다는 데 동의하지만, 그와 마찬가지로 "학생들의 상상력을 이끌어 내고 그들이 힘겨운 세상에서 유의미한

무언가를 할 수 있는 가치 있는 사람이란 점을 확신시키는 것"도 중요하다고 믿었다.[24]

허버트 콜에 따르면 교사는 "아동이 세계를 인지하는 자기만의 방법을 존중하고, 그에 맞춰 아동이 학습하는 방식을 만들어 주어야" 한다. 이 과정에서 "학습자를 가족, 세계, 삶의 더 큰 문제들과 연계되어 있는 한 인간으로서 존중"하는 것이 중요하다.[26] 1998년에 펴낸 『희망이라는 규율 The Discipline of Hope』 서문에서 그는 이렇게 말했다.

> 나는 학생들이 활동을 통해 배움을 탐색하길 원하지만 그와 함께 반성적 성찰과 치열한 공부를 통해서도 학습하기를 바란다. 나는 학생들이 어려운 기술들을 유연한 방식으로 배우기를 바란다. 무엇보다 내가 어디에서 가르치든 내 학생들이 각자 개인으로서 명예롭고, 서로 존중하며, 배움 그 자체를 존중하고 사랑하는 열정적인 학습 공동체의 일원이 되기를 바란다.[27]

아마 허버트 콜보다 현행 학교의 정책적 초점들에 대해 더 한층 불만스러워 할 사람은 스탠퍼드 대학교 교수 엘리엇 아이스너Elliot Eisner일 것이다. 많은 다른 이들처럼 그는 이렇게 주장한다. "비록 대부분의 학부모와 학생들이 그렇다고 믿고 있지만, 학교에서 무엇인가를 배우는 목적은 사실 학생이 학교에서 잘 하도록 만드는 것이 아니다. 진정한 목적은 학생이 인생에서 잘 살아가도록 만들어 주는 데 있다." 아이스너에게 있어 배움의 이유는 "학생들이 질문을 만들어 내도록 하고, 학교 밖 삶이 요구하는 활동들을 수행하도록 만드는 것"이다. 이를 위해 학교는 학생들의 마음속에 "점수를 쌓아 가려는 욕망" 대신 "내적 동기"를 키워 주고 배움을 즐기도록 이끌어 주어야 한다.[28] 학교의 역할은 학생들이 스스로 "자신의 학습과 목표를 설계해 나가는 데 책임지는" 자세를 차츰 확립할 수 있도록 도와주는 것이다. "우리는 궁극적으로 학생 자신이 스스로의 교육을 만들어 가는 설계자가 되길 원한다. 가르침의 장기적인 목적은 누군가에 의한 가르침이 불필요하도록 만드는 것이다."[29]

2005년 〈교육적 리더십Educational Leadership〉이라는 잡지의 한 기고문에서 아이스너는 이렇게 기술했다. "진보주의 교육자들은 우리에게 전인적 아동whole child이라는 개념의 통찰을 제시해 주었다. 어느 때보다 그것을 가장 필요로 하는 지금, 그 통찰은 어디로 갔는가?"[30] 이 질문에 답하면서 그는 "국가가 기대치를 규정짓고 … 학교와 그 안에서 일하는 사람들에게 교육 결과에 대한 책임을 물으면서 생겨난 표준화"가 문제라고 비난한다. 이 기고문의 "되살아난 통찰"이라는 제목이 붙은 단락에서 아이스너는 그 어떤 시대든 진보주의 교육이 이뤄지는 교실을 오늘날 지루하고 딱딱한 대부분의 교실과 비교한다면, 진보 교육의 그 미래에 대한 통찰이 어느 때보다 필요하다는 사실을 발견할 것이라고 적고 있다. 그는 고부담 시험이 양산한 현재의 "측정 맹신주의"가 미국의 학교와 교사들로 하여금 배려심, 창조성, 유용성을 지닌 인간과 시민이 되도록 학생들을 기른다는 궁극적 목적을 잊어버리도록 만든다고 보았다.[31]

현대 진보주의 교육자의 마지막 사례인 넬 나딩스Nel Noddings는 아이스너 교수가 "전인"에 대해 언급했던 내용이 무엇인지 규정하려 했다. 〈교육적 리더십〉 2005년 9월호에 실은 기고문에서 그녀는 아동 교육과 연관하여 자신이 생각할 때 가장 중요한 세 가지 기본 문제를 적절히 다루지 않았다는 이유로 「낙오학생방지법」을 비판했다. 그 세 가지란 다음을 말한다.

- 교육의 적절한 목적은 무엇인가?
- 민주적 사회를 위해 공립학교가 어떻게 기여할 수 있는가?
- 전인을 교육한다는 의미는 무엇인가?[32]

20세기 초반에 수행된 한 중요한 연구는 전인을 정의하면서 세 번째 질문에 답하기 위해 적절한 목표들을 다음과 같이 선정했다. (1) 건강, (2) 근본적 과정의 주도적 통제, (3) 훌륭한 가족 구성원, (4) 직업, (5) 시민 정신, (6) 여가 선용, (7) 윤리적 성품. 나딩스는 여기에 행복을 목표로 추가한다. 그녀는 "위대한 사상가들은 풍부한 지적 삶, 인간적 유대가 주는 보상, 가정과 사적인 공간에 대한 사랑, 건전한 성품, 좋은 부모 역할, 영성, 그리고 직업에 대한 사랑 같은 것들을 행복과 연관 짓는다"고 지적한다. 그녀는 학교가 최소한 부분적으로나마 "교실을 진정으로 행복한 장소"로 만듦으로써 학생들이 이러한 행복의 요소를 이해하도록 도울 수 있다고 본다.[33] 나딩스는 행복한 아이들을 육성하려는 시도와 더불어 교사는 "존중과 감수성을 가지고 아이들에게 도덕적, 사회적, 정서적, 미적 질문을 제시"해야만 한다고 주장했다.[34] 어떤 표준적인 교육학 교재에서 나딩스는 진보주의의 주요한 대변자로 소개되고 있다. 이 교재의 저자는 나딩스를 인용해 이렇게 말한다. "보육의 윤리는 교육과정이 학생의 흥미를 중심으로 구성될 때 가장 잘 증진될 수 있다." 그리고 학교는 "개별 아동들의 신체적, 영적, 직업적, 지적 발달 촉진"을 추구해야만 한다.[35]

당대의 다른 진보주의자들과 함께, 나딩스는 현재의 중점 교육 정책들이 외견상 내세우고 있는 편협한 목표들을 불편하게 생각한다. 그녀는 미국 전체가 시험 성적 올리기에 열을 올리고 있어서 교육의 보다 폭 넓고 중요한 목표들을 간과하고 있다고 우려하는 것이다. 초기 시대의 진보주의 교육자들이 그랬듯이 현대 진보 교육자들도 현실을 개혁하기 위한 적절한 방안을 두고 각기 다른 견해를 가지고 있다. 하지만 그와 동시에 이들은 미국의 현행 교육이 잘못된 방향으로 가고 있다는 점에선 의견의 일치를 보인다.

우리 시대의 진보주의적 비평가들에 관해 몇 가지 관찰된 사실을 확인할 수 있다. 첫째, 안타깝게도 이 장에서 언급된 인물들 중에 젊은 사람은 한 명도 없다. 21세기를 살아가고 있는 지금 진보주의 교육이론의 미덕을 정연하게 제시할 새로운 인물의 등장이 필요하다. 혹자는 진보주의 교육자들의 새로운 세대가 현재의 교사교육 프로그램을 통해 배출될 수 있을 거라 기대하는데, 그런 일이 실제로 일어날지는 좀 더 지켜봐야 할 것이다. 둘째, 이 장에서 언급한 어떤 인물도 전국적 명성을 얻는 위치로 올라서지는 못 했다는 사실을 인정해야 한다. 그들이 발간한 글과 책들은 대부분 이미 교육 분야에 몸담아 온 사람들에게만 읽혀졌다. 다만 그들의 주장은, 언론인과 몇몇 정치 지도자들과 함께, 미국 교육개혁의 현재 진행 방향을 둘러싼 국가적 논쟁에 열기를 불어 넣었을 뿐이다. 전통적 교육이론 및 실천을 지지하는 사람들과 이에 대해 비판하는 사람들 사이의 갈등이 전례 없이 고조되었다는 데에는 의문의 여지가 없다. 마지막 장에서는 미국의 교육이 현재 어디에 있으며, 미국 진보주의 교육의 미래는 어떻게 될 것인지를 요약하는 것이 적절해 보인다.

1. [옮긴이 주] 사이저는 1980년대 이후 미국 진보주의 교육 흐름에서 가장 영향력 있는 학자이자 교육자이다. 그의 대표 저서라고 볼 수 있는 『호레이스의 타협』(1983)은 「위기의 국가」(1983)와 같은 해에 출간되었는데, 이는 그가 진보주의 교육의 실천을 이끄는 한 축—국가 정책의 한 축과 대비할 때—을 형성하고 있었음을 상징적으로 보여 준다. 이 책은 이후에 그가 '본질적 학교 연합'을 설립하고, 이 연합에 소속된 학교를 확대해 나가는 데 이론적, 실천적 기초를 제공했다. '본질적 학교 연합'은 자신들의 임무를 평등하고, 지적인 활력이 넘치며 개별화된 학교를 설립하고 지원하며, 그러한 학교가 미국 공립 교육의 표준이 되도록 하는 것이라고 정의한다. '본질적 학교 연합'은 개인의 욕구와 흥미, 개별화, 작은 학교, 교사-학생 간 신뢰, 진정한 과업 및 평가, 민주적 학교, 평등한 학교, 학교 공동체, 친밀성, 협력 등의 핵심 개념을 중시한다.

2. Diane Ravitch, *Left Back*, (New York: Simon and Schuster, 2000), 418-419.

3. Edward B. Fiske, *Smart Schools, Smart Kids*, (New York: Simon and Schuster, 1992), 66-67.

4. Myra Pollack Sadker and David Miller Sadker, *Teachers, Schools, and Society*, (Boston: McGraw Hill, 2000), 262.

5. "Deborah Meier", at www.pbs.org/kcet/publicschool/innovators/meier.html (accessed 15 February 2006), 1.

6. Barry S. Kogan, ed., *Common Schools, Uncommon Futures*, (New York: Teachers College Press, 1997), 61.

7. [옮긴이 주] 데버라 마이어는 사이저가 설립한 '본질적 학교 연합'의 회원 학교이자 미국의 영웅적 도심학교 모델로 잘 알려진 센트럴파크 이스트 중등학교를 운영했다. 이 학교의 교육과정은 '많이 보다 깊이', 개별화, 목표 설정, 실행하면서 배우는 학생의 원리를 강조한다. 마이어는 『우리가 신뢰하는 학교, 어떻게 만들 것인가?*In schools we trust: creating communities of learning in an era of testing and standardization*』(2002)에서 학교 안에서 신뢰 관계가 사라지는 원인을 '공동체성의 파괴로 진단한다. 과거 아이들은 어른들의 세계 속에서 함께 일하며 삶에서 필요한 가치와 방법을 배울수 있었으며, 이런 과정에서 형성된 '세대 간의 친밀함'은 아이들로 하여금 어른들을 신뢰할 수 있게 만들었던 반면, 오늘날의 아이들은 어른들의 세계와 단절된 채, 무미건조한 교과서와 표준화된 교육과정 속에 열정과 흥미를 잃어버리고 있다는 점에 주목한다. 따라서 그녀는 '세대 간의 단절'이 오늘날 학교에서 공동체와 신뢰라는 가치를 무너뜨린 요소라고 지적하며, 학교가 아이들에게 어른들의 세계를 경험할 수 있는 장소로 바뀌어야 한다고 말한다. 즉, 학생과 교사, 교사와 교사, 교사와 학부모 사이의 관계성을 회복하고 공동체를 구성하는 것이 학교 안의 신뢰 문화를 심는 가장 좋은 방법임을 제시한다. 마이어가 말하는 '좋은 교육'의 요체는 '작은 소규모 학교', '자치', '선택'이라는 가치였다. '작은 학교', '수행평가'의 중요성, 학생·교사·학부모·지역사회와 호흡하는 '공동체로서의 학교'를 중시하는 그의 입장은 오늘날 새로운 학교를 상상하는 '혁신학교'의 모습과 연결된다.

8. James Wm. Noll, ed., *Taking Sides*, (Guilford, CT: McGraw-Hill/Dushkin, 2004), 327.

9. [옮긴이 주] 메트 스쿨 학생들은 14명이 하나의 그룹이 되는 학급 개념의 '자문단'에 속해 고등학교 4년 동안 '조언자'라 불리는 담임교사의 지도로 배우게 된다. 이렇게 학급 규모가 작은 것은 메트 스쿨이 사람들과의 관계를 중요시하기 때문이다. 교사는 학생 개개인에 대해 잘 알게 되며, 학생 한 명 한 명에게 적합한 서로 다른 학습 방식을 적용시킬 수 있다. 교사는 학생의 학습뿐만 아니라 생활에도 그야말로 '조언자' 역할을 할 수 있다.

10. [옮긴이 주] 인턴십 학습(Learning through Internship/LTI) 프로젝트는 학생들이 학교 밖 현실세계에서 자극을 받아 학문적인 능력이나 개인적인 기술을 익히도록 이끈다. 이런 학습 성과에 대한 평가도 남다르다. 교사, 학부모, 지역사회 구성원인 인턴십의 멘토로 이루어진 학습계획팀과 그 밖의 다른 사람들 앞에서 공개 프레젠테이션을 열어 무엇을 학습하고 소화해 냈는지 발표하여 그들의 심사를 통과해야 한다. 메트 스쿨은 정해진 교과가 없다. 대신에 교사들은 학생들이 자신의 관심과 흥미에 바탕을 둔 프로젝트를 계획하고 실행할 수 있도록 돕는다. 그런데 관심과 흥미를 바탕으로 시작하지만 학습과정은 결코 만만하지 않다. 일정 기준에 이르지 못하면 상급 학년 진급과 졸업을 할 수 없다. 메트 스쿨이 최종 목적으로 삼고 있는 것은 학생들을 평생 동안 스스로를 발전시키려는 열망으로 끊임없이 탐구하는 '평생 학습자'로 기르는 것이다. 획일화된 잣대로 학생들을 평가하여 줄 세우고 탐구욕의 싹을 아예 잘라 버리는 여느 학교와는 전혀 다르다.

11. "Dennis Littky: Innovation in Education, One Student at a Time", *Business Inventory Factory* at http://www.businessinventoryfactory.com/index.php (accessed 16 February 2006), 1.

12. "Dennis Littky: Innovation in Education, One Student at a Time", 2.

13. [옮긴이 주] 1996년에 문을 연 메트 스쿨은 미국 공교육의 개혁 모델로 주목받고 있는 공립 대안학교이다. 메트 스쿨의 정식 명칭은 '대도시 지역 기술-직업센터(The Metropolitan Regional Technical and Career Center)'다. 메트 스쿨에서의 배움은 아이들이 학교 안에서만 머무는 것이 아니라 학교 바깥으로 과감하게 눈을 돌려 고정된 교과목에 얽매이지 않고 사회 곳곳의 현장에 뛰어들어 경험함으로써 이루어진다. 아이들 한 명 한 명에게 맞는 학교, 자아를 찾고 자기 길을 찾을 수 있게 도와주는 학교, 관심에 기초한 배움이 이루어지고, 인턴십 과정으로 학교 밖 세상을 몸으로 배우는 학교. 아이도 교사도 가고 싶어 하는 학교 만들기에 성공한 사례로 관심을 끌고 있다. 빌 게이츠를 비롯한 글로벌 리더들이 메트 스쿨에 주목하는 까닭이다. 메트 스쿨의 교육철학은 '한 번에 한 아이씩'이다. 흔히 말하는 '눈높이 교육', '맞춤 교육'이라고 할 수도 있지만, 방식은 전혀 다르다. 왜냐하면 출발선은 같지만, 목적지가 다르기 때문이다.

14. "Innovation in Education, One Student at a Time", at http://www.riedc.com/riedc/blue_sky/32/433/ (accessed 17 February 2006), 3.

15. Crysta Kessler, "Play is the Child's Work: In the Unstructured Atmosphere of the School of Organic Education, Kids Are Creative, Motivated Learners", at http://www.findarticles.com/p/articles/mi_m0838/id_130/ai_n1374199/print (accessed 17 February 2006), 1.

16. "Play is the Child's Work: In the Unstructured Atmosphere of the School of

Organic Education, Kids Are Creative, Motivated Learners", 1.

17. "A Progressive School", at http://www.presidiohill.org/about/archives/205/06/our_mission_sta/php (accessed 8 February 2006). 2.

18. "Philadelphia's Progressive Orphanage", at http://www.psupress.org/books/titles/0-271-01714-7.html (accessed 18 November 2005), 1.

19. "Progressive Education in the 21st Century", at http://www.theschoolinrose valley.org/symposium.asp (accessed 8 Frbruary 2006), 1.

20. [옮긴이 주] 알피 콘은 교육학자나 교사는 아니지만 미국 진보주의 교육에 많은 영향력을 행사하고 있는 저술가이다. 그는 진보주의 교육의 핵심 개념으로 전인교육, 공동체, 협력, 사회정의, 내재적 동기, 깊은 이해, 활동, 아동 중시, 학생 중심 등을 든다. 이와 함께 그는 사회정의 교육이 진보주의 교육의 주요 요소라고 보았다. 그는 학생들에게 자신이 속한 공동체와 그 속에서 자신과 타인의 복지에 대한 책임감을 길러 주기 위해 교실이라는 경계를 넘어 더 넓은 사회에서의 정의 문제에 대해 가르쳐야 한다고 주장했다.

21. Alfie Kohn, *The Schools Our Children Deserve*, (New York: Houghton Mifflin, 1999) inside cover.

22. Alfie Kohn, "A LOOK AT.....Getting Back to Basics: First Lesson: Unlearn How We Learned", 10 October 1999, at *Washington Post* at www.alfiekohn.org/teaching/alagbtb.htm, (accessed 14 March 2005), 3.

23. Joseph Milnes, "The Educational Theory of Alfie Kohn", at http://www.new foundatons.com/GALLERY/Kohn.html (accessed 15 February 2006), 1-2.

24. Marge Scherer, "Creating a Positive Classroom: A Conversation with Herb Kohl", at http://www.nea.org/taeachexperience/tsklk040621.html (accessed 17 February, 2006), 1.

25. [옮긴이 주] 허버트 콜은 미국의 공교육 개혁, 진보적 교육운동과 대안교육을 주창한 교육자이다. '열린 교실(open classroom)'이라는 용어를 처음 사용한 것으로 알려져 있으며, 1960년대 미국의 열린 학교 운동에도 영향을 끼친 것으로 평가받는다. 콜은 『선생님께는 배우지 않을 거예요I Won't Learn from You』(1994)에서 배우지 못하는 것이 아니라 배우지 않기로 정한 아이들의 잠재력, 희망을 퍼뜨리는 교사의 모습, 오늘날 학교에서 절대적 가치로 평가되는 (학업) 우수성과 공평성에 담긴 의미의 탐색, 정치적 올바름이란 용어의 기원과 왜곡된 현실, 창의적으로 부적응하는 방법 등 교육자가 한 번쯤 생각해 보아야 할 주제들을 저자 자신의 체험담과 함께 깊이 있게 녹여 냈다. 이 책은 배우지 않기로 결심한 아이들에게 교사가 낙인찍는 행위를 그만두고, 불편한 현실에 창의적으로 부적응하며 함께 나아가는 모습을 보여 준다.

26. Marge Scherer, "Creating a Positive Classroom: A Conversation with Herb Kohl", 6.

27. Herbert Kohl, *The Discipline of Hope*, (New York: Simon and Schuster, 1998).

28. Kevin Ryan and James M. Cooper, *Kaleidoscope*, (Boston: Houghton Mifflin Company, 2004), 371.

29. Ryan and Cooper, *Kaleidoscope*, 272.

30. Elliot Eisner, "Back to Whole", *Educational Leadership*, September 2005, 63, no. 1 at http://ascd.org/portal/site/ascd/template.MAXIMIZE/menuitem (accessed 9

September 2005), 1.

31. Eisner, "Back to Whole", 4-5.

32. Nel Noddings, "What Does It Mean to Educate the Whole Child?" *Educational Leadership*, September 2005, 63, no. 1 at http://www.ascd.org/authors/ed_lead/e1200509_noddings.html (accessed 2 Februaray 2006), 1.

33. Noddings, "What Does It Mean to Educate the Whole Child?", 2.

34. Noddings, "What Does It Mean to Educate the Whole Child?", 4. [옮긴이 주] 12년 동안 수학교사로 일한 교육철학자 나딩스는 미국 진보주의 교육을 이론적으로 계승하고 있다. 그는 자신의 교직 경험에 비추어 미국의 표준교육과정을 비판한다. "모든 학생들이 x라는 수준에서 y를 할 수 있어야 한다"라는 획일적 기준은 미국의 빈곤과 인종 문제를 도외시한 처사라고 보았다. 많은 유색 인종 지역사회에서는 당장 의료와 기본 생활 자원이 부족한 상태인데, 애정과 안전에 기초한 교육이 아니라 절대적인 수치를 평가 기준으로 부과하면 유색 인종 학생들의 교육에 더욱 많은 곤란을 초래할 것이라는 것이 그 비판의 핵심이다. 나딩스는 교육이란 개인적, 사회적, 윤리적, 심미적 시민을 길러야 하는 과업인데, 획일적 국가 기준은 오직 점수에 예민한 수업을 다시 불러들임으로써 이러한 과업을 방해할 수 있다고 보았다. 특히 최근의 표준 교정과정과 시험은 1970년대 목표 운동과 거의 같은 것이라고 보았다. 많은 학군에서 교과 내용과 실행 사항을 중심으로 목표를 세세히 규정했던 1970년대 목표 운동은 학생들이 알아야 할 것(내용 기준)과 할 수 있어야 하는 것(수행 기준)을 주나 연방 범위에서 기술하고 있는 오늘날의 표준화 운동과 거의 흡사하다고 할 수 있다. 나딩스는 이러한 유사성을 강조하며 1970년대 행동주의 목표 운동이 미국 교육의 문제를 제대로 해결하는 데 큰 도움이 되지 않았음을 상기시키고자 했다. 나아가 학생들이 참여를 거부하게 되는 고난도의 학문교과(수학 등)가 학생들의 소외를 가속시킬 때 과연 그 교육과정을 강제로 배우도록 하는 것이 민주적 시민을 준비시키는 교육의 목적에 부합하는 것인지 의문을 제기한다.

35. Myra Pollack Sadker and David Miller Sadker, *Teachers, Schools, and Society*, (Boston: McGraw Hill, 2003), 36

16.
진보주의 교육의 미래

데이비드 J. 페레로David J. Ferrero가 "'진보주의자들'과 '전통주의자들' 사이의 100년 전쟁"이라 부른 상황은 21세기에도 바뀌지 않은 채 계속되고 있다. 의심할 여지없이, 현재 공교육에서 이루어지고 있는 중점 정책들은 전통적인 접근법을 지지하는 이들이 선호한 것이다. 마찬가지로 많은 비평가들은 고부담 시험으로 인해 부과된 주 정부의 융통성 없는 교육과정 지표들은 교사들이 교사 중심의 수업 이외의 방법들을 사용할 수 있는 유연성을 심하게 제약한다고 믿는다. 각급 학교의 교사들은 주 정부의 교육과정 지표들이 규정한 "진도를 맞추는 데" 압박감을 느낄 수밖에 없다. 수행과제 발표나 토론, 또는 현장학습을 계획할 때 수업할 수 있는 시간을 잃어버리는 것에 대하여 걱정하게 된다는 뜻이다. 국제 학력평가 비교 시험에서 계속되는 미국의 저조한 성적은 전통주의자들이 시험 성적을 올리는 데 가장 효과적이라고 생각하는 수업 형태에 계속 집중하게 만드는 압박으로 작용한다.

연방 차원에서, 대통령은 의무적인 시험을 8학년 이상으로, 고등학교까지 연장할 것을 제안했다. 전국 표준 교육과정과 시험을 수립할 가능성에 대한 논의들 또한 재개되고 있다. 만약 이것이 도입된다면, 각 주 수준에서 준비되고 있는 현재의 교육과정 목표와 시험들을 대체할 것이다. 이러한 계획을 지지하는 사람들은 각 주마다 모든 기초 과목들에서 교육과정의 표준을 제시하는 세부 요구사항들이 다르게 부과되는 점을 지적한다. 그들은 또한 주 별로 치루는 의무적인 시험들이 천차만별이라는 사실도 지적한다. 모든 과목에서 학생들이 알아야 할 것과 할 수 있어야 할 것을 규정한 국가적인 지표는, 이러한 지표를 바탕으로 한 전국적 시험과 함께, 전국의 각 학군에서 학생들이 받는 교육을 훨씬 쉽게 비교해 볼 수 있도록 만들어 줄 것이다. 전국 시험에서 저조한 결과를 보이는 주들은 보다 손쉽게 개선 방안의 목표가 될 수 있다. 국제 비교 시험에서 좋은 성적을 올린 많은 국가들이 국가적 수준의 교육과정과 시험을 가지고 있다는 사실 또한 교육과정과 시험을 전국적으로 도입해야 한다는 주장을 뒷받침하기 위해 언급됐다.

클린턴 집권 시절 전국적인 사회과 교육과정을 개발하고자 했던 시도가 실패하기는 했지만, 국제 비교 시험에서 적절한 성적을 거두지 못하고 있다는 사실로 여론의 실망감이 커짐에 따라 연방 정부 차원의 새로운 노력이 이루어지는 것도 가능하다. 만일 연방 정부가 그러한 행동을 취하게 된다면, 학교와 교사들은 진보주의 교육이론과 방법들을 사용함에 있어서 더욱 적어진 재량권을 가지게 될 가능성이 크다. 미래를 예측해 볼 때, 진보주의자들은 미래에 대하여 비관적 전망을 가지게 되기 쉽다.

미국의 현재 교육 정책이 우편향 중이라고 믿을 만한 이유가 여전히 많은 것은 사실이지만, 이는 필연적으로 상황이 진보주의 교육에 호의적인 방향으로 다시 움직일 거라는 뜻이기도 하다. 앞 장에서 분명히 보았듯이, 미국에서의 진보주의 교육이 최종적으로 쇠퇴했다고 단언하기에는 아직 이르다. 특히 유치원과 초등학교 수준에서 몬테소리 교육법의 인기가 높아지는 것은 창의성과 "행동에 의한 배움"을 강조하는 학교들이 활약

할 시장이 있다는 것을 의미한다.

학교선택권이라는 발상 또한, 현실에서 적용되는 양상은 다양하지만, 학부모들이 진보주의적 전통에 따라 설립된 학교들을 선택할 수 있게 해주는 것은 사실이다. 불행히도, 몬테소리 학교와 진보주의 학교를 선택하는 학부모들 중 상당수는 백인 중산층과 상류층 자유주의자들로 규정될 수 있다. 비록 전체 인구 중에서 아직은 상대적으로 적은 수이지만, 이러한 학부모들 중 많은 이들은 그들의 학군에서 활동적이고 거침없이 자신의 의견을 피력하는 편이다. 또한, 이제는 도시의 소수인종 학부모들 중에서도 제대로 가르치지 못한다고 생각되는 학교에서 자녀들을 벗어나게 할 방법으로 학교선택권 제도의 이용을 고려하는 수가 늘어나고 있다는 추정도 가능하다.

진보주의 교육의 지속적 생존을 보장하는 더욱 중요한 요인은 아마도 교사교육 프로그램의 역할일 것이다. 미래의 교사들이 경험하고 있는 거의 모든 수업과 교재에서 살펴본 바와 같이, 다양한 교수법을 사용할 필요성에 대한 논의는 지속되고 있다. 일반 학생들과 같은 교실에 특수교육 대상 학생들을 포함시킨 것은 성적에 따른 분반 제도의 쇠퇴와 함께, 대부분의 교실에 근래 수년간 볼 수 없었던 학생 집단의 다양성 확대를 가져왔다. 성적을 매기지 않는 수업과 수업 방식의 다양화 같은 접근법들도 교사교육 프로그램에서 흔히 논의되고 있다. 협동학습과 프로젝트 과제 활용법도 교사교육 수업에서 종종 사용되고 있다. 이러한 대학에서의 경험들이 졸업생들이 사용할 교수법에 어떤 식으로든 영향을 미치지 않을 거라고 생각하기는 어렵다.

지난 50년간 유행했던 중학교 이론 역시 이 연령대의 학생들을 위해 특별히 설계된 보다 학생 중심적인 프로그램을 요구한다. 중학교 옹호자들은 교사의 일방적 강의와 배치되는 좀 더 능동적인 학습 방법을 요구한다. 이 이론에 따르면, 정식 교육과정 및 교과 외 프로그램들은 아동의 발달 수준에 더욱 기반을 두어야 한다. 모든 중학교가 이 이론에 충실한 것도 아니고, 많은 수는 여전히 전통적인 초급 고등학교와 유사한 것도 사실이다. 오늘날의 평가에 대한 강조가 그나마 이론에 충실한 여러 학교들마저 기존의 초급 고등학교 식으로 돌아가게 밀어붙일 가능성도 있다. 설사 이러한 일이 일어날지라도, 대부분의 교육자들은 중학교 학생들이 고등학생들과는 다르며, 그들의 교육 프로그램은 더욱 학생 중심적이어야 한다는 생각을 이미 받아들이고 있다.

영재성과 재능이 있는 학생들을 위한 일부 교육 프로그램들 역시 아동들의 더 많은 학문적 자유를 강조한다. 학생들의 창의적 문제 해결 능력을 자극하는 '창의력 올림피아드Odyssey of the Mind program'[1]가 한 예인데, 이 교과 외 활동은 분명 진보주의 교육 지지자들에게 칭송을 받을 것이다. 더 많은 과학자들과 공학자들을 육성하기 위한 현재의 계획 역시 더욱 많은 창의적인 실험 실습을 과학 수업에 포함하도록 만들 가능성이 있다.

마지막으로, 21세기의 존 듀이가 출현하지는 않았지만, 교육의 현재 방향에 대한 비판에 무척 적극적인 목소리를 내는 개인들이 여전히 적지 않다. 이런 비평가들 중 일부는 교육계 외부에 있다는 점에 주목해야 한다. 현재 추진되는 정책 중점에 대한 가장 공통적인 비판은 고부담 시험에 우려를 표명하는 이들로부터 나온다. 2000년 6월 〈네이션*The Nation*〉이라는 진보적 시사 잡지에 난 어느 기사의 저자는 다음과 같이 논했다.

시험이라는 "해결책"의 정치적 인기에도 불구하고, 많은 교육자들과 시민권 옹호론자들은 시험 강화 정책이 해소하고자 했던 문제를 사실상 악화시켰다고 말한다. 그들은 이 정책이 소수 인종 학생들을 차별하고, 교권을 약화시키며, 학생들이 창의적이고 복합적인 학습 과제에 참여할 기회를 줄일 뿐 아니라, 전혀 배우지 않은 과목의 시험을 통과하지 못했던 이유로 학생에게 고등학교 졸업 자격을 주지 않는 경우도 있다고 주장한다. 그들은 학력 신장을 위해 시험을 이용하는 것은 열을 내리기 위해 체온계에 의존하는 식의 합리성밖에 없다고 강변한다. 가장 설득력 있는 부분은, 이러한 시험이 교육 불평등의 가해자들이 아닌 피해자들에게 직접적인 제재를 가한다는 그들의 주장이다.[2]

2003년 잡지 〈교육적 리더십〉은 오드리 암레인Audrey L. Amrein과 데이비드 베를리너David C. Berliner가 수행한 한 연구 프로젝트의 내용을 요약 수록했다. 이에 따르면, 연구자들은 다음과 같은 고부담 시험의 부정적 결과들을 확인했다고 한다.

- 시험이 학생들로 하여금 자신의 동기를 상승시키기보다, "본질적으로 학습 동기를 감소시키고 비판적 사고에 참여할 가능성이 낮아지게" 한다. 반면에 교사들은 "학생들의 학습 경험을 더욱 많이 통제하는 편"을 택함으로써 학생들이 "스스로의 학습을" 주도할 가능성을 부정한다.
- 고부담 시험은 미국에서 학업 중퇴율을 상승시키는 한 요인이라는 것이 이 연구의 결론이다. 이것은 결국 더 많은 학생들이 일반 교육 인증GED, General Education Diploma과 같은 대안 학력 인증서를 취득

하는 방향으로 가도록 만든다. 이 인증서는 전적으로 시험 통과를
근거로 수여된다.

- 낙제자가 증가하고 이는 결국 더 많은 학생들이 학교를 중퇴하도록
  만든다.
- 학교들은 시험 보는 기술을 가르치는 데 귀중한 수업 시간을 할애하
  고 시험에 나올 만한 내용들만을 가르친다.[3]

이 잡지의 같은 호에서, 몬티 닐Monty Neill은 교육자들에게 교육과정을
제한하는 시험들을 거부하고 "대신 숙련된 교수법과 높은 수준의 학습을
촉진하는 형성 평가 실행에 집중"하라고 촉구한다.[4]

교육학 정기 간행물에서만 시험에 의존하는 미국의 현재 교육이 비판
받은 것은 아니었다. 시험에 의존하는 방법이 부정적인 것이라 주장하는
책들도 발간되고 있다. 1999년 출판된 『표준화된 정신Standardized Minds』
에서 피터 삭스Peter Sacks는 "시험에 초점을 둔 수업은 지루함과 두려움,
무기력증을 심화시키고 교사, 학생, 학교 측에 모든 형태의 기계적인 반응
행위를 조장하며, 학생들로부터 그들이 가진 배움에 대한 자연스러운 애
정을 빼앗아 버린다"라고 썼다.[5]

「낙오학생방지법」이 통과되기 이전에도, 알피 콘은 『표준화 시험제도에
반反하는 사례The Case Against Standardized Testing』라는 책을 썼다. 그 책의
부제는 "성적 올리기, 학교 운영하기"였다. 콘은 이 책에서 다음과 같이
주장한다.

- 높은 점수는 종종 상대적으로 깊이 없는 사고를 의미한다.
- 주요한 시험들 중 다수는 가르침이나 학습을 측정하는 데 목적을 둔

게 전혀 아니었다.

- 시험 결과를 향상시킨 학교는 그렇게 하기 위해 기준을 낮추었을 것이다.
- 표준화된 시험을 사용하는 것은 "격차 해소"를 돕기는커녕, 저소득층과 소수인종 학생들의 학습에 가장 해를 끼친다.
- 학교별 또는 주별 시험 성적의 차이에 있어서 최대 90퍼센트는 학습지도의 질과 별 상관이 없다.
- 학생의 학습―또는 학교의 질―에 관한 훨씬 의미 있는 조치들이 가능하다.[6]

시험의 부정적 측면을 다루고 있는 세 번째 책은 『고부담: 어린이, 시험, 그리고 미국 학교의 실패High Stakes: Children, Testing, and the Failure in American Schools』다. 이 책에서 저자인 데일 존슨Dale D. Johnson과 보니 존슨Bonnie Johnson은 한 지방 학군에서 일 년 동안 자신들이 한 일에 대해 이야기한다. 이때의 경험은 그들에게 고부담 시험과 학교의 성적 책임제가 작고 가난한 학군에서 만들어 내는 "폭정과 억압"을 보여 주었다. 그들은 미국 전역의 학교들에서 "학교 성적 책임제와 고부담 시험에 대한 반발이 커지고 있다"고 믿는다.[7]

미국의 역사 내내 도서관과 서점의 교육 코너는 미국 교육을 비판하는 책들로 채워져 왔다. 그러나 수많은 비판에도 불구하고, 「낙오학생방지법」은 여전히 많은 지지자를 가지고 있고, 어떤 형태의 진보주의 교육이든 부정적으로 인식하는 사람들도 상당수 존재한다. 예를 들어, www.speakout.com이라는 한 보수적 웹 사이트는 진보주의 교육의 유산에 관한 어느 글에 이런 문장을 포함하고 있다. "듀이와 그의 동류들이 자신의 지적 생산품을 다른 곳, 어쩌면 듀이가 사랑하는 소련 같은 곳에 퍼뜨렸다면 미국은 아마도 지금보다 잘 살았을 것이다."[8] 또 하나의 전형적인 시각은 "오늘날의 학교 개혁가들은 여전히 세기 전환기에 대두된 존 듀이와 그 밖의 진보주의 사상을 실행하고자 노력하고 있다. 이러한 생각들은 백 년 전에도 대체로 잘못 이해되었고, 지금도 대체로 잘못 이해되고 있다"[9]고 언급한 후버 연구소Hoover Institution의 간행물에 잘 나타나 있다.

이런 식의 격렬한 반대로 말미암아, 그리고 미국 의회의 너무나 많은 의원들이 「낙오학생방지법」에 찬성했기 때문에 변화는 어려울 것이다. 이 법은 2007년 재인준이 고려될 때까지는 크게 바뀌지 않을 것이다. 지난 몇 년간, 민주당은 이 법에 의해 시행된 사업들보다 부시 정부가 그 사업들을 재정적으로 적절히 뒷받침하지 못했다는 데 더 많은 비판을 제기했다. 그 결과, 미국이 향후 10년 내에 교과과정 표준, 고부담 시험, 학교 성적 책임제 등을 전적으로 폐기할 것이라 보기는 어렵다. 동시에, 현 교육부 장관 마거릿 스펠링스Margaret Spellings는 「낙오학생방지법」의 적용에 상당히 더 유연해졌다. 전임자 로드 페이지Rod Paige와 달리, 스펠링스 장관은 교원 노조, 주 의회, 개별 학군들의 비판에 어느 정도 민감하게 반응을 해 오고 있다. 이 법의 다양한 조항들이 현재 법정에서 적법성 여부를 두고 소송 중이므로, 그 강제적 시행 역시 사법부 결정에 따라 영향을 받게 될 것이다. 그러나 스펠링스 장관은 꼭 그 정도까지만 물러설 것이다. 그녀는 "텍사스에는 이런 말이 있습니다. '당신이 하는 모든 일이 당신이 지금까지 해 온 것들뿐이라면, 당신이 지금까지 얻은 만큼이 앞으로 얻게 될 전부다.' 우리가 교육에서 지금까지 얻은 것은 정말 충분치 않습니다"라고 말한 바 있다.[10]

의심의 여지 없이 「낙오학생방지법」에 대한 격렬한 논쟁은 계속될 것이며 모든 수준에서 이뤄지는 교육적 결정에 영향을 미칠 것이다. 특히 워싱턴에서는, 교원 노조의 촉구와 지지로 2006년 선거에서 승리하고 의회를 장악할 수 있다면, 민주당이 공교육에 더 많은 재정을 투입할 것이라고 기대한다. 민주당 주도의 의회는 학교선택제, 특히 사립학교들을 포함하는 바우처 제도에 대해 덜 호의적일 가능성이 크다. 민주당이 「낙오학생방지법」의 전면적인 개편을 단행할 것인지는 예측하기 어렵다. 교육계의 많은 사람들이 이 법에 의해 도입된 사업들에 대하여 심각한 의구심을 가지고 있음은 분명하지만, 일반 대중들은 아직 그 정도로 비판적이지는 않다.[11]

정치가 진보주의 교육의 미래에 어떤 영향을 미칠 것인지 예측하기는 거의 불가능하다. 학교선택권이 앞으로도 계속 학부모들에게 자녀를 위해 진보 교육을 선택할 수 있는 기회를 줄 가능성은 높다. 선택권이 확대되고 더욱 많은 진보주의 학교들이 미국에 생겨난다고 하더라도, 이런 교육 방식을 접하게 될 학생들은 여전히 소수일 것이다. 또 다른 가능성은 진보주의 교육 방법들을 미국 내 모든 공립학교의 주류로 이끌어 내는 것이다. 이런 일이 가능하려면, 우선 전통주의자들과 진보주의자들 사이에 일종의 휴전이 성립되어 모든 교실에서 양자의 교육 방법들이 공히 사용될 수 있다는 생각이 통용되어야 한다.

이런 형태의 조정이 실제로 가능하다는 것은 전통적인 발음 중심 읽기 수업을 지지했던 사람들과 총체적 언어 수업법의 옹호자들 사이에 있었던 수십 년에 걸친 갈등의 역사에서 찾아볼 수 있다. 오늘날 많은 초등학교에서는 두 접근법 모두와 연관된 교수법들을 읽기 수업에 채택하고 있다. 즉, 교사들은 전통적인 기초 독본을 사용해 발음법을 가르치면서도 학생들이 별개의 책에서 매주 다른 단어들의 철자법을 익히도록 하고 있다. 교사들은 또 아이들에게 새로운 단어를 가려내고 발음할 때 발음 중심 접근법을 강조한다. 동시에, 많은 교사들은 단어의 의미를 파악하기 위해 문맥 속의 단서를 사용하고, 큰 책 형태의 고전 아동문학을 활용하며, 학급 문고를 이용해 아이들이 스스로 책 읽는 것을 독려하거나 수업 중 읽은 책에서 단어의 철자법과 새 어휘를 익히게 하는 등 총체적 언어 학습의 기법들을 채택한다. 이런 복합적인 접근법은 많은 학교에서 널리 쓰이고 있다.

절충은 또한 사회과 교과에서도 일어날 수 있다. 학생들이 역사에서 중요한 인명과 날짜들을 알아야 한다거나 미국 헌법의 주요 조항들을 숙지하고 있어야 한다는 데에는 이견이 없다. 교사들은 이를 위해 정보의 공급자가 되어야 한다. 동시에, 교사들에게 적절한 수준의 융통성이 주어진다면, 미국사美國史 교사가 자신의 학생들에게 헌법이 제정되던 당시에 널리 쟁점이 됐던 논점들에 대해서 조사할 기회를 주지 못할 이유가 없다. 학급은 개별 혹은 조별 연구 발표 시간을 거친 뒤 연방주의자와 반反연방주의자로 나뉘어 한 마을의 공동체가 헌법의 비준을 찬성할 것인가를 두고 토론하는 모의 마을 회의도 진행해 볼 수 있을 것이다. 이처럼 능동적인 학습 경험에 참여했으므로, 학생들은 배운 내용을 더 잘 기억하게 될 것이다. 물론, 사회과 수업에서 공부하는 모든 논쟁이 개인별 연구와 토론식 수업을 포함할 수는 없지만, 만일 그런 진보주의적 수업 방법들이 권장된다면, 많은 학생들이 학교 수업에 더 흥미를 가질 가능성이 높다.

교사들이 그런 진보주의적인 교수법을 활용할 수 있도록 하려면, 물론 학교에서 사용되는 평가 도구들이 더욱 유연해져야 한다. 사실을 묻는 객관식 시험에 대한 의존도는 낮추고, 논술형 문제에 기반을 둔 창의적 답변의 기회는 늘어나야 할 것이다. 예를 들면, 학생들이 위에서 이야기한 토론의 경험을 사용할 수 있도록 이러한 문제도 생각해 볼 수 있다. "미국 역사에서 있었던 갈등 상황을 예로 삼아, 문제를 찾아내고 그 문제를 둘러싼 주요 쟁점들을 제시한 뒤, 이에 대한 자신의 입장을 설명하며 논리적으로 뒷받침하라." 사회과 수업은 또한 봉사학습에 학생들이 지역사회에서의 선행활동에 자원봉사자로 참여한 경험을 포함시킬 수 있다. 이런 활동은 시험 이외의 방법으로 평가될 수 있다. 학생들은 자신의 학습 경험에 대한 반응을 기록하는 포트폴리오나 일지를 만들 수도 있을 것이다. 연구수행 과제를 선택할 때, 학생들은 자신의 관심사를 따를 수도 있는데, 개인적 흥미를 학습동기와 연결시키는 것은 진보주의 교육이론의 중요한 목표 중 하나이기도 하다.

유사한 진보주의적 교육 기법은 다른 수업에서도 더욱 중요하게 적용될 수 있다. 과학과 수학에서 진정으로 창의적인 문제 해결자를 길러 내고자 한다면, 이들 과목의 수업은 학생들에게 그런 기회를 제공하는 실험 실습을 포함해야 한다. 단답식 시험을 통과하기 위해 수학과 과학 교과서를 암기하게 하는 것으로는 충분하지 않다. 적어도 과학 실험 수업의 일부는 학생들에게 창의적으로 문제를 해결할 기회를 주는 데 목표를 두어야 한다.

영어 교사들 역시 학생들의 흥미를 작문 연습과 학생들에게 주는 과제의 연구 주제로 이용할 수 있다. 모든 연령의 아이들에게 자신들이 접한 문학 작품들에 대해 창의적으로 글을 쓰고 연극으로 표현해 볼 기회가 주어져야 한다. 학생들이 문제를 해결하기 위하여 기술을 포함한 여러 과목들을 결합하도록 하는 학제 간 프로젝트 또한 학교에서 장려할 수 있다. 그러한 프로젝트를 수행할 때, 교사들은 단순한 정보 제공자보다는 진보주의적 전통에서 학습의 보조자 또는 촉진자 역할을 하게 될 것이다.

이 모든 접근법은 현재의 교육과정 요구조건들, 고부담 시험, 학교 성적 책임제에 대한 강조와 함께 적절히 조정된다면 시행 가능하다. 전통주의적 교육가들조차도 버럭이 천명한 "학습자를 참여시키고, 상상력을 키워주며", "인지적이고 예술적인 표현"을 촉진시키면서 "사회-정서적이며 윤리적 발달을 함양"[12]하려는 진보주의적 교육 목표를 수용할 수 있을 것이다. 아마도 많은 사람들이 카운츠의 다음과 같은 말에 공감할 것이다.

> 대부분의 미국인들의 의식 속에서, 진보주의 교육운동은 그 복잡성에도 불구하고 무언가 제법 분명한 것들을 의미한다. 게다가 진보주의 교육운동이 여러 가지 큰 업적을 이루었다는 사실을 부인할 사람은 거의 없을 것이다. 직접적으로 아동에게 관심을 집중했고, 학습자 흥미의 근본적 중요성을 인식했으며, 모든 진정한 교육의 기저에는 활동이 있다는 명제를 옹호했다. 또한 인간의 삶과 성장 안에 이뤄지는 학습을 창안했으며, 자유로운 인격체로서 아동의 권리를 옹호했다.[13]

진보주의 교육이 계속해서 주로 제한된 수의 학생들을 위한 선택지로 남을 것인지, 아니면 교육의 주류에 더욱 통합될 것인지의 여부는 좀 더 지켜보아야 할 문제다. 비록 현재 미국에서는 진보주의 교육의 영향이 침체돼 있는 상태지만, 앞으로도 계속해서 학교에 영향을 미치는 세력으로 남아 있을 것이라고 단언할 수 있다. 지금까지 진보주의 교육에 대해 살펴보았다. 마지막으로, 존 듀이가 『경험과 교육Experience and Education』이라는 책을 마감하며 자신의 "굳은 신념"을 담아 남겼던 말로 이 책을 끝맺고자 한다.

근본적인 문제는 새로운 교육 대對 낡은 교육도, 진보주의 대 전통주의 교육도 아니며, 교육이라는 이름에 합당한 것이 과연 무엇인가라는 질문이다. 나는, 바라고 믿건대, 단순히 진보적이라 이름 붙일 수 있다는 이유만으로 그 어떤 목적이나 방법도 선호하지 않는다. … 우리가 원하고 필요로 하는 것은 순수하고 단순한 교육이다. 도대체 무엇이 교육이고, 그런 교육이 그저 이름이나 구호가 아닌 현실이 되기 위해서 어떤 조건들이 충족되어야 하는지를 찾고자 전념할 때, 우리는 확실하고 더 빠른 진보를 이룰 것이다.[14]

1. [옮긴이 주] '창의력 올림피아드'는 유치원에서 대학에 이르는 학생들이 참여하는 창의
   적인 문제 해결 프로그램이다. 현장에서 즉시 해결해야 하는 유형, 장기적으로 도전하
   고 해결하는 유형, 예술적 요소를 극대화하는 유형 등 다양한 프로그램을 운영하고 있
   다. 제4차 산업혁명에 맞는 창의성과 융합의 역량들을 배우고 느끼며 학생들이 습득할
   수 있게 하는 데 초점을 두고 있다.
2. Gary Orfield and Johanna Wald, "Testing, Testing", *The Nation*, 5 June 2000, 38.
3. Audrey L. Amrein and David C. Berliner, "The Effects of High-Stakes Testing on
   Student Motivation and Learning", *Educational Leadership*, February 2003, 60,
   no. 5, 32-33.
4. Amrein and Berliner, "The Effects of High-Stakes Testing on Student Motivation
   and Learning", 43.
5. Peter Sacks, *Standardized Minds*, (Cambridge, MA: Perseus Publishing, 1999),
   256-57.
6. Alfie Kohn, *The Case Against Standardized Testing*, (Portsmouth, NH:
   Heinemann, 2000), back cover.
7. Dale D. Johnson and Bonnie Johnson, *High Stakes: Children, Testing, and the
   Failure in American Schools*, (Lanham, MD: Rowman & Littlefield, Inc., 2002),
   xix.
8. Jerry Jesness, "The Legacy of Progressive Education", at www.speakout.com/
   activism/opinion/2971-1html (accessed 10 February 2006), 1.
9. Williamson M. Evers, "How Progressive Education Gets it Wrong", *Hoover
   Institution*, at http://hooverdigest.org/984/evers.html (accessed 15 February
   2006), 1.
10. "Spellings More Flexible on NCLB Law", at http://www.cnn.com/2006/
    EDUCATION/01/19/SPELLINGS.INTERVIEW.AP/INDEX.HTML (accessed 19
    January 2006), 3.
11. [옮긴이 주] 「낙오학생방지법」에 따르면 학교와 교사들은 주에서 지정한 성취 기준을
    만족시켜야 하기 때문에 평가가 매우 중요시되고 그에 따라 목표 달성을 위한 교육을
    강조하게 된다. 여기에서 발생하는 문제점으로는 첫째, 성취도를 중요시하기 때문에 기
    존 성취도가 너무 낮거나 또한 성취도 향상에 한계가 있는 장애아동들을 위한 교육적
    서비스를 제공하는 데 소홀해지고, 둘째 장애아동도 일반교육과정에 의한 성취도 평가
    를 치러야 하기 때문에 아예 평가 과정에서 사전에 제외되기 쉽다는 점을 들 수 있다.
    두 번째 문제를 해결하기 위해 별도의 평가 방식을 도입하거나 또는 수정된 평가 항목
    을 사용해야 하는 어려움이 발생한다. 또한 일괄적 평가가 아니라 수정된 평가항목을
    사용한다면 어느 수준까지 수정을 해야 하는지도 고려해야 할 문제점이다. 「낙오학생방
    지법」 아래에서 하위 그룹의 모든 학생들은 2014년까지 100% 능숙도를 달성해야 하며
    그렇지 않을 경우 제재를 받게 된다.

12. Harold Berlak, "The *No Child Left Behind Act* and the Assault on Progressive Education and Local Control", at http://www.pipeline.com/~rougeforum/PolicyandNCLB.htm (accessed 17 May 2005), 1.

13. George S. Counts, "Dare Progressive Education Be Progressive?", at http://courses.wccnet.edu/play/cls2002/counts.htm (accessed 15 February 2006), 1.

14. L. Glen Smith and Joan K. Smith, *Lives in Education*, (New York: St. Martin's Press, 1944), 294.

미국의 학제

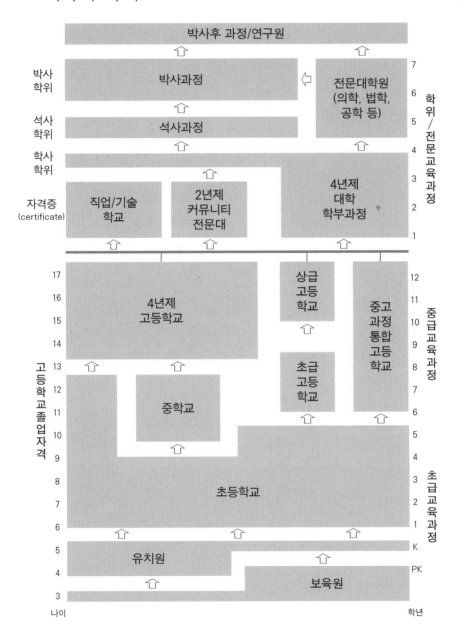

진보주의 교육의 미래를 위해
우리는 무엇에 전념해야 하는가?

조나영

I

또 강의가 끝났다.

수업 시작 5분 전 강의실로 들어선다. 학생들은 저마다 책상 앞에 앉아 무언가에 골몰하고 있다. 준비해 온 수업자료를 내려놓고 출석을 부른다. 학생들은 모두 참석했고, 나는 질서정연하게 책상 앞에 앉아 곧 시작될 강의를 기다리는 그들의 모습에 안도한다. 왜 그런가? 수업이 이루어지는 동안 학생들에게 적잖은 질문을 던져 보지만 여느 때처럼 조용하다. 이때다 싶어 답이 없는 학생들을 향해 '왜 이렇게 순종적인 태도로 수업을 듣게 되었는지' 그럴듯하게 설명하려다 멈칫한다. 문득 '학생들 중 누군가 수업 내용을 비판하거나 나의 주장에 거침없는 이견을 표한다면 나는 과연 그것을 수용할 수 있을 것인가?' 하는 데 생각이 미쳤기 때문이다. 어느 순간 나는 내가 가진 지식을 활용해 나의 논리대로 학생을 설득하고 있을 듯하다. 이렇게 학생들을 이해시키느라 안간힘을 쓴 하루는 강의가 순조로웠다든지 성공적이었다는 느낌이 들지 않는다. 나의 교육은 순수하지도 단순하지도 않았다.

학생 저마다의 능력과 개성을 존중하고 그들에게 적합한 교육을 하는 것이 지시적이며 통제적인 교육 방식을 추구하는 전통적 보수주의 교육보다 훨씬 인간적이고 심지어 도덕적으로도 가치 있다고 생각해 왔다. 그렇기 때문에 교육 목적이나 지향점에 관해서는 분명한 입장을 취할 수 있다. 하지만 학생인권, 사교육 반대, 자율형사립학교 및 특수목적 학교 제한, 혁신학교 확대 운영 등 교육 평등과 공교육 활성화와 관련된 교육 의제들이 우리의 오랜 신념인 능력주의와 상충될 때 우리는, 아니 나는 진정 믿는 바대로 실천할 수 있을 것인가? 내 안의 복잡하고 다단한 이해와 타산이 얽혀 아이들의 자유도, 그들의 학습 결정권도 그리고 민주적 공동체를 위한 교육도 무색해진다. 진보주의 교육이 움츠러든다.

윌리엄 헤이스는 『진보주의 교육운동사: 진보주의, 학교 개혁에 여전히 유효한가?』에서 진보주의가 공교육의 주류가 되지 못한 주요 원인이 바로 이것이라고 지적했다. 우리 안의 순수하지도 단순하지도 않은 의도와 의지들이 진보주의 교육의 미래를 어둡게 한다. 단순하고 순수한 교육, 진보주의 교육을 위해 우리가 전념해야 할 바는 무엇인가? 헤이스는 역사적 흐름 속에서 우리가 주목해야 할 진보주의 교육의 근본 토대를 명확하게 보여 주고 있다. 전체 16개의 장으로 구성된 『진보주의 교육운동사: 진보주의, 학교 개혁에 여전히 유효한가?』는 미국에서 진보주의 교육운동을 이끌었던 선구자들에 관한 내용(1~3장)을 시작으로, 20세기 초·중반(4~6장), 후반(7~9장)의 진보주의 교육 양상을 차례로 소개한다. 그리고 이에 근거하여 저자는 오늘날 진보주의 교육의 갱신 가능성(10~13장)과 21세기 진보주의 교육에 대한 포부(14~16장)를 밝히고 있다. 우리는 앞으로 이 책에서 당대 통용되던 교육 방식을 비판하며 끊임없이 새로운 방식으로 가르치고 배우길 고민했던 많은 사상가의 이론과 그 실천을 마주하게 될 것이다.

II

미국 식민지 시대 초기 학교들이 엄격한 훈육과 체벌, 규율 엄수, 암기식 수업 등 전통적인 방식을 고수하고 있을 때, 벤저민 프랭클린은 실용교과를 통해 실생활에 유용한 교육을 제공하는 학교 설립을 계획했다. 1751년 프랭클린 아카데미는 수학, 천문학, 항해술, 연기, 그리고 부기 등의 수업을 제공하고, 여학생의 수업도 허용하는 등 19세기 설립된 미국의 6,000여 개 사립학교들의 모델이 되었고, 공립 고등학교의 전신이 되었다. 국가적 차원에서 학교를 변화시키고자 했던 움직임은 1890년대에 이르러서였다. 그리고 20세기 초 미국은 본격적으로 개혁의 시대를 맞아 진보주의 운동이 활기를 띠게 되었다. 이때는 보수주의자들도 미국의 발전을 낙관하며 체제 변화에 적극적으로 동참하려 했던 시기였다.

다만, 교육 분야에서는 진보주의적 성향에 개방적이고 실험학교를 옹호하는 부모들이 있긴 했으나 여전히 극소수였고, 새로운 교육이론의 수용에 대해서도 의견 일치를 보지 못했다. 특히 19세기 말에서 20세기 초에 이루어졌던 교육적 움직임에 대해 당시 미국이 농경사회에서 산업사회로 변화하는 과정에서 일어났던 변화에 맞추어(엘우드 커벌리) 이를 위한 직업교육과 기술훈련을 통해 숙련된 노동자를 양산해 내려는 방향(멀 커티)으로 학교를 이용(로렌스 크레민)한 것뿐이라고 해석하는 이들도 상당했다. 그럼에도 불구하고 당대의 거대한 진보주의는 미국의 전통적인 공립학교 체제를 변화시키기 위한 진지한 교육운동으로 작동했다.

이 시기 미국의 진보주의 교육을 이끌었던 대표적인 교육철학자로 존듀이를 꼽을 수 있다. 듀이의 저작과 사상은 상당히 방대해서 그 전체를 온전히 파악하는 일은 불가능할지도 모른다. 우리는 이 책을 통해 듀이가 자신의 교육적 견해를 밝힌 요약물(교육 및 학교에 대한 정의, 교과목과 교육 방법 등)을 중심으로 그의 교육철학을 간단하지만 명료하게 파악할 수 있는 기회를 가지게 될 것이다. 듀이의 아동 중심적 접근과 행위에 의한 교육은 전통적 교육 방식을 지지하는 이들에게 많은 비판을 받아 왔다. 하지만 그의 진보주의 교육에 대한 성과는 미래의 교사와 행정가들에게 중요한 교육적 논쟁을 가능하게 함으로써 교육의 변화를 꾀했다는 점에는 이견이 있을 수 없다.

듀이의 이러한 명성에 가려 제대로 조명받지 못했던 또 다른 선구자로 프랜시스 파커가 있다. 진보주의 교육사상의 전도사 역할을 했던 파커는 듀이의 『교육에서의 민주주의』보다 약 20여 년 앞서 『교수법에 관한 대화』를 펴냈다. 그의 교육사상은 아동을 존중해 주는 학교의 역할, 핵심 교육과정의 통합적 연계, 암기식 수업 반대, 학생 등급 부여 비판, 개별화된 학습 프로그램, 경험 기반 학습 활동 등으로 요약해 볼 수 있다. 특히 파커의 총체적 언어 접근법은 20세기 후반까지 진보주의 교육에 상당한 영향을 미친 것으로 평가되고 있다.

아울러, 스위스 심리학자 장 피아제는 현대의 탐구 기반 교수 방법을 개발하는 데 도움을 주었다. 구성주의와 관련된 피아제 심리학은 지식을 강요하는 교수법을 부정하며, 아이들 스스로 지식을 구성하는 능동적인 학습자가 될 때 학습 동기가 나타날 수 있다는 점을 강조한다. 진보주의 교육에 지대한 영향을 미친 또 한 사람으로 듀이의 제자 킬패트릭이 있다. 그의 프로젝트 교수법은 배움과 삶을 통합하는 것으로써 아이들이 민주적 교실 환경에서 민주주의 정신과 함께 살아가도록 하는 일과 관련이 있다. 듀이, 파커, 피아제, 킬패트릭의 교육사상은 진보 교육의 이론과 방법적 원리를 정당화하고, 진보주의 교육운동의 근간을 확인할 수 있게 해 준다.

III

　20세기 초 진보주의교육협회는 1902년부터 1955년까지 학생 중심 교육을 강조하는 일에 적극적으로 나섰으며, 그 유명한 '8년 연구'를 시행했다. 미 전역의 공립 및 사립학교의 모든 유형에서 진보주의 교육이론을 적용한 실험들을 진행함으로써 학생들의 자발적이고 자기주도적인 활동을 강조하는 교육 방안을 확산시키고자 했다. 물론 이러한 움직임은 고등학교에서 무엇을 가르쳐야 하는지에 대한 논쟁을 일으키기도 했다. 진보주의자들은 개별 과목의 효과에 대한 손다이크의 연구를 전제로 전통 교육과정과 교수법이 너무 엘리트적이며, 과목 간 전이와 통합에도 유효하지 않다고 결론 내렸다. 당시 진보주의 교육의 목표는 사회에 방치된 이들에게 기회(직업학교의 설립, 건강 및 영양관리 프로그램 등)를 주려는 것이었다. 그러나 1930년대 이르러 진보주의 교육은 학생 중심 학습이 아닌 문화 전반의 사회경제적 문제들에 더 집중하는 방향으로 그 성격이 변화되었다. 조지 카운츠 같은 진보주의자들은 사회 개선 및 재건을 위한 학교 역할에 더 주목했다. 이들은 직업교육과 성인교육의 확대는 물론 사회적 불평등과 차별에 맞서는 교육과정을 통해 학교가 사회경제적 개혁을 실현하는 투쟁의 장이 되어야 함을 강조했다. 20세기 전반의 진보주의 교육운동은 모든 아이를 위한 개별화된 혁신 교육을 지지하고 차세대 교사들을 위한 진보주의 교육이론과 방법을 소개하는 등 미국의 교육시스템에 적잖은 영향을 미쳤다. 이러한 경향은 1950년대 스푸트니크가 발사될 때까지 이어진다.

IV

다이랜 래비치가 "1950년대는 진보주의자들에게 끔찍한 10년이었다"라고 했을 만큼, 진보주의 교육자들의 이론은 보수주의자들—아서 베스터, 하이먼 리코버, 프레드 M. 헤칭거 등—에게 맹렬한 비평을 받았다. 그들은 미국의 성공을 위해 명석한 사고와 논리적·체계적 지식을 갖춘 인간 양성을 목표로 기본교육과정과 아이들의 기초학습능력을 강조했다. 1958년 스푸트니크 발사 이후 미 의회는 「국가방위교육법」을 통과시키고 주와 학군에서 과학, 수학, 외국어 프로그램을 개선하는 데 재정을 지원하기로 했다. 그뿐만 아니라 교사 양성 프로그램과 학문 중심의 교육과정 프로젝트를 착수시켰다. 매체들 또한 우주 경쟁에서 미국이 실패한 이유를 비효율적인 공립학교에서 찾으면서 진보주의 교육 비판에 가세했다.

이렇듯 지속적인 비난의 여파는 1963년 케네디 대통령의 암살과 1968년 마틴 루서 킹 목사와 로버트 케네디의 죽음으로 인해 변화를 겪게 된다. 존슨 대통령은 1954년 '브라운 대 토피카 교육위원회' 사건에 대한 법원 판결 이후 촉발된 인종통합 교육은 물론 인종차별 반대 운동, 여성 권리 투쟁 등 시민권 문제와 관련해 진보적인 정책(버싱 프로그램, 헤드 스타트 프로그램)을 주저 없이 펼쳐 나갔다. 하지만 베트남 전쟁의 확산과 닉슨 대통령의 당선으로 그간의 시민권 운동, 빈민구제사업, 교육 지원 등 연방 정부의 여러 사업은 지연되었으며, 이는 당연히 교육 분야에도 크게 영향을 미쳤다. 이에 대해 진보주의 교육자들은 미국의 교육이 겪게 될 엄청난 변화를 예견하면서(마이런 리버만), 전통적 교육의 병폐(존 홀트), 교육 기회의 불평등(조너선 코졸), 그리고 권력과 특권을 고착화한 공교육(이반 일리치)을 비판했다. 또한, 진정한 평등을 기반으로 한 양질의 교육(프랜시스 케펠)과 학생 경험 중심의 교육과정 개설(허버트 콜)을 강조하는 한편, 아이들을 세뇌시키는 기성교육(폴 굿맨)과 그들에게 순종을 강요하는 공립학교(피터 쉬래그)에 반대했다.

그러나 1960년대와 70년대 이러한 진보적 교육 경향들은 닉슨 정부와 보수주의적 교육자들로부터 학업성취와의 긍정적 상관관계가 없다는 이유로 공격받게 된다. 이로써 1970년대 후반 이어진 모든 비판은 1980년대 「위기의 국가」라는 국책 연구를 진행하는 계기가 되었다. 「위기의 국가」는 미국 공교육체제에 몇 가지 의미심장한 변화를 가져왔다. 보고서 발간 당시 미국은 실업률 증가, 스태그플레이션, 기업의 해외경쟁력 약화 등 극심한 경제 위기에 처해 있었다. 보고서는 미국 경제 불황의 원인이 경쟁력 있는 노동력을 배출하지 못한 교육기관에 있다고 보았다. 따라서 이를 개선하기 위해 기본으로의 회귀, 기초 교육과정 기준 정립, 표준화된 시험, 우수 교사 양성 지원, 학교의 학생 성적 책임제 등의 교육 방안을 강조했다. 여러 반대에도 불구하고 각 주와 지역사회들은 보고서의 권고 사항들을 실행하기 시작했다. 우리는 1980년대와 1990년대 실시된 교육 정책을 통해 이에 대한 구체적인 사항을 확인해 볼 수 있다.

1980년대 레이건 행정부의 연방 교육 정책 5D(교육부 폐지, 규제 완화, 분권화, 교육 중요도 감축, 교육예산 삭감)는 졸업 이수 학점 증가, 평가 시행 확대, 교사자격증 취득 요건 강화, 학교 수업 일수 및 수업 연한 연장 등의 내용을 포함하고 있다. 이후 조지 H. W. 부시 행정부의 「목표 2000」 또한 여섯 가지 교육 정책 목표(학령 전 학습 준비, 고등학교 졸업 비율 증가, 핵심 교과목에 대한 성취 수준 향상, 수학과 과학 성취 수준 향상, 성인 문해력 향상, 학교에서의 마약 및 폭력 근절)를 발표했다. 보수적 학교 비평가들은 이러한 교육적 노력에도 불구하고 여전히 학생들의 학업성취도에 아무런 개선이 이루어지지 않았다며 연방 정부의 적극적인 역할을 촉구했다. 이에 클린턴 행정부는 「목표 2000」의 여섯 가지 교육 정책 목표에 교사교육 프로그램 개선, 학부모 학교 운영 참여 증대 등과 같은 몇 가지 목표를 추가하기도 했다. 그리고 1994년 「미국 학교 개선법」에 서명하며 교육 분야에 다양한 조처를 취했다. 그러자 이러한 교육개혁들과 그 타당성에 대해 많은 이들이 의문을 제시했다.

당대 진보주의를 이끌었던 시어도어 사이저는 표준화된 시험이 미국의 교육 문제를 해결해 주지 않는다고 비판했다. 존 굿래드와 조너선 코졸 역시 미국 학교 개선을 위해서는 유능한 교사를 양성해야 한다고 주장했으며, 데버라 마이어는 미국 교육의 위기는 학업적인 것이 아니라 사회적 불평등에 그 원인이 있다고 지적했다. 그러나 안타깝게도 진보주의 교육자들의 공교육에 대한 비판이 이루어졌던 10년 동안에도 연방 정부는 기존의 교육 정책을 계속 추진해 나갔다. 그리고 2002년 부시 행정부는 「낙오학생방지법」을 통과시켰다. 이 법은 2013-2014학년도까지 모든 학생과 학교를 우수하게 만드는 것을 목표로, 학생 지식수준을 매년 평가AYP하고 그 결과에 따라 개선 조치 사항을 준수해야 하는 등 연방 정부의 모든 교육 계획을 담고 있다.

법이 통과되고 주 정부와 학군들이 법의 세부적인 시행 지침들을 파악하자 50개 주 중 47개 주에서는 주 교육 정책과 상치되고 연방지원금이 충분하지 않다는 이유 등으로 법을 거부했다. 진보주의 교육자들 역시 「낙오학생방지법」이 정부에 친기업적, 우파적 교육 의제를 강조하며

(해럴드 버랙), 시험 성적에 따른 학생 부담과 교사 해고 등의 폐단을 가져올 것(얼 해들리)이라며 비판하고 나섰다. 그러나 이러한 반대에도 불구하고 이 법의 영향력은 쉽게 사그라들지 않았다. 진보주의 교육운동도 미국의 교육개혁에 역사적 전환을 가져올 만큼 강력하지 않았다. 그렇다면 이제 진보주의 교육운동의 종말을 고해야 할 것인가? 헤이스는 새로운 세기를 앞두고 진보주의 교육의 갱신 가능성에 대해 긍정하고 있다. 우리는 이후의 장들에서 21세기 교육을 위한 단초로서 진보주의 교육사상의 영향력에 대한 저자의 혜안을 확인할 수 있을 것이다.

V

헤이스는 진보주의 교육사상의 갱신 가능성을 다섯 가지 측면에서 조명한다. 첫째, 몬테소리 학교와 그 교육법은 진보주의 교육이 여전히 경쟁력을 갖추고 있음을 보여 준다. 1907년 최초의 어린이의 집Casa dei Bambini을 설립한 몬테소리는 아동교육의 성과를 인정받아 유럽과 미국에서 유명해졌다. 몬테소리 학교는 현재(2000년대 중반) 미국에 5,000개 이상이 있는 것으로 추정되고 있으며, 헬렌 켈러, 에디슨, 간디, 톨스토이 등 많은 유명인들에게도 영향을 미쳤다. 그렇다면 몬테소리 교육 프로그램과 진보주의 교육과의 관련성은 무엇인가? 사실 듀이는 몬테소리의 교육 방식이 지나치게 계획적이고 구조화되어 있어서 아이들의 내적 동기를 이끌어 내는 데 한계가 있다고 지적한 바 있다. 하지만 암기식 교육을 비판하고 아이들의 호기심과 창의력을 촉진하면서 그들에게 자신의 일과를 자발적으로 선택하게 하고 학습 속도를 결정하도록 한다는 점 등을 강조하고 있는 몬테소리 교육은 듀이와 여러 진보주의자들의 관점과 크게 다르지 않다. 관건은 몬테소리와 진보주의 교육자들의 사상이 「낙오학생방지법」으로 인한 의무적인 시험과 전통적인 교수법에 어떠한 영향을 받게될 것인가 하는 점이다. 헤이스는 현재 대부분의 교사양성기관에서 운영하고 있는 교육과정이 듀이나 몬테소리 교육사상을 따르고 있다는 점에서 진보주의 교육은 지속적으로 학교에 영향력을 행사할 것이라고 전망한다.

둘째, 교사교육 프로그램의 중심에 진보주의 교육사상이 놓여 있다. 전통적인 교육학자들은 교사가 배움의 촉진자가 되어야 한다는 데 비판(로버트 그레이 홀랜드)을 가하며, 교육대학의 문제는 듀이의 교수법을 선호하는 데 있다고 지적(데이비드 F. 래버리)한다. 중요한 점은 교사 양성 과정의 강좌가 과연 진보 교육이론의 안전지대일 수 있는지에 대한 답을 찾는 일이다. 교사 양성 과정의 거의 모든 학생은 '교육학의 기초'나 '교육학입문' 수업을 통해 교육사와 교육철학 내용에 수록된 듀이, 몬테소리 그리고 여타 진보주의 교육가들의 주요 사상과 교육원리에 관해 배우게 되며, '교육심리학'을 통해서는 아동 발달과 구성주의에 대해서도 익히게 된다. 또한 교육학 입문 강좌와 교재들이 강조하고 있는 주제들—다양한 학습법과 교수법, 특수교육, 영재교육, 다문화 교육 등—도 진보주의 교육사상과 일치하고 있다. 다만, 교사교육 프로그램에서 진보주의 교육사상은 교육학 교수들의 강의 방식, 전통적 교육에 대한 긍정적 학습 경험, 그리고 동료나 선배 교사의 영향 등에 따라 제한적으로 활용될 수 있다. 그럼에도 저자는 여전히 교사 양성 교육과정에서 진보주의 교육사상이 다루어지고 있고, '중학교'에 대한 관심이 고조되고 있기 때문에 진보주의 교육은 사라지지 않을 거라고 확신하고 있다.

셋째, 중학교는 학생에게 맞는 교육을 제공한다는 점에서 진보주의 교육 신념과 원리를 따른다. 1950년대 초 미국에 중학교가 설립되기 시작한 후 20세기 말까지 중학교 수는 1만 2,000개에 이를 정도로 그 필요성은 강조되어 왔다. 중학교 이론은 초등학생과 고등학생들 간의 발달상 차이가 있고, 심리적·교육적으로 필요로 하는 것들이 다르기 때문에 각 아이들의 연령대에 맞는 학습 환경을 제공해야 함을 설명해 준다. 아울러, 중학교는 통합적이고 탐색적인 교육환경, 아이들의 주도적 학습, 지역사회와의 연계, 다양한 교수학습 방법 등을 지향한다는 점에서 진보주의 교육사상과 일치하는 특징을 보이기도 한다. 미국 전문교육자들 사이에서는 21세기 중학교 교육의 목표와 방법에 대한 합의도 이루어졌으며, 이는 상당히 많은 진보주의 교육의 신조를 유지하고 있다. 그러나 표준화 운동, 고부담 시험, 학교 성적 책임제는 중학교에서 전통적 교수법을 사용하도록 압박함으로써 적잖은 영향을 미칠 것이다. 따라서 학생을 학교 시험에 준비시키면서도 그들의 창의력과 문제 해결력을 향상시킬 수 있는 교육이 무엇인지에 대해 고민하는 문제가 남는다. 이에 대한 해답이 진보주의 교육의 미래에 긍정적으로 작용하게 될 것이다.

넷째, 학교선택권은 전통적 교육의 독점을 막고 진보주의적 학교 환경을 선택하도록 요구한다. 1955년 밀턴 프리드먼은 가난한 학생들의 학교 선택을 위한 바우처 제도를 주장했다. 그의 생각은 1960년대 마그넷스쿨이라는 다소 온건한 형태의 개혁으로 실행되었다. 마그넷스쿨은 예술, 과학 등 특화된 교육과 직업교육에 초점을 맞추면서 몬테소리 수업 방식이나 발견학습, 자기주도적 학습, 비판적 시민의식 함양을 위한 교육 등을 실시함으로써 진보주의 교육을 이어가고 있다. 그렇지만 마그넷스쿨은 각 학군의 교육위원회와 교육행정청의 관리 하에 운영되고 있다. 마그넷스쿨

보다는 주나 지역 당국의 규제로부터 자유로운 차터스쿨은 자체의 교육 프로그램을 고안할 수 있지만 5년마다 재인가 승인을 받아야 하는 관계로 지식 전수 중심의 전통적인 수업 모델을 채택할 수 있다. 이 외에 다른 형태의 교육 모델로는 개방형 등록제가 있다. 이 제도는 학부모가 학군 내 다른 구역의 공립학교에 아이를 보낼 수 있도록 함으로써 진보적 성향의 학교를 선택할 기회를 제공한다. 그러나 이는 다른 한편으로 학부모들이 보수적인 교수법을 고수하는 종교단체가 운영하는 학교를 선택할 수 있다는 뜻이기도 하다. 또한 부모들이 자신들의 세계관에 따라 제한된 폭으로 혹은 더 나쁘게 아이들을 교육할 수 있는 홈스쿨을 선택할 수 있다는 의미기도 하다. 저자는 진보주의자들의 헌신에 의해 이것이 보완되지 않는다면 지난 세기의 진보주의 교육의 부침 현상은 재현될 거라고 우려한다.

다섯째, 영재교육과 재능교육은 미래의 진보주의적 교육 대안이 될 수 있다. 1978년 「영재교육법」이 통과된 이후 2001년 법 개정이 이루어지기까지 영재교육과 재능교육은 국가의 우수한 인재 양성을 목적으로 실시되었다. 하지만 영재아와 재능을 지닌 아이들에 대한 선발과 지원이 제대로 이루어지지 않으면서 이들의 학교 중도탈락률은 증가하게 되었다. 이에 대한 대안으로 먼저, 월반과 완전학습 방식을 채택했으나 이 방식은 사실상 전통적인 교수법을 활용하는 것이었다. 또 다른 방안이었던 풀아웃 프로그램 역시 엘리트주의적이라는 비판을 받았다. 하지만 풀 아웃 프로그램은 영재 학생이 다른 영재들과 함께 수업하도록 함으로써 도전의식은 물론 문제 해결 능력과 창의적인 사고력을 기를 수 있도록 유도하고 교사와 학교가 직접적으로 진보적 교수법을 활용하도록 장려하는 측면이 있다. 마지막은 영재 학생에게 교외 활동의 기회를 제공하는 것으로

1978년에 시작된 '창의력 올림피아드'를 진보주의 교육과 관련된 대표적인 사례로 꼽을 수 있다. 미래의 영재교육이 진보주의 교육이론에 주요한 역할을 하게 될지는 여러 변수에 의해 결정될 것이다. 그렇지만 헤이스는 미국이 우수한 인재 양성을 교육 목표로 삼는다면, 영재교육과 재능교육을 통해 학생들의 창의적인 문제 해결 능력을 기를 수밖에 없기에 진보주의 교육 방식이 그 어느 때보다 중요해질 거라고 믿고 있다.

VI

이상의 내용을 종합해 보면, 미국에서 진보주의 교육이 최종적으로 쇠퇴했다고 단언할 수 없다. 그러나 여전히 「낙오학생방지법」은 미국 의회와 일반인들로부터 많은 지지를 받고 있고, 진보주의 교육을 부정적으로 바라보고 있는 이들도 상당수 존재하고 있다. 따라서 미국이 향후 10년 내에 교육과정 표준화, 고부담 시험, 학교 성적 책임제 등을 완전히 폐기하는 일은 불가능할 것이다. 이 법에 대한 논쟁은 계속될 것이며, 정치가 진보주의 교육에 어떠한 영향을 미칠지 예측하기도 쉽지 않다. 어떻게 하면 진보주의 교육 방법을 모든 공립학교의 주류로 자리 잡게 할 수 있을 것인가? 저자는 과거 전통적 발음 중심 읽기 수업과 총체적 언어 수업 방식을 놓고 오랫동안 갈등한 끝에 전통주의자들과 진보주의자들이 타협을 이루었던 것처럼 공립학교 교과에도 진보주의 교육 방식이 활용될 가능성이 있다고 주장한다. 그리고 이러한 가능성은 앞서 살펴 본 몬테소리 교육의 시장경쟁력, 학교선택권 제도의 활용, 교사교육 프로그램의 역할, 학생 중심 프로그램을 강조했던 중학교 이론, 영재교육과 재능교육을 위한 프로그램을 통해 확인할 수 있다고 강조한다. 그러나 학교교육에서 진보주의 교수법이 주로 활용되기 위해서는 우리가 보다 근본적으로 성찰해야 할 문제가 있다.

진보주의 교육의 갱신 가능성은 우리가 무엇에 전념해야 하는지에 달려있다. 우리가 전념해야 할 바는 듀이가 천명했던 "순수하고 단순한 교육 그 자체"를 위한 것인지도 모른다. 순수하고 단순한 교육은 무엇을 의미하는가? 그것은 오늘날 여전히 그리고 온전히 이루어 내지 못한 교육 현안들이 있을지언정 우리 앞에 진보주의 교육이 자리할 수 있었던 이유, 곧 앞선 세대들의 변화를 위한 우직한 '한 걸음'일 것이다. 그러나 이 한 걸음을 떼기 위해서는 단단한 토대가 필요하다. 왜 이것을 시작하고자 하는지, 이것을 행함으로써 모두가 행복해질 수 있는지, 이것이 과연 우리의 세계를 좀 더 나은 단계로 나아갈 수 있도록 하는지 등에 대한 분명하고 명확한 밑바탕이 있어야만 우리는 흔들리지 않고 단순하고 순수한 태도로 교육을 마주할 수 있을 것이다. 헤이스의 책을 통해 확인했듯이 공립학교 개혁을 위한 진보주의적 교육 방법은 얼마든지 있다. 그럼에도 불구하고 진보주의 교육 방법이 공립학교에서 주류가 될 수 없었던 이유는 진보주의 교육에 대해 확신할 수 있는 토대가 견고하지 않았기 때문일 거라고 감히 단정해 본다. 그 확신의 토대는 우리 모두가 교육을 위해 기꺼이 어렵고 힘든 길을 함께 가려고 고민하는 순간들이 이루어 내는 것이다. 우리의 근심과 걱정만큼 진보주의 교육을 위한 토대는 단단해질 것이다. 토대 없이 지어진 집처럼 우리를 불안하게 하는 요소가 또 있겠는가. 많은 이들이 여전히 진보주의 교육의 미래를 확신하지 못하는 이유, 21세기 존 듀이가 아직 출현하지 않은 이유, 그것은 아마도 우리가 한낱 유행처럼 진보주의 교육을 읽고 써 왔기 때문인지도 모른다. 우리에게는 단순하고 순수하게 교육 그 자체를 고뇌하고 숙고할 시간이 필요하다. 진보주의 교육을 위한 새로운 한 걸음을 내딛을 수 있도록 우리 앞에 놓인 이 책이 교육을 치열하게 고민할 수 있는 계기가 되길 바란다.

삶의 행복을 꿈꾸는 교육은 어디에서 오는가?

● **교육혁명을 앞당기는 배움책 이야기** 혁신교육의 철학과 잉걸진 미래를 만나다!

한국교육연구네트워크 총서

01 핀란드 교육혁명
한국교육연구네트워크 엮음 | 320쪽 | 값 15,000원

02 일제고사를 넘어서
한국교육연구네트워크 엮음 | 284쪽 | 값 13,000원

03 새로운 사회를 여는 교육혁명
한국교육연구네트워크 엮음 | 380쪽 | 값 17,000원

04 교장제도 혁명
한국교육연구네트워크 엮음 | 268쪽 | 값 14,000원

05 새로운 사회를 여는 교육자치 혁명
한국교육연구네트워크 엮음 | 312쪽 | 값 15,000원

06 혁신학교에 대한 교육학적 성찰
한국교육연구네트워크 엮음 | 308쪽 | 값 15,000원

07 진보주의 교육의 세계적 동향
한국교육연구네트워크 엮음 | 324쪽 | 값 17,000원
2018 세종도서 학술부문

08 더 나은 세상을 위한 학교혁명
한국교육연구네트워크 엮음 | 404쪽 | 값 21,000원
2018 세종도서 교양부문

09 비판적 실천을 위한 교육학
이윤미 외 지음 | 448쪽 | 값 23,000원
2019 세종도서 학술부문

10 마을교육공동체운동:
세계적 동향과 전망
심성보 외 지음 | 376쪽 | 값 18,000원

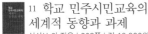
11 학교 민주시민교육의
세계적 동향과 과제
심성보 외 지음 | 308쪽 | 값 16,000원

12 학교를 민주주의의 정원으로
가꿀 수 있을까?
성열관 외 지음 | 272쪽 | 값 16,000원

한국교육연구네트워크 번역 총서

01 프레이리와 교육
존 엘리아스 지음 | 한국교육연구네트워크 옮김
276쪽 | 값 14,000원

02 교육은 사회를 바꿀 수 있을까?
마이클 애플 지음 | 강희룡·김선우·박원순·이형빈 옮김
356쪽 | 값 16,000원

03 비판적 페다고지는
세상을 변화시킬 수 있는가?
Seewha Cho 지음 | 심성보·조시화 옮김
280쪽 | 값 14,000원

04 마이클 애플의 민주학교
마이클 애플·제임스 빈 엮음 | 강희룡 옮김
276쪽 | 값 14,000원

05 21세기 교육과 민주주의
넬 나딩스 지음 | 심성보 옮김 | 392쪽 | 값 18,000원

06 세계교육개혁:
민영화 우선인가 공적 투자 강화인가?
린다 달링-해먼드 외 지음 | 심성보 외 옮김 | 408쪽 | 값 21,000원

07 콩도르세, 공교육에 관한 다섯 논문
니콜라 드 콩도르세 지음 | 이주환 옮김
300쪽 | 값 16,000원

08 학교를 변론하다
얀 마스켈라인·마틴 시몬스 지음 | 윤선인 옮김
252쪽 | 값 15,000원

09 존 듀이와 교육
짐 개리슨 외 지음 | 김세희 외 옮김
372쪽 | 값 19,000원

10 진보주의 교육운동사
윌리엄 헤이스 지음 | 심성보 외 옮김
324쪽 | 값 18,000원

혁신학교
성열관·이순철 지음 | 224쪽 | 값 12,000원

행복한 혁신학교 만들기
초등교육과정연구모임 지음 | 264쪽 | 값 13,000원

서울형 혁신학교 이야기
이부영 지음 | 320쪽 | 값 15,000원

대한민국 교사, 어떻게 가르칠 것인가?
윤성관 지음 | 320쪽 | 값 15,000원

아이들을 어떻게 가르칠 것인가
사토 마나부 지음 | 박찬영 옮김 | 232쪽 | 값 13,000원

모두를 위한 국제이해교육
한국국제이해교육학회 지음 | 364쪽 | 값 16,000원

● **비고츠키 선집 시리즈** 발달과 협력의 교육학 어떻게 읽을 것인가?

생각과 말
레프 세묘노비치 비고츠키 지음
배희철·김용호·D. 켈로그 옮김 | 690쪽 | 값 33,000원

도구와 기호
비고츠키·루리야 지음 | 비고츠키 연구회 옮김
336쪽 | 값 16,000원

어린이 자기행동숙달의 역사와 발달 I
L.S. 비고츠키 지음 | 비고츠키 연구회 옮김
564쪽 | 값 28,000원

어린이 자기행동숙달의 역사와 발달 II
L.S. 비고츠키 지음 | 비고츠키 연구회 옮김
552쪽 | 값 28,000원

어린이의 상상과 창조
L.S. 비고츠키 지음 | 비고츠키 연구회 옮김
280쪽 | 값 15,000원

비고츠키와 인지 발달의 비밀
A.R. 루리야 지음 | 배희철 옮김 | 280쪽 | 값 15,000원

수업과 수업 사이
비고츠키 연구회 지음 | 196쪽 | 값 12,000원

비고츠키의 발달교육이란 무엇인가?
비고츠키교육학실천연구모임 지음 | 412쪽 | 값 21,000원

비고츠키 철학으로 본 핀란드 교육과정
배희철 지음 | 456쪽 | 값 23,000원

성장과 분화
L.S. 비고츠키 지음 | 비고츠키 연구회 옮김
308쪽 | 값 15,000원

연령과 위기
L.S. 비고츠키 지음 | 비고츠키 연구회 옮김
336쪽 | 값 17,000원

의식과 숙달
L.S 비고츠키 | 비고츠키 연구회 옮김
348쪽 | 값 17,000원

분열과 사랑
L.S. 비고츠키 지음 | 비고츠키 연구회 옮김
260쪽 | 값 16,000원

성애와 갈등
L.S. 비고츠키 지음 | 비고츠키 연구회 옮김
268쪽 | 값 17,000원

흥미와 개념
L.S. 비고츠키 지음 | 비고츠키 연구회 옮김
408쪽 | 값 21,000원

관계의 교육학, 비고츠키
진보교육연구소 비고츠키교육학실천연구모임 지음
300쪽 | 값 15,000원

비고츠키 생각과 말 쉽게 읽기
진보교육연구소 비고츠키교육학실천연구모임 지음
316쪽 | 값 15,000원

교사와 부모를 위한 비고츠키 교육학
카르포프 지음 | 실천교사번역팀 옮김
308쪽 | 값 15,000원

혁신교육, 철학을 만나다
브렌트 데이비스·데니스 수마라 지음
현인철·서용선 옮김 | 304쪽 | 값 15,000원

혁신교육 존 듀이에게 묻다
서용선 지음 | 292쪽 | 값 14,000원

다시 읽는 조선 교육사
이만규 지음 | 750쪽 | 값 33,000원

대한민국 교육혁명
교육혁명공동행동 연구위원회 지음
224쪽 | 값 12,000원

경쟁을 넘어 발달 교육으로
현광일 지음 | 288쪽 | 값 14,000원

독일 교육, 왜 강한가?
박성희 지음 | 324쪽 | 값 15,000원

핀란드 교육의 기적
한넬레 니에미 외 엮음 | 장수명 외 옮김
456쪽 | 값 23,000원

한국 교육의 현실과 전망
심성보 지음 | 724쪽 | 값 35,000원

● 4·16, 질문이 있는 교실 마주이야기 통합수업으로 혁신교육과정을 재구성하다!

통하는 공부
김태호·김형우·이경석·심우근·허진만 지음
324쪽 | 값 15,000원

내일 수업 어떻게 하지?
아이함께 지음 | 300쪽 | 값 15,000원
2015 세종도서 교양부문

인간 회복의 교육
성래운 지음 | 260쪽 | 값 13,000원

교과서 너머 교육과정 마주하기
이윤미 외 지음 | 368쪽 | 값 17,000원

수업 고수들
수업·교육과정·평가를 말하다
박현숙 외 지음 | 368쪽 | 값 17,000원

도덕 수업, 책으로 묻고 윤리로 답하다
울산도덕교사모임 지음 | 320쪽 | 값 15,000원

체육 교사, 수업을 말하다
전용진 지음 | 304쪽 | 값 15,000원

교실을 위한 프레이리
아이러 쇼어 엮음 | 사람대사람 옮김
412쪽 | 값 18,000원

마을교육공동체란 무엇인가?
서용선 외 지음 | 360쪽 | 값 17,000원

교사, 학교를 바꾸다
정진화 지음 | 372쪽 | 값 17,000원

함께 배움
학생 주도 배움 중심 수업 이렇게 한다
니시카와 준 지음 | 백경석 옮김 | 280쪽 | 값 15,000원

공교육은 왜?
홍섭근 지음 | 352쪽 | 값 16,000원

자기혁신과 공동의 성장을 위한
교사들의 필리버스터
윤양수·원종희·장군·조경삼 지음 | 280쪽 | 값 14,000원

함께 배움 이렇게 시작한다
니시카와 준 지음 | 백경석 옮김 | 196쪽 | 값 12,000원

함께 배움 교사의 말하기
니시카와 준 지음 | 백경석 옮김 | 188쪽 | 값 12,000원

교육과정 통합, 어떻게 할 것인가?
성열관 외 지음 | 192쪽 | 값 13,000원

학교 혁신의 길, 아이들에게 묻다
남궁상운 외 지음 | 272쪽 | 값 15,000원

미래교육의 열쇠, 창의적 문화교육
심광현·노명우·강정석 지음 | 368쪽 | 값 16,000원

주제통합수업, 아이들을 수업의 주인공으로!
이윤미 외 지음 | 392쪽 | 값 17,000원

수업과 교육의 지평을 확장하는 ### 수업 비평
윤양수 지음 | 316쪽 | 값 15,000원
2014 문화체육관광부 우수교양도서

교사, 선생이 되다
김태은 외 지음 | 260쪽 | 값 13,000원

교사의 전문성, 어떻게 만들어지나
국제교원노조연맹 보고서 | 김석규 옮김
392쪽 | 값 17,000원

수업의 정치
윤양수·원종희·장군 지음 | 280쪽 | 값 14,000원

학교협동조합, 현장체험학습과 마을교육공동체를 잇다
주수원 외 지음 | 296쪽 | 값 15,000원

거꾸로 교실, 잠자는 아이들을 깨우는 수업의 비밀
이민경 지음 | 280쪽 | 값 14,000원

교사는 무엇으로 사는가
정은균 지음 | 292쪽 | 값 15,000원

마음의 힘을 기르는 감성수업
조선미 외 지음 | 300쪽 | 값 15,000원

작은 학교 아이들
지경준 엮음 | 376쪽 | 값 17,000원

아이들의 배움은 어떻게 깊어지는가
이시이 준지 지음 | 방지현·이창희 옮김
200쪽 | 값 11,000원

대한민국 입시혁명
참교육연구소 입시연구팀 지음 | 220쪽 | 값 12,000원

교사를 세우는 교육과정
박승열 지음 | 312쪽 | 값 15,000원

전국 17명 교육감들과 나눈 교육 대담
최창의 대담·기록 | 272쪽 | 값 15,000원

들뢰즈와 가타리를 통해 유아교육 읽기
리세롯 마리엣 올슨 지음 | 이연선 외 옮김
328쪽 | 값 17,000원

학교 민주주의의 불한당들
정은균 지음 | 276쪽 | 값 14,000원

프레이리의 사상과 실천
사람대사람 지음 | 352쪽 | 값 18,000원
2018 세종도서 학술부문

혁신학교, 한국 교육의 미래를 열다
송순재 외 지음 | 608쪽 | 값 30,000원

페다고지를 위하여
프레네의 『페다고지 불변요소』 읽기
박찬영 지음 | 296쪽 | 값 15,000원

노자와 탈현대 문명
홍승표 지음 | 284쪽 | 값 15,000원

선생님, 민주시민교육이 뭐예요?
염경미 지음 | 244쪽 | 값 15,000원

어쩌다 혁신학교
유우석 외 지음 | 380쪽 | 값 17,000원

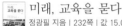
미래, 교육을 묻다
정광필 지음 | 232쪽 | 값 15,000원

대학, 협동조합으로 교육하라
박주희 외 지음 | 252쪽 | 값 15,000원

입시, 어떻게 바꿀 것인가?
노기원 지음 | 306쪽 | 값 15,000원

촛불시대, 혁신교육을 말하다
이용관 지음 | 240쪽 | 값 15,000원

라운드 스터디
이시이 데루마사 외 엮음 | 224쪽 | 값 15,000원

미래교육을 디자인하는 학교교육과정
박승열 외 지음 | 348쪽 | 값 18,000원

흥미진진한 아일랜드 전환학년 이야기
제리 제퍼스 지음 | 최상덕·김호원 옮김 | 508쪽 | 값 27,000원
2019 대한민국학술원우수학술도서

폭력 교실에 맞서는 용기
따돌림사회연구모임 학급운영팀 지음
272쪽 | 값 15,000원

그래도 혁신학교
박은혜 외 지음 | 248쪽 | 값 15,000원

학교는 어떤 공동체인가?
성열관 외 지음 | 228쪽 | 값 15,000원

교사 전쟁
다나 골드스타인 지음 | 유성상 외 옮김
468쪽 | 값 23,000원

시민, 학교에 가다
최형규 지음 | 260쪽 | 값 15,000원

교육과정, 수업, 평가의 일체화
리사 카터 지음 | 박승열 외 옮김 | 196쪽 | 값 13,000원

학교를 개선하는 교장
지속가능한 학교 혁신을 위한 실천 전략
마이클 풀란 지음 | 서동연·정효준 옮김 | 216쪽 | 값 13,000원

공자뎐, 논어는 이것이다
유문상 지음 | 392쪽 | 값 18,000원

교사와 부모를 위한
발달교육이란 무엇인가?
현광일 지음 | 380쪽 | 값 18,000원

교사, 이오덕에게 길을 묻다
이무완 지음 | 328쪽 | 값 15,000원

낙오자 없는 스웨덴 교육
레이프 스트란드베리 지음 | 변광수 옮김
208쪽 | 값 13,000원

끝나지 않은 마지막 수업
장석웅 지음 | 328쪽 | 값 20,000원

경기꿈의학교
진흥섭 외 지음 | 360쪽 | 값 17,000원

학교를 말한다
이성우 지음 | 292쪽 | 값 15,000원

행복도시 세종,
혁신교육으로 디자인하다
곽순일 외 지음 | 392쪽 | 값 18,000원

나는 거꾸로 교실 거꾸로 교사
류광모·임정훈 지음 | 212쪽 | 값 13,000원

교실 속으로 간 이해중심 교육과정
온정덕 외 지음 | 224쪽 | 값 13,000원

교실, 평화를 말하다
따돌림사회연구모임 초등우정팀 지음
268쪽 | 값 15,000원

학교자율운영 2.0
김용 지음 | 240쪽 | 값 15,000원

학교자치를 부탁해
유우석 외 지음 | 252쪽 | 값 15,000원

국제이해교육 페다고지
강순원 외 지음 | 256쪽 | 값 15,000원

선생님, 페미니즘이 뭐예요?
염경미 지음 | 280쪽 | 값 15,000원

평화의 교육과정 섬김의 리더십
이준원·이형빈 지음 | 292쪽 | 값 16,000원

학교를 살리는 회복적 생활교육
김민자·이순영·정선영 지음 | 256쪽 | 값 15,000원

 교사를 위한 교육학 강의
이형빈 지음 | 336쪽 | 값 17,000원

 새로운학교 학생을 날게 하다
새로운학교네트워크 총서 02 | 408쪽 | 값 20,000원

 세월호가 묻고 교육이 답하다
경기도교육연구원 지음 | 214쪽 | 값 13,000원

 미래교육, 어떻게 만들어갈 것인가?
송기상·김성천 지음 | 300쪽 | 값 16,000원
2019 세종도서 교양부문

 교육에 대한 오해
우문영 지음 | 224쪽 | 값 15,000원

 혁신교육지구 현장을 가다
이용운 외 4인 지음 | 344쪽 | 값 18,000원

 배움의 독립선언, 평생학습
정민승 지음 | 240쪽 | 값 15,000원

 교육혁신의 시대
배움의 공간을 상상하다
함영기 외 지음 | 264쪽 | 값 17,000원

 서울의 마을교육
이용운 외 지음 | 352쪽 | 값 18,000원

 평화와 인성을 키우는 자기우정
따돌림사회연구모임 우정팀 지음 | 240쪽 | 값 15,000원

 수포자의 시대
김성수·이형빈 지음 | 252쪽 | 값 15,000원

 혁신학교와 실천적 교육과정
신은희 지음 | 236쪽 | 값 15,000원

 삶의 시간을 잇는 문화예술교육
고영직 지음 | 292쪽 | 값 16,000원

 혐오, 교실에 들어오다
이혜정 외 지음 | 232쪽 | 값 15,000원

 혁신교육지구와 마을교육공동체는
어떻게 만들어지는가?
김태정 지음 | 376쪽 | 값 18,000원

 선생님, 특성화고 자기소개서 어떻게 썼어요?
이지영 지음 | 322쪽 | 값 17,000원

 학생과 교사, 수업을 묻다
전용진 지음 | 344쪽 | 값 18,000원

 혁신학교의 꽃, 교육과정 다시 그리기
안재일 지음 | 344쪽 | 값 18,000원

 학습격차 해소를 위한 새로운 도전
보편적 학습설계 수업
조윤정 외 지음 | 225쪽 | 값 15,000원

 물질과의 새로운 만남
베로니카 파치니-케처바우 지음 | 240쪽 | 값 15,000원

 미래교육을 열어가는
배움중심 원격수업
이윤서 외 지음 | 332쪽 | 값 17,000원

● **살림터 참교육 문예 시리즈** 영혼이 있는 삶을 가르치는 온 선생님을 만나다!

 꽃보다 귀한 우리 아이는
조재도 지음 | 244쪽 | 값 12,000원

 성깔 있는 나무들
최은숙 지음 | 244쪽 | 값 12,000원

 아이들에게 세상을 배웠네
명혜정 지음 | 240쪽 | 값 12,000원

 밥상에서 세상으로
김흥숙 지음 | 280쪽 | 값 13,000원

 우물쭈물하다 끝난 교사 이야기
유기창 지음 | 380쪽 | 값 17,000원

 오천년을 사는 여지
염경미 지음 | 272쪽 | 값 16,000원

 선생님이 먼저 때렸는데요
강병철 지음 | 248쪽 | 값 12,000원

 서울 여자, 시골 선생님 되다
조경선 지음 | 252쪽 | 값 12,000원

 행복한 창의 교육
최창의 지음 | 328쪽 | 값 15,000원

 북유럽 교육 기행
정애경 외 14인 지음 | 288쪽 | 값 14,000원

 시험 시간에 웃은 건 처음이에요
조규선 지음 | 252쪽 | 값 15,000원

 다정한 교실에서 20,000시간
강정희 지음 | 296쪽 | 값 16,000원

밥상혁명
강양구·강이현 지음 | 298쪽 | 값 13,800원

좌우지간 인권이다
안경환 지음 | 288쪽 | 값 13,000원

도덕 교과서 무엇이 문제인가?
김대용 지음 | 272쪽 | 값 14,000원

민주시민교육
심성보 지음 | 544쪽 | 값 25,000원

자율주의와 진보교육
조엘 스프링 지음 | 심성보 옮김 | 320쪽 | 값 15,000원

민주시민을 위한 도덕교육
심성보 지음 | 500쪽 | 값 25,000원
2015 세종도서 학술부문

민주화 이후의 공동체 교육
심성보 지음 | 392쪽 | 값 15,000원
2009 문화체육관광부 우수학술도서

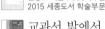
교과서 밖에서 배우는 인문학 공부
정은교 지음 | 280쪽 | 값 13,000원

갈등을 넘어 협력 사회로
이창언·오수길·유문종·신윤관 지음
280쪽 | 값 15,000원

오래된 미래교육
정재걸 지음 | 392쪽 | 값 18,000원

동양사상과 마음교육
정재걸 외 지음 | 356쪽 | 값 16,000원
2015 세종도서 학술부문

대한민국 의료혁명
전국보건의료산업노동조합 엮음 | 548쪽 | 값 25,000원

교과서 밖에서 배우는 철학 공부
정은교 지음 | 280쪽 | 값 14,000원

교과서 밖에서 배우는 고전 공부
정은교 지음 | 288쪽 | 값 14,000원

교과서 밖에서 배우는 사회 공부
정은교 지음 | 304쪽 | 값 15,000원

전체 안의 전체 사고 속의 사고
김우창의 인문학을 읽다
현광일 지음 | 320쪽 | 값 15,000원

교과서 밖에서 배우는 윤리 공부
정은교 지음 | 292쪽 | 값 15,000원

카스트로, 종교를 말하다
피델 카스트로·프레이 베토 대담 | 조세종 옮김
420쪽 | 값 21,000원

한글 혁명
김슬옹 지음 | 388쪽 | 값 18,000원

일제강점기 한국철학
이태우 지음 | 448쪽 | 값 25,000원

우리 안의 미래교육
정재걸 지음 | 484쪽 | 값 25,000원

한국 교육 제4의 길을 찾다
이길상 지음 | 400쪽 | 값 21,000원
2019 세종도서 학술부문

왜 그는 한국으로 돌아왔는가?
황선준 지음 | 364쪽 | 값 17,000원
2019 세종도서 교양부문

마을교육공동체 생태적 의미와 실천
김용련 지음 | 256쪽 | 값 15,000원

공간, 문화, 정치의 생태학
현광일 지음 | 232쪽 | 값 15,000원

교육과정에서 왜 지식이 중요한가
심성보 지음 | 440쪽 | 값 23,000원

인공지능 시대의 사회학적 상상력
홍승표 지음 | 260쪽 | 값 15,000원

식물에게서 교육을 배우다
이차영 지음 | 260쪽 | 값 15,000원

동양사상과 인간 그리고 사회
이현지 지음 | 418쪽 | 값 21,000원

왜 전태일인가
송필경 지음 | 236쪽 | 값 17,000원

장자와 탈현대
정재걸 외 지음 | 424쪽 | 값 21,000원

한국 세계시민교육이 나아갈 길을 묻다
유네스코태평양 국제이해교육원 지음 | 260쪽 | 값 18,000원

놀자선생의 놀이인문학
진용근 지음 | 380쪽 | 값 185,000원

● 평화샘 프로젝트 매뉴얼 시리즈 학교폭력에 대한 근본적인 예방과 대책을 찾는다

 학교폭력 어떻게 만들어지는가
문재현 외 지음 | 300쪽 | 값 14,000원

 아이들을 살리는 동네
문재현·신동명·김수동 지음 | 204쪽 | 값 10,000원

 학교폭력, 멈춰!
문재현 외 지음 | 348쪽 | 값 15,000원

 평화! 행복한 학교의 시작
문재현 외 지음 | 252쪽 | 값 12,000원

 왕따, 이렇게 해결할 수 있다
문재현 외 지음 | 236쪽 | 값 12,000원

 마을에 배움의 길이 있다
문재현 지음 | 208쪽 | 값 10,000원

 젊은 부모를 위한 백만 년의 육아 슬기
문재현 지음 | 248쪽 | 값 13,000원

 별자리, 인류의 이야기 주머니
문재현·문한뫼 지음 | 444쪽 | 값 20,000원

 우리는 마을에 산다
유양우·신동명·김수동·문재현 지음
312쪽 | 값 15,000원

 동생아, 우리 뭐 하고 놀까?
문재현 외 지음 | 280쪽 | 값 15,000원

 누가, 학교폭력 해결을 가로막는가?
문재현 외 지음 | 312쪽 | 값 15,000원

 **코로나 19가 앞당긴 미래,
마을에서 찾는 배움길**
문재현 외 지음 | 308쪽 | 값 16,000원

● 남북이 하나 되는 두물머리 평화교육 분단 극복을 위한 치열한 배움과 실천을 만나다

 10년 후 통일
정동영·지승호 지음 | 328쪽 | 값 15,000원

 선생님, 통일이 뭐예요?
정경호 지음 | 252쪽 | 값 13,000원

 분단시대의 통일교육
성래운 지음 | 428쪽 | 값 18,000원

 김창환 교수의 DMZ 지리 이야기
김창환 지음 | 264쪽 | 값 15,000원

 한반도 평화교육 어떻게 할 것인가
이기범 외 지음 | 252쪽 | 값 15,000원

 포괄적 평화교육
베티 리어든 지음 | 강순원 옮김 | 252쪽 | 값 17,000원

● 창의적인 협력 수업을 지향하는 삶이 있는 국어 교실 우리말 글을 배우며 세상을 배운다

 **중학교 국어 수업
어떻게 할 것인가?**
김미경 지음 | 340쪽 | 값 15,000원

 토론의 숲에서 나를 만나다
명혜정 엮음 | 312쪽 | 값 15,000원

 토닥토닥 토론해요
명혜정·이명선·조선미 엮음 | 288쪽 | 값 15,000원

 인문학의 숲을 거니는 토론 수업
순천국어교사모임 엮음 | 308쪽 | 값 15,000원

 어린이와 시
오인태 지음 | 192쪽 | 값 12,000원

 수업, 슬로리딩과 함께
박경숙 외 지음 | 268쪽 | 값 15,000원

 언어던
정은균 지음 | 268쪽 | 값 15,000원
2019 세종도서 교양부문

 민촌 이기영 평전
이성렬 지음 | 508쪽 | 값 20,000원

 감각의 갱신, 화장하는 인민
남북문학예술연구회 | 380쪽 | 값 19,000원

참된 삶과 교육에 관한
생각 줍기